GREEN POVERTY REDUCTION THEORY AND PRACTICES

绿色减贫的理论与实践

冯丹萌　张　琦　著

经济日报出版社

图书在版编目（CIP）数据

绿色减贫的理论与实践 / 冯丹萌，张琦著. -- 北京：经济日报出版社，2020. 10

ISBN 978 - 7 - 5196 - 0725 - 8

Ⅰ. ①绿… Ⅱ. ①冯… ②张… Ⅲ. ①绿色经济 - 扶贫 - 研究 - 中国 Ⅳ. ①F124. 5②F126

中国版本图书馆 CIP 数据核字（2020）第 203239 号

绿色减贫的理论与实践

作　　者	冯丹萌　张　琦
责任编辑	黄芳芳
责任校对	温　海
出版发行	经济日报出版社
地　　址	北京市西城区白纸坊东街 2 号 A 座综合楼 710（邮政编码：100054）
电　　话	010 - 63567684（总编室）
	010 - 63584556（财经编辑部）
	010 - 63567687（企业与企业家史编辑部）
	010 - 63567683（经济与管理学术编辑部）
	010 - 63538621　63567692（发行部）
网　　址	www. edpbook. com. cn
E - mail	edpbook@ sina. com
经　　销	全国新华书店
印　　刷	北京建宏印刷有限公司
开　　本	710 × 1000 毫米　1/16
印　　张	14
字　　数	220 千字
版　　次	2020 年 11 月第 1 版
印　　次	2020 年 11 月第 1 次印刷
书　　号	ISBN 978 - 7 - 5196 - 0725 - 8
定　　价	52. 00 元

前　言

绿色发展是全世界共同关注的主要议题，联合国2030年可持续发展议程将绿色发展与消除贫困定为重要发展目标，也是中国2020年建设全面小康社会的任务要求。改革开放40多年的发展，中国经济取得了历史性的瞩目成就，绿色发展理念逐步成为我国扶贫脱贫的核心内容。国务院扶贫办刘永富主任在2015年生态文明贵阳国际会议上曾提出“把生态文明建设与反贫困相结合，处理好人与自然的关系，让群众在良好的生态环境中生产生活，是消除绝对贫困，实现可持续发展，进而共同富裕的根本途径”，这预示着我国扶贫脱贫要走的是一条和谐发展之路，是人、经济与自然协同共进的长期之路。在实践中，扶贫脱贫紧扣绿色发展理念，因地制宜、兼顾并进。在实施精准扶贫十项工程中，有三项是绿色扶贫工程，包括移民搬迁扶贫工程、光伏扶贫工程和旅游扶贫工程。各地也根据当地生态特色和承载力，积极探索益贫式的绿色产业发展模式，如乡村休闲旅游、生态氧吧、生态旅游等，真正实现了“绿水青山就是金山银山”理论到现实的转化。

当然，在实践中，也遇到很多瓶颈和难以攻克的问题，如生态资源保护成本问题、群众对于生态保护发展认识问题以及特色产业经营管理的人才需求问题等等，绿色减贫工作任重而道远。

很庆幸读博士期间在张琦老师的指导和带领下，开启了我对绿色减贫领域的探索和研究。多年来先后前往贵州、甘肃、云南、陕西、河北、四川、广东等多个省份调研百余次，探索研究贫困地区如何将生态资源转化为经济、社会和文化价值，通过对当地的实地调研，与基层干部的深入交谈，与当地贫困户的互动聊天，让我越来越认识到，要使贫困地区脱贫，绿色减贫道路是最有效、最长效、最可靠的发展之路。

笔者通过多年的学习探索，在完成《中国绿色减贫指数报告2014》《中国绿色减贫指数报告 2016》以及绿色减贫相关研究成果的基础上，从更加宏观、更贴近实际的角度编著此书，旨在让读者能对绿色减贫的发展历程、现状以及实施中的具体表现等方面有更具象的了解。

在 2020 年全面脱贫目标任务即将完成的当下，乡村发展面临脱贫成果巩固和乡村振兴的新任务和新要求，绿色减贫研究将是未来乡村可持续发展的长期议题，希望社会各界能大力关注并支持绿色减贫相关研究，为我国乡村振兴发展添砖加瓦。

目录
CONTENTS

第一章　绿色减贫的理论指导

第一节 “十三五”期间开展精准扶贫工作的思考

扶贫脱贫是“十三五”期间我国重要战略目标任务之一，笔者从贫困人口预测、实现精准脱贫难度和扶贫脱贫路径等方面对精准扶贫问题进行分析，以期对我国扶贫脱贫工作有所裨益。

一、贫困人口规模的预测

2020 年我国贫困人口预测分析扶贫脱贫是一项难度巨大的工作，不仅受贫困地区的自然社会经济基础脆弱制约，而且因为贫困地区的环境脆弱以及能力脆弱的强力约束，贫困地区区域间差异性和个体独特性使得扶贫脱贫模式、方法包括扶贫产业选择、扶贫脱贫就业方式、收入渠道和文化能力提升都会因人而异、因区域不同而有所变化，因此，需要目标精准、帮扶精准、资金精准、项目精准、管理精准、考核精准，而其中扶贫脱贫对象精准是前提和基础，笔者采用不同方法对 2020 年我国贫困人口规模进行预测如下：

1. 按照贫困发生率变化来预测

（1）几何平均法。按照几何平均法，根据 2009—2014 年数据，笔者计算出这 6 年贫困发生率的增速是 –17.23%，如果以此增速预测，到 2020 年全国贫困发生率预测为 2.32%，按照总人口为 96362 万（固定点监测样本不变），可预测出 2020 年贫困人口为 2236 万。

（2）根据李实教授课题组《新时期缓解农村贫困的政策评估与减贫潜力预测》研究报告结论，未来贫困发生率存在三种可能性比较大的变化趋势：相对乐观——相对减少率 15%；相对客观——相对减少率与 2000—2007 年相同，保持在 10% 左右；相对悲观——相对减少率 5%。综合各种因素的影响，2020 年贫困发生率预期能够下降至 2%—4%，能够减少 4000 万—6000 万贫困人口，以此推算，到 2020 年，我国的贫困人口在 2000 万—4000 万之间。

根据上一轮（2000—2010 年）减贫区间幅度变化规律对减贫变化趋势和贫困人口规模进行预测。2000—2010 年正好是《中国农村扶贫开发纲要（2000—2010）》实施的 10 年，以 2011 年为界限，新扶贫标准开始实施，对照上一轮减贫变化规律，则可以粗略地推算出新阶段尤其是2015—2020年减贫变化趋势和到2020年贫困人口规模。

从30多年来我国扶贫开发实践来看，每一轮减贫幅度都呈现出极其相似的变动趋势和规律。按照这一特点，可推算2015—2020年区间的减贫规模。2015—2020年贫困人口减少幅度将在2011—2014年减贫幅度42.7%的基础上增加26.4个百分点，约为69%左右，即贫困人口约为2168万。

2. 根据2011年以来我国减贫速度预测

2011年我国农村贫困人口为12238万，2012年为9899万人，减少19.11%，2013年贫困人口8249万人，减少16.7%；2014年贫困人口7017万人，减少14.9%。由此可以看出，2011—2014年贫困人口数量虽一直减少，但是减贫难度增加，减幅下降，若按照每年约1个百分点下降速度进行预测，到2020年贫困人口减少速度为8.9%，贫困人口预测为3389万人。

根据以上几种方法分别预测出2020年我国贫困人口数量，可以推论，按照以往扶贫脱贫规律性变化特点，到2020年我国贫困人口仍然会有2600万左右。

二、2020年如期完成脱贫任务面临的新挑战

“十三五”期间，我国社会经济发展总体态势发生了重大变化，尤其是经济新常态下我国扶贫脱贫面临的新挑战更为严峻。

1. 经济增长速度放缓将会相应地降低减贫效应

新常态下，我国经济进入增速换挡期，由高速增长转入中高速增长后所出现的趋势性下滑，会引起一系列宏观经济指标，如储蓄、投资、物价和就业等呈现新变化，这种增速下降及结构性调整会影响到贫困地区和贫困人口以及扶贫开发政策效果，从而使经济增长的减贫效应和投资增长的减贫效应降低。与此同时，一个严峻的问题是消费需求对经济增长的拉动能力较弱，在经济增长由依靠投资拉动向依靠消费拉动的转变过程中，贫困地区面临的压力更大。经济增长速度降低，使得通过区域经济发展带动扶贫开发的能力相对减弱，投资增长减少，预示着投资乘数效应减弱，从而导致贫困地区扶贫开发和贫困人口就业能力减弱，这必然带来贫困人口收入水平以及脱贫减贫速度下降。因此，上文推算2020年我国贫困人口约为2600万是在2000—2015年社会经济发展态势下预测的，假如按照新常态扶贫脱贫惯性变化规律，

目前的7017万贫困人口经过不断努力最保守估计到2020年可脱贫3600万左右，还剩余3500万左右贫困人口，因此，我们到2020年完全消除绝对贫困即让7017万贫困人口全部脱贫，实现“两不愁三保障”和实现建成小康社会目标任务，难度是非常大的。

2. 新常态下扶贫开发和减贫的动力机制发生变化

我国扶贫开发和减贫的动力机制是长期摸索的结果，经济形态和产业结构及区域社会经济发展特色和运行惯性，创造了贫困地区各具特色的扶贫减贫动力机制。新常态预示着扶贫减贫动力机制需要重新进行转换调整甚至重构，依靠“高投入、高消耗、高污染”为主导性产业扶贫开发的传统模式将会被以环境保护为核心生态绿色产业为主导的扶贫开发和减贫动力新体系所替代，这是必然趋势。实现贫困地区产业动力大转换，需重新建新型产业动力源，包括绿色环保产业、林业、生态畜牧业、现代有机农业、新能源产业和新型战略性产业以及以此为核心的新型生产性服务产业，如生态金融、生态旅游和文化创意产业等。以环境保护为核心的生态产业、绿色产业与传统产业融合与转化的过程，实际上就是扶贫战略方式转化的过程，而这个过程对于扶贫开发来说，难度明显加大。

3. 新常态使减贫脱贫的路径和方式发生新变化

新常态不仅重构了减贫的动力机制，也改变了减贫的路径和方式，使得贫困人口的收入来源、生活方式、就业方式都发生了新变化，并将影响减贫的效率和效果。由于新常态带来经济结构调整变化，农民收入来源结构也将发生新变化，过去所依靠的收入来源结构随之改变，外出打工将会相应减少，而贫困地区外出打工收入一般占家庭收入在40%—70%之间。产业结构变化，必然带来就业结构和方式的变化，贫困地区如何适应这种变化，是一个现实挑战。

4. 新常态可能会带来扶贫脱贫资金的新压力

经济增长放缓，国家财政收入会相应减少，能否保持原有扶贫资金规模增幅将面临不确定因素。企业利润下降，也预示着社会扶贫资金增加压力增大。金融机构在经济新常态下对资金管理出台新政策，金融扶贫意愿和积极性也可能会受到一定的抑制，这同样会带来扶贫脱贫资金的新压力和新考验。

三、完成 2020 年扶贫脱贫任务的对策思考及建议

1. 基本判断

（1）我国扶贫开发的攻坚期和决战期。2016—2020 年是《中国农村扶贫开发纲要（2011—2020 年）》最后 5 年，贫困标准提高后贫困人口规模扩大，扶贫任务和难度增加，使实现到 2020 年达到“两不愁三保障、一高于一接近一扭转”目标（稳定实现扶贫对象不愁吃、不愁穿，保障义务教育、基本医疗和住房需求；贫困地区农民人均纯收入增长幅度高于全国平均水平，基本公共服务主要领域指标接近全国平均水平，扭转发展差距扩大趋势）难度增加，扶贫开发进入了关键的决战期和攻坚期。

（2）2020 年扶贫开发工作是从消除绝对贫困向消除减缓相对贫困转变的重要转折点。2015—2020 年期间，我国扶贫开发将是完成解决温饱和巩固温饱成果、加快脱贫致富、改善生态环境和提高发展能力阶段。要实现基本消除绝对贫困和极度贫困，国家扶贫脱贫重点和重心应转向减少相对贫困以及缩小个体差距和缩小发展差距的新阶段。

（3）未来我国扶贫开发改革创新目标是探索中国特色扶贫开发道路，积极完善扶贫治理体系和提升扶贫治理能力现代化。中国特色的扶贫脱贫道路和扶贫脱贫治理体系体现在扶贫脱贫治理的基础能力提升，扶贫脱贫治理的社会发展（治理）能力提升和可持续发展的特色产业扶贫脱贫能力提升。

2. 路径选择

到 2020 年完成扶贫脱贫任务需要坚持精准扶贫，一方面是扶贫对象精准，让真正贫困人口实现脱贫；另一方面，扶贫脱贫过程中路径精准，根据贫困人口的实际确定扶贫脱贫的路径。路径精准是精准扶贫的保障，要保障脱贫路径精准，就要根据我国扶贫脱贫实践对 7017 万贫困人口扶贫脱贫路径进行精准设计。

（1）总体思路：一是通过精准扶贫与片区发展相结合的路径来实现脱贫任务的完成。即以片区规划和到村到户精准扶贫相结合为主导，全面推进我国扶贫开发整体进程。通过强化精准扶贫，实行精细化管理，精确化资源配置，对扶贫对象实现精准化扶持。明确区域发展带动扶贫开发，扶贫开发促进区域发展的工作思路，解决贫困村、户发展致富所面临的共性约束，统筹推进区域经济社会发展。充分利用区域发展与扶贫开发相结合的重大机遇，

有效应对面临的挑战，强化区域发展和扶贫开发的正向关系、抑制其负向关系，开创区域发展带动扶贫开发、扶贫开发促进区域发展的良性互动局面，加快连片特困地区区域发展步伐，优先解决最困难地区最困难群体最迫切需要解决的问题，推动连片特困地区经济社会又好又快发展，通过片区发展带动片区贫困户的整体脱贫。二是绿色低碳脱贫路径。扶贫脱贫不仅仅是收入水平提高，更是贫困人口总体能力和整体水平的全面脱贫。为顺应我国发展方式转变和生态文明建设潮流，扶贫开发也将在绿色低碳扶贫方面实现新突破、新发展，并将成为我国扶贫开发创新发展的新动力、新支撑和新路径。绿色低碳扶贫政策创新理念、绿色低碳扶贫产业模式和市场形态都是未来我国精准扶贫的必然选择，精准扶贫不是简单的只注重收入水平提升，更是一种多维的更高层次的扶贫，是注重质量和现代创新发展的路径。

（2）具体路径：一是对于有一定条件和基础的贫困地区和贫困人口通过开发式扶贫、产业扶贫和绿色低碳扶贫的方式提升区域发展能力和家庭生计能力，实现可持续的脱贫能力提升，预计在7017万贫困人口中有大约2000万—3000万人依靠这种发展路径脱贫。二是对于丧失劳动能力的五保户、低保户等扶贫脱贫难度大的农村贫困人口，国家可以采取划入社会保障政策范围内的政策，通过提高社会保障标准、多重保障性扶贫增加资产性收入等方式来解决他们的实际困难。这是扶贫脱贫最难啃的骨头，上一轮扶贫开发末期（2010年）贫困人口2688万，基本都是无（丧失）劳动能力的五保户、低保户，预计到2020年前，通过社会保障来兜底的贫困人口在2600万左右。三是对自然环境差、生存基础条件恶劣、不适合人类居住又难以扶贫脱贫的贫困山村和生活极其困难的贫困人口通过移民搬迁、易地搬迁等方式脱贫。事实上，一些自然生态恶劣地区的贫困人口易地搬迁是最佳脱贫路径，预计到2020年需要异地搬迁的贫困人口近1000万。四是对于因病致贫的贫困地区和贫困家庭，通过采取医疗等综合性扶持措施帮助这些贫困家庭实现扶贫脱贫。

第二节　十八大以来绿色减贫理论与实践探索

绿色减贫是生态文明建设中减贫方式的创新，是一种符合生态文明发展、实现绿色增长和发展新方式的减贫新理念，是把生态文明与反贫困有机结合起来的减贫新战略，体现了我们党对我国经济社会发展阶段性特征的科学把握。

一、十八大以来绿色减贫的发展背景及理论创新

随着经济的快速发展，经济发展与环境保护之间的矛盾越来越突出。绿色发展逐渐成为世界各国以及国际性组织关注和研究的热门话题，也是我国经济社会发展及各行业适应新形势新发展的重要战略议题，逐步成为研究讨论创新扶贫开发方式的关注点。

（一）绿色减贫的发展背景

1. 经济发展“非绿色化”带来生态环境极度恶化

进入20世纪80年代以来，随着经济的发展，具有全球性影响的环境问题日益突出。不仅环境发生了区域性的环境污染和大规模的生态破坏，而且出现了温室效应、臭氧层破坏、全球气候变化、酸雨、物种灭绝、土地沙漠化、森林锐减、越境污染、海洋污染、野生物种减少、热带雨林减少、土壤侵蚀等大范围的和全球性环境危机，严重威胁着全人类的生存和发展。就我国而言，1978年以来，我国维持了30多年的经济快速增长，目前经济总量已处于世界第二位，但是这种成就的取得在一定程度上是通过采取重化工业等偏重GDP增长的发展路径来进行的，GDP发展面临着严重的“非绿色化”，粗放型发展方式使我国的环境承载力面临巨大压力，部分地区的环境容量已经逼近甚至是超过了临界点，使得环境、经济、社会之间关系紧张。以生态环境破坏情况为例，我国70%的城市空气质量没有达到新的空气质量标准；酸雨区面积约占国土总面积的12.2%。在我国的地表水系中，70%的江河湖泊受到不同程度的污染，75%的湖泊出现了不同程度的富营养化情况，流经

城市的河段有90%面临严重污染；在地下水中，在2012年的地下水质检测中，57.3%的监测点水质为“差”和“极差”，其中16.8%的监测点水质呈现极差级别。我国有2000万公顷耕地受到重金属污染，约占耕地总面积的1/5。生态环境的严重破坏使得生态环境效益处于0甚至负值，GDP的发展与环境状况背道而驰，经济与生态之间的内部矛盾愈加突出，整体经济的绿色可持续发展受到严重制约。

2. 脱贫任务和生态环境改善双目标不可或缺

在我国的生态脆弱区中，76%的县为国家扶贫开发工作重点县。这些县的土地面积、耕地面积和人口数量，分别占到生态脆弱地区土地面积的43%、耕地面积的68%、人口数量的76%。2010年，国务院印发的《全国主体功能区规划》将小兴安岭森林生态功能区等25个地区划分为国家重点生态功能区，设立了共计1443处，包括国家级自然保护区、世界文化自然遗产、国家级风景名胜区、国家森林公园、国家地质公园等国家禁止开发区域。根据《全国主体功能区规划》所划分的重点生态功能区基本上覆盖了14个集中连片特困地区，国家禁止开发区域中有42.9%的区域位于国家扶贫工作重点县。因此，我国大部分贫困地区和生态脆弱地区在地理分布上存在很强的耦合性，贫困地区往往是自然资源富集区，又是重要的生态屏障区和生态脆弱区；既是经济发展、生态保护战略区，又是经济社会相对落后和贫困人口聚集区，具有一般性贫困和生态性贫困叠加的特征。生态脆弱意味着这些地区难以通过重化工业化等方式来推进减贫发展。全面建成小康社会必须补齐扶贫开发和生态环境保护这两大短板，补齐这两块短板，必须把生态文明建设与反贫困有机结合起来。这是贫困地区科学发展的基本原则，也是生态脆弱贫困地区扶贫开发的必经之路，因此，这些地区的发展必须走绿色发展的道路，脱贫攻坚必须以绿色发展为原则，要积极推进绿色与减贫无缝对接，贫困地区要走绿色减贫、生态减贫创新之路。

3. 积极探索绿色减贫成为世界各国共识

伴随气候变化带来自然社会经济发展的历史性新变化，绿色经济作为应对措施受到国际社会广泛关注。早在2005年召开第5届亚太环境与发展部长级会议上通过了《关于绿色增长的首尔倡议》。以此为契机，韩国开始大力推进绿色经济与绿色增长，将“低碳绿色增长”作为国家经济的长远构想。日本也在2007年将建设“低碳社会”“循环型社会”“自然共生社会”作为环境立国的支柱。联合国环境规划署从 2008 年开始实施绿色经济倡议，绿色经济便成为一大全球性课题，美国、欧洲、日本、韩国等众多主要国家和地区相继推出了“绿色新政”，其核心在于通过对再生能源产业等绿色产业的大规模投资，刺激经济，创造就业。经济合作与发展组织从 2008 年开始制定绿色增长战略，并将绿色增长作为其成立 50 周年的纪念主题。联合国环境规划署 2011 年 2 月发表了绿色经济报告书，其中绿色发展与减贫战略是其核心。联合国环境计划署发表的《面向政策制定者的综合报告》中专门强调了迈向绿色经济，通向可持续发展和消除贫困的各种途径。2012 年里约热内卢召开的联合国可持续发展大会的主题之一就是“可持续发展和消除贫困背景下的绿色经济”。可以说，绿色经济、绿色发展与减贫新战略已经成为世界进行政治、经济和外交等关注、交流与合作的热点，日益受到各国的重视。各种研究表明，目前全球正面临着较为严重的环境危机，集中体现在全球气候变暖。为了控制全球变暖的步伐，各国纷纷提升资源利用效率，保持能源消耗和二氧化碳排放处于低水平。强调绿色发展，正是在经济发展的基础上，更加注重生态文明和环境保护，实际上也是全球共同认定的、解决地球资源和环境可持续问题的一种必然选择。而绿色减贫正是低碳的扶贫方式，符合绿色低碳这一新的世界规则的发展方向和大趋势。

4. 中国“绿色减贫”呼声日益迫切

进入新的历史发展阶段，绿色发展和减贫都已经成为中国国家发展的战略目标要求。在绿色发展方面，中国政府高度重视绿色发展和减贫工作。党的十八大将生态文明放在突出地位，提出要将生态文明融入经济建设、政治建设、文化建设、社会建设各方面和全过程，实现“五位一体”总体布局的经济社会发展。2015 年 10 月 15 日召开的十八届五中全会首次提出“创新、协调、绿色、开放、共享”五大发展理念，这是中国新时期治国理政思想在发展理念上的创新性成果，绿色发展成为五大发展理念的核心，绿色发展理念居于五大理念之核心位置，进一步证明了中国绿色发展的决心和信心。在扶贫脱贫方面，自 2013 年以来，中国扶贫脱贫的力度不断加大，制定了一系列政策制度，其中，《中共中央　国务院关于打赢脱贫攻坚战的决定》将扶贫脱贫定位提到了“扶贫开发事关全面建成小康社会，事关人民福祉，事关巩固党的执政基础，事关国家长治久安，事关我国国际形象”历史上最高地位；“打赢脱贫攻坚战，是促进全体人民共享改革发展成果、实现共同富裕的重大举措，是体现中国特色社会主义制度优越性的重要标志，也是经济发展新常态下扩大国内需求、促进经济增长的重要途径”，并提出了到2020年，稳定实现农村贫困人口不愁吃、不愁穿，义务教育、基本医疗和住房安全有保障。实现贫困地区农民人均可支配收入增长幅度高于全国平均水平，基本公共服务主要领域指标接近全国平均水平，确保我国现行标准下农村贫困人口实现脱贫，贫困县全部摘帽，解决区域性整体贫困。

（二）理论创新

进入21世纪，人类社会进入第四次工业革命，即绿色工业革命，发展模式将从前三次工业革命的“黑色发展模式”转向全面的“绿色发展模式”。中国作为世界最大的新兴经济体，无疑是绿色发展理念的倡导者，从“十一五”规划突出了绿色发展的思路，绿色发展指标被列为约束性指标，到“十二五”绿色发展理念进一步强化，并明确了绿色发展的激励约束机制，再到2015年10月15日召开的十八届五中全会再次强调绿色发展理念，提出要实现“十三五”时期发展目标，破解发展难题，厚植发展优势，必须牢固树立并切实贯彻包括“绿色发展”的五大理念，绿色发展理念居于五大理念之核心位置，通过在减贫实践中不断创新、摸索，将绿色发展理念紧密地融入进去，探索出一套具有中国特色的绿色减贫理论。

1.“两山理论”：绿色减贫的理论基础

在经历了用绿水青山去换“金山银山”，即以牺牲生态环境为代价换取经济增长，之后逐渐意识到生态环境的重要性，所以在对待生产发展和生态环境的关系上更加倾向于探寻两者之间的平衡点从而促进人与自然的和谐发展。早在2005年，习近平总书记首次提出“两山”理论，即“既要绿水青山，又要金山银山”，“绿水青山就是金山银山”。两山理论从生态和经济发展的双重角度阐述了两者之间的辩证关系，其本质也体现了绿色减贫的内在机制。首先，对于“既要绿水青山，又要金山银山”，强调在经济发展的同时，要提升对绿色资源的保护意识，经济与绿色发展缺一不可，其本质是突破了以GDP为核心的单维度发展意识，正视绿色发展维度对于整体发展的重要性。绿色资源具有一定的自然生产力，如土地、山川、河流、气候以及生物多样性等都属于自然生产力，其完整性和丰满程度决定着生产力总体的容量、空间和潜力。保护生态环境就是保护生产力，相反，破坏环境就是在破坏生产力。因此，决不能以牺牲环境为代价发展经济。其次，“绿水青山就是金山银山”从内部将经济发展与绿色资源连接起来，挖掘出绿色资源的经济价值，使其生态优势变成经济优势，形成了一种浑然一体、和谐统一的关系，这一阶段是一种更高的境界，体现了发展循环经济、建设资源节约型和环境友好型社会的理念。这一理论将生态环境纳入了“生产力”范畴，破解了发展中环境、生态与生产力之间的内部矛盾。在“两山理论”的指引下，以“绿水青山”为基点实现经济发展方式的转型，自觉开发绿色经济增长的新动力、新市场和新环境，创建“绿水青山”型经济，为全面建成小康社会提供了扎实的绿色根基。

2. 扶贫产业绿色化的理论创新

绿色产业化是指通过包容可循环的机制形成绿色资源的长效发展，其本质是通过在绿色资源承载范围内达到效用最大化利用。具体而言，可以通过积极采用清洁生产技术，无害或低害的新工艺、新技术，大力降低原材料和能源消耗，实现少投入、高产出、低污染，尽可能把对环境污染物的排放消除在生产过程之中的减贫理念。产业扶贫的绿色化转型主要体现在以下两个方面：（1）绿色资源理念扶贫。绿色资源理念融合主要指在扶贫开发过程中注重对当地绿色环境的包容性发展，提升当地政府、企业以及贫困人口自身的绿色资源保护意识。（2）生态补偿扶贫。生态补偿是将生态环境保护与贫困人口减贫完美结合的有效路径。生态补偿主要包括几方面内容：一是从生态系统自身角度出发，对恢复被破坏生态环境系统所产生的费用进行补偿。二是通过各种渠道使生态环境产生的外部经济效益内部化。三是对一个区域或个人在生态环境保护方面所投入的真实成本和机会成本进行补偿；四是对于一些具有显著生态价值的生态环境区域进行投入。生态补偿扶贫主要依靠以上途径对贫困地区或贫困人口倾斜，使生态环境受到直接或间接保护的同时，促进贫困人口减贫，同时，提升当地企业和个人对于生态环境可持续发展的意识。

3. 绿色扶贫产业化的理论创新

绿色产业化扶贫理论的本质是绿色资源价值的转化利用。绿色资源不同于一般其他资源，具有共享性、可持续性和循环性，而绿色产业化是指通过有效利用绿色资源的多重属性，完成绿色资源本身价值向绿色减贫价值的体现及绿色资源价值向经济、社会和生态价值的转化，形成贫困地区核心内源驱动减贫动力。绿色资源除了本身具有的生态属性之外，同时还具有消费性，对人类发展而言，生态资源具有除了自然价值外的经济价值，人类在对生态资源利用开发时产生的利益就是生态资源的附加价值。首先，绿色资源具有一定的观赏属性，人类通过一定的经济支出来获取这种观赏需求，从绿色资源来看，就完成了一轮生态资源到经济资源的转化，从而对拥有绿色资源的贫困地区具有一定的经济带动性，起到扶贫作用，最典型的例子就是旅游扶贫。其次，绿色资源具有一定的实用价值，通过提升绿色资源的结构从而延长其产业链，提升其经济效益，比如对于农业而言，可以通过有效结合生产—加工—销售为一体，延长农业产品的产业链，降低成本，提升农产品获得的整体经济效益；同时，可以通过拓宽农业产品的消费属性，结合生态环境、地理条件、现代信息科技等因素，形成具有休闲性质的观光体验农业等模式，依靠一二三产业融合，使农产品突破仅靠第一产业带来的经济效益，扩大第二产业、第三产业在农产品中的适用性，增加当地贫困人口的经济来源，从本质讲同样达到绿色资源的价值转化。除此之外，绿色资源具有一定的精神属性，比如不少少数民族贫困地区具有较为鲜明与文化习俗等相关联的绿色资源，为贫困地区与外界搭建一个互相交流和沟通的平台，同时也为绿色资源的转化构建了一个高效渠道，通过发展文化节、文化展以及各种周边产品使贫困地区在文化资源输出的同时，也依靠其他产品获得更高的经济效益；与此同时，当地绿色文化资源也因更多人的关注得到进一步的保护和延续，达到绿色资源的可持续性利用。

4. 绿色减贫评价机制的创新与发展

关于减贫成效的评价，长期都处于以经济为标准的阶段，然而实践表明经济并不能准确体现贫困人口的减贫水平。绿色减贫评价从理念上打破了以经济为衡量减贫成效的单维度标准，从可持续发展角度出发，结合生态承载能力、社会保障、教育、文化等多维度因素，对绿色减贫成效进行综合全面的评价。北京师范大学中国扶贫研究中心从 2013 年开始进行了深入研究，并构建一套中国绿色减贫指数和指标体系，及时呼应了联合国 2030 可持续发展议程和十八届五中全会提出的“创新、协调、绿色、开放、共享”的发展理念以及《中共中央　国务院关于打赢脱贫攻坚战的决定》所包含的精神，体现了精准扶贫的绿色路径和绿色减贫的精准化方略，是一套绿色减贫成效评估参照标准，从中可以对各地的绿色减贫效果做出评估和比较，衡量绿色减贫进程进而揭示其中问题，具有非常重要的政策含义和实用价值。绿色减贫指数包含了发展的三个维度，第一是可持续的维度，在发展的同时要保护资源环境；第二是人民福祉的维度，发展和减贫主要不是体现在经济增长，尽管经济增长对减贫有重要贡献，但是发展的目标是改善人民的福祉；第三是公平的维度，发展要缩小差距，实现公平。指数很好地反映了绿色减贫的核心。绿色减贫指数最大的用途在于进行比较，指数提供了三种比较，第一，纵向的比较，以反映进步的速度。第二，横向的比较，反映不同地区的差异。第三，各部分的比较，反映一个地区的发展短板。指数的设计能够较全面、客观、科学地描述各个贫困片区的绿色减贫总体水平，并且可从各个分项指标的高低比较中得出不同片区的不同特点和优劣势，从而揭示出各个片区在绿色减贫进程中面临的问题以及有待改善的方向。指数的设计不仅是从理念上进行创新，更是对未来绿色减贫工作的一种尝试性的新探索、新举措。在不以 GDP 论英雄的时代，绿色减贫指数为决策者，特别是地方的决策者提供了新的目标。贫困地区不再以经济增长速度为目标，绿色减贫指数可以替代 GDP 成为贫困地区的发展的目标。

二、十八大以来绿色减贫的制度设计和实践创新

新一届中央领导集体高度重视生态文明建设和减贫工作，就新时期扶贫开发工作提出了一系列的新思想、新部署和新要求。2015 年 11 月，中共中央、国务院印发的《关于打赢脱贫攻坚战的决定》在指导思想中明确要求，脱贫攻坚要牢固树立并切实贯彻创新、协调、绿色、开放、共享的发展理念。2016 年 11 月，《“十三五”脱贫攻坚规划》中指出，脱贫攻坚工作必须坚持绿色协调可持续发展，牢固树立绿水青山就是金山银山的理念，把贫困地区生态环境保护摆在更加重要的位置，探索生态脱贫有效途径，推动扶贫开发与资源环境相协调、脱贫致富与可持续发展相促进，使贫困人口从生态保护中得到更多实惠。为了将绿色发展理念应用于扶贫工作中，实现绿色减贫，政府做出了一系列的制度设计和政策安排，政策的主要方面包括生态扶贫、绿色产业脱贫、异地搬迁扶贫、文化扶贫以及绿色减贫考核机制等。

（一）制度设计

中国绿色减贫在制度设计层面形成了一定的政策支撑，在国务院、国家发展和改革委员会、农业部、环境保护部以及国家旅游局等部门都制定了绿色减贫相关的政策。

2014年5月，国务院办公厅制定《2014—2015年节能减排低碳发展行动方案》，强调进一步硬化节能减排降碳指标、量化任务、强化措施，对2014—2015两年节能减排降碳工作提出具体要求，《行动方案》提出了节能减排降碳的具体目标：2014—2015年，单位GDP能耗、化学需氧量、二氧化硫、氨氮、氮氧化物排放量分别逐年下降3.9%、2%、2%、2%、5%以上，单位GDP二氧化碳排放量两年分别下降4%、3.5%以上。

2014年9月，国家发展改革委制定《国家应对气候变化规划（2014—2020年）》，提出牢固树立生态文明理念，坚持节约能源和保护环境的基本国策，统筹国内与国际、当前与长远，减缓与适应并重，坚持科技创新、管理创新和体制机制创新，健全法律法规标准和政策体系，不断调整经济结构、优化能源结构、提高能源效率、增加森林碳汇，有效控制温室气体排放，努力走一条符合中国国情的发展经济与应对气候变化双赢的可持续发展之路。

2014年11月，国家发展和改革委员会、文化和旅游部、生态环境部、农业农村部等制定《关于实施乡村旅游富民工程推进旅游扶贫工作的通知》，确定重点任务：加强基础设施建设，改善重点村旅游接待条件；大力发展乡村旅游，提高规范管理水平；发挥精品景区辐射作用，带动重点村脱贫致富；加强重点村旅游宣传推广，提高旅游市场竞争力；加强人才培训，为重点村旅游发展提供智力支持。

2015年4月，国务院制定《中共中央　国务院关于加快推进生态文明建设的意见》，首次明确提出了新型工业化、信息化、城镇化、农业现代化和绿色化的“五化协同”。

2015年7月，国务院办公厅制定《关于加快转变农业发展方式的意见》，其目标是到2020年，转变农业发展方式取得积极进展。多种形式的农业适度规模经营加快发展，农业综合生产能力稳步提升，产业结构逐步优化，农业资源利用和生态环境保护水平不断提高，物质技术装备条件显著改善，农民收入持续增加，为全面建成小康社会提供重要支撑。

2015 年 8 月，国务院办公厅制定《关于进一步促进旅游投资和消费的若干意见》，旨在坚持乡村旅游个性化、特色化发展方向；到 2015 年，抓好 560 个建档立卡贫困村乡村旅游扶贫试点工作；到 2020 年，全国每年通过乡村旅游带动 200 万农村贫困人口脱贫致富；扶持 6000 个旅游扶贫重点村开展乡村旅游。

2015 年 9 月，国务院制定的《生态文明体制改革总体方案》强调，推进生态文明体制改革要坚持正确方向，坚持自然资源资产的公有性质，坚持城乡环境治理体系统一，坚持激励和约束并举，坚持主动作为和国际合作相结合，坚持鼓励试点先行和整体协调推进相结合。

2015 年 11 月，中共中央、国务院制定《关于打赢脱贫攻坚战的决定》，强调坚持保护生态，实现绿色发展。牢固树立绿水青山就是金山银山的理念，把生态保护放在优先位置，扶贫开发不能以牺牲生态为代价，探索生态脱贫新路子，让贫困人口从生态建设与修复中得到更多实惠。

2015 年 12 月，国家发展改革委、扶贫办、财政部、自然资源部、人民银行制定《“十三五”时期易地扶贫搬迁工作方案》，强调“十三五”时期将坚持群众自愿、积极稳妥方针，坚持与新型城镇化相结合，搬迁对象主要是居住在深山、石山、高寒、荒漠化、地方病多发等生存环境差、不具备基本发展条件，以及生态环境脆弱、限制或禁止开发地区的村建档立卡贫困人口，优先安排位于地震活跃带及受泥石流、滑坡等地质灾害威胁的建档立卡贫困人口，加大政府投入力度，创新投融资模式和组织方式，完善相关后续扶持政策，强化搬迁成效监督考核，努力做到搬得出、稳得住、有事做、能致富，确保搬迁对象尽快脱贫。

2016 年 5 月，国务院办公厅制定《关于健全生态保护补偿机制的意见》，确定生态补偿的原则为“谁受益、谁补偿”，提出生态补偿的七大重点领域，主要包括森林、草原、湿地、荒漠、海洋、水流、耕地。

2016 年 8 月，国家旅游局、国家发展改革委、自然资源部、环境保护部等制定并颁布《乡村旅游扶贫工程行动方案》，提出乡村旅游扶贫八大行动：乡村环境综合整治专项行动、旅游规划扶贫公益专项行动、乡村旅游后备箱和旅游电商推进专项行动、万企万村帮扶专项行动、百万乡村旅游创客专项行动、金融支持乡村扶贫专项行动、扶贫模式创新推广专项行动、旅游扶贫人才素质提升专项行动。

2016年11月，国务院制定并颁布《“十三五”生态环境保护规划》，其基本原则是“五个坚持”：坚持绿色发展，标本兼治；坚持质量核心，系统施治；坚持空间管控，分类防治；坚持改革创新，强化法治；坚持履职尽责，社会共治。

2016年12月，中共中央办公厅、国务院办公厅制定《生态文明建设目标评价考核办法》，建立了生态文明建设目标指标，将其纳入党政领导干部评价考核体系。

2016年12月，国务院制定并颁布《“十三五”旅游业发展规划》，明确提出实施乡村旅游扶贫工程。通过发展乡村旅游带动2.26万个建档立卡贫困村实现脱贫。

2017年4月，文化部制定并颁布《文化部“十三五”时期文化产业发展规划》，旨在加大对中西部地区、少数民族地区、贫困地区、革命老区特色文化产业发展的支持力度，发挥文化产业在脱贫攻坚战略中的积极作用。

（二）实践创新

1. 生态扶贫创新实践

中国在实践中探索和形成了环境友好产业发展、贫困人口参与生态保护建设和维护、生态补偿和生态移民等主要生态扶贫形式。

生态补偿扶贫。对于生态补偿的概念，国内还未形成统一共识，目前主要有两种观点：一是以提供者为侧重，仅对生态服务提供者进行补偿；二是奖惩并用，在对保护生态环境行为进行补偿的同时，也对破坏生态环境的行为进行干预并采取收费。一个地区的贫困不仅仅体现在贫困人口自身的贫困上，同样也体现在这个地区外部环境的贫瘠，主要指绿色生态环境的脆弱性，目前中国较多贫困地区生态环境破坏严重，因此减贫和生态环境保护都是同样重要的两大任务，更确切地说，生态环境的“减贫”也是贫困人口减贫中的一项重要内容；生态补偿是将生态环境保护与贫困人口减贫完美结合的有效路径；生态补偿扶贫主要依靠以上途径向贫困地区或贫困人口倾斜，使生态环境受到直接或间接保护的同时促进贫困人口减贫，提升当地企业和个人对于生态环境可持续发展的意识。

2. 新型能源扶贫实践

（1）光伏扶贫。“光伏遇上扶贫”始于2013年，在2016年渐成气候，国家发展改革委、国家能源局等5部门联合下发《关于实施光伏发电扶贫工作的意见》，明确表示在2020年前，要以整村推进的方式，保障16个省471个县约3.5万个建档立卡贫困村的200万建档立卡无劳动能力贫困户（包括残疾人），每年每户增收3000元以上。

2015年7月30日，国家能源局、国务院扶贫办印发了《实施光伏扶贫工程工作方案》，计划利用6年时间开展光伏发电产业扶贫工程并开展安徽、宁夏等三十余个首批光伏试点。部分试点在光伏扶贫上已取得一定的成效，“中国光伏应用第一城”合肥，截至2014年，已经有500户贫困户家庭受益于“光伏扶贫”，农户年均增收2500元，到2018年将会完成1000户贫困家庭“光伏扶贫”目标。从全国总体来看，2015年，光伏扶贫工程帮助近43万建档立卡贫困户实现增收，其中包括8.8万户失能贫困户，助力956个贫困村摆脱了无集体收入的窘境。光伏扶贫是绿色减贫新途径，贫困家庭通过安装屋顶光伏电站等形式促进贫困户增收，有利于人民群众生活方式的变革，开辟了贫困人口增收新渠道，达到绿色减贫效果。

（2）电商扶贫。电商扶贫是我国扶贫脱贫的新突破和新运用，是以电子商务为手段，拉动网络创业和网络消费，推动贫困地区特色产品销售的一种信息化扶贫模式。阿里研究院发布的《电商赋能弱鸟高飞——电商消贫报告（2015）》提出了电商消贫的定义，即通过建设和安装新型基础设施，培育和培养电商生态和电商意识，建立本地化的电子商务服务体系，从而促进贫困人群利用互联网技术和手段开展创新与创业，提高信息化服务水平，最终改变贫困人群的生产和生活方式，实现脱贫致富。

2012年以后，随着农产品电商的爆发，越来越多的贫困地区开始根据本地实际探索电商脱贫的路径，涌现出了如甘肃成县、吉林通榆、黑龙江明水、甘肃陇南等一批电商扶贫的县域先行者，为县域电商扶贫探索提供了宝贵的经验和典范。截至2015年9月，农村淘宝已覆盖22个省份的147个县市，包括31个国家扶贫开发工作重点县和42个省级扶贫开发工作重点县。互联网现代科学技术的运用，大大提升了扶贫脱贫的效率，例如贵州省利用国家大数据建设试点的机遇，开发并运用于扶贫脱贫管理的“扶贫云”，就是通过互联网手段和技术，构建了贵州扶贫脱贫的大数据新平台，并以此实现扶贫脱贫高效率的扶贫供给与需求的对接、扶贫脱贫动态信息管理的现代化、即时化。

3. 统筹区域发展与绿色减贫的新实践——易地搬迁扶贫

易地搬迁是“四个一批”精准脱贫的重要内容，是中央发出脱贫攻坚战总动员后的第一仗，也是我国打赢脱贫攻坚战的重要内容，《中共中央 国务院关于打赢脱贫攻坚战的决定》第七条就提出“实施易地搬迁脱贫”，“对居住在生存条件恶劣、生态环境脆弱、自然灾害频发等地区的农村贫困人口，加快实施易地扶贫搬迁工程”。截至2015年，国家累计安排易地扶贫搬迁中央补助投资363亿元，搬迁贫困群众680万余人。尤其对于贫困人口规模大且山区较多的省份来说，易地搬迁扶贫作用尤其明显。例如，贵州省自2001年以来已累计搬迁了104万农村贫困人口。据有关调查资料显示，到2020年，我国将对1000万贫困人口实施易地搬迁扶贫，占到整个扶贫脱贫人口的近15%，国家为此将投资6000亿资金来组织实施。易地搬迁属于生态扶贫和绿色减贫模式的范畴，其主要原因就是易地搬迁遵循自然规律与经济规律，对于生态环境较差地区，实施保护型减贫策略，通过搬迁、因地制宜确定安置方式改善贫困人口的客观生存环境等方式，从而有效缓解扶贫开发造成的环境破坏，促进当地经济社会的可持续发展。

4. 绿色农业扶贫创新实践

2012年发布的《国务院关于支持农业产业化龙头企业发展的意见》指出要坚持因地制宜，实行分类指导，探索适合不同地区的农业产业化发展途径。坚持机制创新，大力发展龙头企业联结农民专业合作社、带动农户的组织模式，与农户建立紧密型利益联结机制；推进农业生产经营专业化、标准化、规模化、集约化，建设一批与龙头企业有效对接的生产基地；强化农产品质量安全管理，培育一批产品竞争力强、市场占有率高、影响范围广的知名品牌；加强产业链建设，构建一批科技水平高、生产加工能力强、上中下游相互承接的优势产业体系；强化龙头企业社会责任，提升辐射带动能力和区域经济发展实力。2015年，《中共中央 国务院关于打赢脱贫攻坚战的决定》中进一步指出要加强贫困地区农民合作社和龙头企业培育，发挥其对贫困人口的组织和带动作用，支持贫困地区发展农产品加工业，加快一二三产业融合发展，让贫困户更多分享农业全产业链和价值链增值收益。2016年，国务院印发的《“十三五”脱贫攻坚规划》中指出要开展农林产业扶贫，优化发展种植业，积极发展养殖业，大力发展林产业；深度挖掘农业多种功能，培育壮大新产业、新业态，推进农业与旅游、文化、健康养老等产业深度融合；扶持培育新型经营主体，培育壮大贫困地区农民专业合作社、龙头企业、种养大户、家庭农（林）场、股份制农（林）场等新型经营主体；加大农林技术推广和培训力度，对农村贫困家庭劳动力进行农林技术培训，确保有劳动力的贫困户中至少有1名成员掌握1项实用技术。农业产业化政策的逐步完善有力地促进了贫困地区利用当地的农业资源实现经济发展，进而达到脱贫致富的目的。

5. 旅游扶贫创新实践

2013年，中共中央办公厅、国务院办公厅印发《关于创新机制扎实推进农村扶贫开发工作的意见》，明确将旅游（尤其是乡村旅游）定义为农户脱贫致富的主要工具，并提出翔实、因地而异的行动方案，同时也制定出明确的行动目标。2013年8月，国家旅游局与国务院扶贫办共同出台《关于联合开展“旅游扶贫试验区”工作的指导意见》，进一步明确了利用国家级旅游扶贫试验区的示范带动作用，探索旅游扶贫新模式的创新路径及标准。2016年12月，国务院印发《“十三五”旅游业发展规划》，明确提出“实施乡村旅游扶贫工程”。2017年，中共中央、国务院印发《关于深入推进农业供给侧结构性改革加快培育农业农村发展新动能的若干意见》，明确提出“田园综合体”的概念，紧密地将生态、旅游、扶贫融为一体，强调要建设“生产生活生态同步改善、一产二产三产深度融合的特色村镇”。以农民为本的农村发展理念得到凸显，彰显了村庄主体性。同时，为实施生态旅游扶贫提供了具有强操作性的载体。

6. 文化产业扶贫新实践

2015年，中共中央办公厅、国务院办公厅印发《关于加快构建现代公共文化服务体系的意见》（下文简称《意见》）提出要统筹推进公共文化服务均衡发展；因地制宜、分类指导，建立基本公共文化服务标准体系，促进城乡基本公共文化服务均等化，推动革命老区、民族地区、边疆地区、贫困地区公共文化服务实现跨越式发展，保障老年人、未成年人、残疾人、农民工、农村留守妇女儿童等特殊群体享有基本公共文化服务；提升公共文化设施建设、管理和服务水平。与《意见》一同印发的《国家基本公共文化服务指导标准（2015—2020年）》，对各级政府应向人民群众提供的基本公共文化服务项目和硬件设施条件、人员配备等作出了明确规定。在标准的基础上，各地将从实际出发，制定适合本地区的实施标准，并落实保障资金；有关部门将加大监督检查力度，对意见和标准的落实情况进行督查。2016年，《国务院办公厅关于加快中西部教育发展的指导意见》要求以提高教育质量为核心，优化顶层设计，整合工程项目，集中力量攻坚克难，全面提升中西部教育发展水平，培养更多栋梁之材，为促进中西部地区经济社会发展、缩小中西部地区与东部地区差距提供人才支撑。2017年，文化和旅游部颁布《"十三五"时期文化扶贫工作实施方案》，提出要以革命老区、民族地区、边疆地区和集中连片特困地区为重点，加大文化扶贫的政策和资金扶持力度；发挥文化在脱贫攻坚工作中"扶志""扶智"作用，推动贫困地区文化建设快速发展，全面提升贫困地区文化建设水平，确保贫困地区与全国同步进入全面小康社会。

7. 绿色减贫考核机制政策

2014年中国中央组织部、国务院扶贫办联合下发的《关于改进贫困县党政领导班子和领导干部经济社会发展实绩考核工作的意见》，首次提出对贫困县党政领导班子和领导干部经济社会发展实绩考核，应体现贫困地区发展的特殊性和主体功能定位，考虑生态环境脆弱等因素。这一调整对于鼓励和保证贫困地区的党政领导结合自身主体功能，选择和确定适宜的扶贫开发战略和方式，奠定了重要的制度基础，也在一定程度上为生态扶贫提供了保障。党的十八届五中全会通过的《中共中央关于制定国民经济和社会发展第十三个五年规划的建议》提出要加大环境治理力度的要求，开展环保督察巡视，推动地方党委和政府及其有关部门落实环境保护"党政同责"和"一岗双责"。2015年，《中共中央　国务院关于加快推进生态文明建设的意见》中指出要健全政绩考核制度；建立体现生态文明要求的目标体系、考核办法、奖惩机制。把资源消耗、环境损害、生态效益等指标纳入经济社会发展综合评价体系，大幅增加考核权重，强化指标约束，不唯经济增长论英雄；完善政绩考核办法，根据区域主体功能定位，实行差别化的考核制度；对限制开发区域、禁止开发区域和生态脆弱的国家扶贫开发工作重点县，取消地区生产总值考核；对农产品主产区和重点生态功能区，分别实行农业优先和生态保护优先的绩效评价；对禁止开发的重点生态功能区，重点评价其自然文化资源的原真性、完整性；根据考核评价结果，对生态文明建设成绩突出的地区、单位和个人给予表彰奖励；探索编制自然资源资产负债表，对领导干部实行自然资源资产和环境责任离任审计，从而将自然资源资产的考核纳入干部考核体系中。2016年，中共中央办公厅、国务院办公厅印发了《生态文明建设目标评价考核办法》，建立了生态文明建设目标指标，将其纳入党政领导干部评价考核体系，这意味着生态责任落实的好坏将成为政绩考核的必考题，这为推动绿色发展和生态文明建设提供了坚强保障。年度评价按照绿色发展指标体系实施，主要评估各地区资源利用、环境治理、环境质量等方面的变化趋势和动态进展，生成各地区绿色发展指数，进一步把中央关于“不简单以 GDP 论英雄”的要求落到了实处，突出“以生态文明建设论英雄”，树立了政绩考核新导向，这对促进地方各级党委政府和领导干部树立正确政绩观，推动经济社会科学发展，具有重要意义。

三、绿色减贫的实践特征

（一）绿色减贫内容多维度化

十八大以来，随着生态文明建设的推进，绿色减贫理念在中国逐渐凸现出来，从以往单纯的以经济维度为目标的单维度减贫逐渐向绿色减贫转变。从内容来看，绿色减贫主要以可持续发展为原则，以提升贫困人口生活水平为目标，根据“两不愁三保障”的建设目标而制定的多维度内容。根据北京师范大学中国扶贫研究中心所研究的《中国绿色减贫指数报告》中，绿色减贫内容主要包括经济增长绿化度、资源利用与环境保护程度、社会发展能力和扶贫开发与减贫效果四项内容。与以往仅依靠经济为标准的减贫模式相比，绿色减贫多维度内容主要有几点优势：第一，内容更全面。更能较为准确地衡量贫困人口的生活状态和需求，从根本审视贫困问题，更有助于精准扶贫精准脱贫。第二，更可持续性。绿色减贫以生态保护为原则进行减贫，为贫困地区提供较好的外部环境，可以更长效地保证当地的发展条件。同时，绿色减贫从社会保障、健康等多方面对贫困人口进行扶持，降低仅靠经济扶贫造成的返贫现象出现，因此减贫效应较为长效。

（二）绿色减贫机制可持续化

绿色减贫机制中主要包含两层意思，第一层意思就是所谓的“既要金山银山，也要绿水青山”，其本质是站在生态环境保护的角度进行减贫，为减贫工作确立了一条生态红线，因此在这样的原则下绿色减贫保证了贫困地区的生态环境的承载能力，为贫困地区整体的可持续发展奠定一个较好的外界条件。第二层意思是“绿水青山就是金山银山”，其本质是通过合理开发贫困地区生态资源的生态价值，使其转化为经济和社会价值，惠及贫困地区，同时，产生的价值可以再一次投入到当地的绿色资源上，形成新一轮的转化，形成贫困地区内部的可持续发展动力。

（三）绿色减贫方式多元化

基于多维度的绿色减贫内容，相应的，在绿色减贫过程中，突破了以往政府主导的减贫方式，采取的方式也比较多元化。主要包括几方面：（1）绿色企业带动扶贫。贫困地区的绿色企业拉动是贫困人口脱贫的又一个重要路径。企业通过对贫困人口采取绿色项目倾斜支持、减缓贫困人口就业压力等方式对贫困人口进行直接和间接的经济带动作用，主要表现为以下几方面：（1）对贫困户进行优先务工，促进贫困户脱贫。企业对于贫困人口的最直接带动渠道，由于大多数贫困人口收入水平低，没有能力和资金进行自主创业，或者有一部分贫困人口因为子女、老人及自身原因无法外出务工，因此，企业针对这部分人群采取直接务工的方式进行扶持。（2）入股分红，通过对贫困户创业资助。除了直接务工以外，企业还会对贫困人口提供一定的投资机会，贫困人口可以用一部分扶贫资金入股，由农民变为股民，享受到企业带来的红利，按股分红，使贫困人口不仅获得务工带来的收入，同时通过入股也能得到经济效益，获得双向收入。（3）通过与贫困村专业合作社及大户开发项目直接和间接带动贫困户。由于贫困人口分散，贫困类型多样化，因此企业对贫困人口“一对一”式的扶贫毕竟规模小，拉动能力有限，因此，对于部分贫困人口比例较多的贫困村而言，企业可以通过直接与当地大户以及专业合作社进行项目合作从而带动贫困人口脱贫。企业对大户或者专业合作社提供产业贷款资金、技术培训、产品销售等全方位的扶持，保障了整个产业的经济效益；而在整个扶持过程中，为了进一步带动当地贫困人口脱贫，使经济效益尽可能地精准到贫困人口上，企业和政府对大户和专业合作社都有一定的要求，比如分配贫困人口一定的参与比例、给大户或者专业合作社一定的扶贫脱贫任务，从而激励对贫困人口的倾斜扶持。

（四）绿色减贫是中国扶贫方式的升华，是开发式扶贫的深化和提升

绿色减贫是中国扶贫工作的创新和突破，是开发式扶贫的进一步深化探索，主要表现在：首先，是在开发扶贫基础上的升华。改革开放后，我国扶贫开发创新探索了像开发式、参与式扶贫、产业化扶贫等多种扶贫模式，集中的特色就是剔除了开发式扶贫中的高消耗高污染高投资的弊端带来的隐患。其次，是从扶贫开发“输血”变“造血”功能升华到“造好血”的重大转变。开发式扶贫的最大功效就在于变单纯的“输血”功能为造血功能，激发贫困人口内源动力和积极性，通过主体参加意识增强，从而激发自身的内在动力机制。而绿色减贫则是将“造血”功能提升到“造好血”新阶段，“造好血”显然，无论从造血的功能、力量还是纯洁度、健康程度等方面都是崭新的大变革。

（五）绿色减贫是推进精准扶贫精准脱贫的最有效方式

绿色减贫是我国推进精准扶贫道路的高效途径，主要表现在：其一，绿色减贫有效提高了精准扶贫和精准脱贫的科学性和完整性。绿色减贫的提出为精准识别提供更为全面科学和完整的识别依据和基础，使精准扶贫内涵更具科学性。其二，绿色减贫是精准脱贫的有序性和持久性效果的具体实现路径。由绿色减贫理念、方式确定以及实施的特色差异性扶贫脱贫路径为增强产业发展可持续性和就业稳定性、保证收入稳定性和可持续性提供支撑。第三，绿色减贫为构建精准扶贫考核机制和贫困退出机制提供基础和参考。

四、我国绿色减贫的启示与建议

绿色减贫模式突破了经济脱贫的局限，从生态可持续发展、经济可持续发展和社会可持续发展角度出发，把生态优化、经济发展与社会效益统一起来形成更符合发展理念的综合发展战略。十八大以来，中国绿色减贫取得一定的成效，积累了属于中国特色的经验，对中国 2020 年全面建成小康社会以及全球可持续发展具有一定的启发性。

（一）聚焦转型发展，重点强化绿色性

生态文明建设与经济发展并不矛盾，虽然生态文明建设的提出正是基于对高投入、高消耗、高污染和低产出、低效益、低品质的传统发展方式的系统反思，然而，生态文明建设不是不要发展，而是要高产出、高效益、高品质发展。发展也不仅仅是指经济发展，更不能简单地等同于GDP的增长，资源节约、环境保护、生态保育、科技创新、文化繁荣和社会进步等都是发展的重要内容。“绿水青山就是金山银山”，破坏了绿水青山与金山银山，宁可不要；以贫困地区人身健康为代价的发展，宁可不要；损害贫困地区根本利益的发展，宁可不要。因此，应尽快促进连片特困地区转型发展，不要走先污染后治理的老路，应以新型工业化、新型城镇化建设为契机，重点强化经济、当代县域经济产业发展的绿色性，充分挖掘连片特困地区有各自特色的绿色资源，形成持久发展动力。

（二）聚焦理念引导，重点强化文化性

绿色减贫强调在发展中要尊重自然、顺应自然、保护自然，特别强调转变发展理念，同时也强调体制创新、机制创新、科技创新，强调转变生产方式和生活方式，要求从每个人做起、从现在做起。要实现绿色减贫，就必须将相关理念和顶层设计相融合，特别是在发展观念、环境意识上，需要落实到每个公民、每个家庭、每个单位、每个组织的资源节约、环境友好、生态保育等行为上。将生态文明建设理念、可持续发展理念向基层干部、向群众解释，需要基层政府以具体举措贯彻落实，需要基层政府鼓励和引导。只有基层干部、广大群众认识到绿色发展的好处，才能从根本上促进绿色减贫战略的成功实施。因此，贫困地区绿色减贫不能忽视价值、文化层面的影响，重点应把培育绿色发展和生态文化作为重要支撑，将绿色发展、生态文明纳入社会主义核心价值体系宣传当中，加强绿色发展、生态文化的宣传教育，倡导勤俭节约、绿色低碳、文明健康的生活方式和消费模式，提高全社会生态文明意识。

（三）聚焦脱贫奔康，重点强化包容性

贫困地区能否全面建成小康社会关键在于贫困地区、贫困人口能否脱

贫，关键在于将绿色发展与包容性减贫相结合，走包容性绿色发展的脱贫之路。包容性绿色发展是通向可持续发展之路，其本质是强调机会平等的增长，为贫困人口创造越来越多的机会，为贫困人口提供创造或提升其能力的方式，为贫困人口提供免遭暂时或持久的生计损失的方法。只有使绿色发展的成果与贫困地区、贫困人口共享，才能进一步坚定贫困地区走绿色发展的道路。现行资源开发机制的不公，客观上导致了资源开发过程中利益分配的失衡，积极创新收益补偿机制，建立健全资源补偿制度，完善税收制度，是实现绿色减贫的关键一步。因此，绿色减贫必须强化绿色发展的包容性，通过减税和加大税收返还力度，增加中央政府对资源所在地的地方政府以及居民的经济补偿；建立自然资源的折旧补偿制度，避免资源在开发与利用过程中的流失和消减；通过建立资源耗减及补偿账户，加大对资源开发与利用企业的资源折旧与耗减核算，实现资源的资产化管理，帮助片区将“资源优势”转化为“经济优势”，使资源收益实现共享，最终在各贫困片区内实现包容性发展。

（四）聚焦公共服务，重点强化内生性

绿色减贫之所以有利于贫困地区持续、稳定脱贫，关键在于其可持续发展成果的共享，而共享机制中的公共服务机制尤为关键。特别是就目前连片特困地区脱贫障碍来看，急需提升的公共服务是教育和基础设施建设。一方面，需要广泛宣传各片区农户脱贫致富的典型，让其他贫困户从身边那些脱贫致富的农牧民身上寻找自己贫困的原因，找到一条适合自身“发家致富”的道路，实现扶贫工作从“要我富”到“我要富”的转变，从根本上激发贫困人口的内生动力，增强贫困人口自身的“造血功能”。另一方面，要高度重视片区与发达地区交通连通以及区域内部交通网，注重继续实施投资基础设施建设的政策，在片区内修建通县公路、通乡公路和村村通等，实现区内部经济一体化，降低区域内部以及与发达地区间的交易成本，为片区脱贫攻坚奠定坚实基础。因此，绿色减贫应重点瞄准公共服务，特别要注重政府政策调控与服务，将生态补偿等绿色经济成果转化为良好的公共服务，特别是要提升教育与基础设施建设水平。

（五）坚持绿色发展 实现绿色减贫

绿色减贫是贫困地区贯彻落实绿色发展理念的重要体现，贫困地区坚持绿色减贫，实现绿色发展是必然趋势。首先要把结合生态保护脱贫作为重要路径牢固树立绿水青山就是金山银山的理念，始终把生态保护放在优先位置，努力实践探索生态脱贫的新路子。这个过程中，要完善坚持绿色减贫的绿色机制制度。当前最主要的是要在扶贫开发工作中长效考核体系的建设，体现绿色减贫的价值取向。建立干部考核办法，贫困地区在资源产权和用途管制，能源、水和土地节约利用，资源环境承载能力监测预警，生态补偿等方面都需要进一步加强相关的制度建设；同时要加强案例研究，各地在光伏扶贫、旅游扶贫、绿色产业扶贫等实践中创造了很多经验，通过案例总结也可以提炼各地创新发展的思路，因地制宜选择发展环境友好型、生态友好型产业，为同类地区推进绿色减贫提供借鉴。

（六）调动政府、企业和社会各方面的力量，统筹开发与保护

大型生态治理和修复项目的资金需求大、技术难度高，需要政府统筹资金、协调各方力量、搭建合作平台，为推进生态扶贫提供服务保障；生态修复后也需要政府参与管护，巩固生态建设成果。生态扶贫的核心目标是促进农户脱贫增收，要大力实施精准扶贫战略，充分调动农户参与保护和开发的积极性，激发困难群众的内生动力，不断提升农户的可持续发展能力。扶贫开发，产业是支撑，要以市场为导向，积极引导企业参与生态建设，发展生态经济，吸纳贫困人口就业，把生态资源优势、人口资源压力转化为经济优势。

（冯丹萌，农业农村部农村经济研究中心；陈伟伟，国家发展改革委经济体制与管理研究所）

第三节 构建我国绿色减贫机制的理论及对策

2020年是我国全面消除绝对贫困的关键年，但同时也是脱贫地区衔接乡村振兴战略的关键时期。如何使贫困地区能够稳脱贫、久发展，是我们一直需要关注的问题。绿色发展理念对于贫困地区脱贫乃至振兴发展有着不可忽视的重要性，是关乎贫困地区能否长效发展的关键点。

中国改革开放以来经济、社会、文化水平得到前所未有的提高，居民对物质和精神的需求也逐步提升；同时，随着绿色发展大战略的确定，由环境、生态、资源等自然因素引起的绿色贫困也日渐成为中国现阶段贫困的重要内容之一，绿色减贫是中国目前乃至未来减贫战略的必然趋势，是长远解决中国贫困问题的关键突破口。

一、绿色减贫对贫困地区可持续发展有深远意义

绿色减贫是新时期以来根据全球贫困特征以及全人类发展目标而提出的可持续减贫战略，然而从人类的发展规律以及与自然之间的关系来看，绿色减贫理念的出现并不是突然的，而是随着人类与自然关系的不断发展、不断磨合而逐渐形成的，具有一定的历史必然性。

（一）绿色减贫是衔接贫困地区脱贫与乡村振兴的关键纽带

2020年全面脱贫是中国贫困地区的共同目标，但同时也面临新一轮乡村振兴战略的挑战。因此如何做到全面脱贫以后快速衔接乡村振兴是目前贫困地区面临的关键问题。

绿色发展是以当地的长远发展为目标的，因此从实施内容上充分考虑贫困地区的内生发展，注重从贫困人口的文化水平、发展观念以及健康水平等方面进行改善，防止返贫现象或者代际贫困现象的出现，为乡村振兴发展提供了一定的基础，避免了脱贫后无法自力更生的现象出现。同时，绿色发展秉持人、自然和经济和谐发展的原则，充分保护和有效利用当地的自然资源，在合理范围内“精而巧”地开发一些生态扶贫项目，增收的同时也进一步提升生态保护重视度，为贫困地区保留了“绿水青山”，与乡村振兴战略中的

"生态宜居"相吻合。因此，绿色发展不仅仅是贫困地区实现脱贫的重要手段，也是衔接乡村振兴的有效桥梁。

（二）绿色减贫为 2020 年后中国减贫指明新方向

2020 年中国将在现有标准下，实现农村贫困地区脱贫，贫困县全部摘帽，解决区域性整体贫困问题，即在中国全面建成小康社会的时间点，基本解决贫困问题。很显然，一方面这种脱贫是在现有标准即 2010 年 2300 元（不变价格）下的脱贫，也就是说初步解决了绝对贫困问题，这是一项历史性功绩，也预示着中国小康社会基本实现。在我国完成现有标准下贫困人口全部脱贫、贫困县全部摘帽、解决整体性贫困问题的历史使命后，减贫仍将是我们需要面临的问题，[1] 我们也不可否认我国的脱贫还是一种低标准下的脱贫，与 2015 年世界银行提出的每天 1.9 美元新贫困标准比较，仍有一定距离。事实上，绝对贫困问题基本解决，并不意味着贫困完全消除，当然，消除绝对贫困是不可能的，贫困永远存在，无论发展到什么阶段，贫困问题始终是人类面临的任务和挑战，中国的减贫之路也不会有终结。这就意味着到 2020 年后，中国扶贫脱贫的目标和任务将会倾向于相对贫困问题，或者说低收入群体。绿色发展理念的融入为未来中国实现精准扶贫之后的减贫道路奠定了宏观性的指导。从联合国 2030 年可持续发展议程看出，经济与环境协同促进的可持续发展模式是全人类共同的发展之路，在未来的减贫道路中，不仅脱离不了绿色发展，而且绿色发展理念将会越来越凸显。

二、贫困地区绿色减贫内在机制的基本框架

要实现绿色减贫，其核心就是要完成贫困地区绿色资源向经济、社会以及生态价值的转化，进而形成贫困地区核心内源驱动减贫动力。其中"绿色"在整个机制中不仅仅是目的导向，同时还在中间环节扮演着重要角色，即在减贫前、减贫中和减贫后都有绿色发展的理念融入，最终促进贫困地区的可持续发展。

（一）绿色减贫的生态价值凸显机制

根据人与自然的发展历程可以看出，生态资源环境与人类的发展从一开始并不是分裂和相违背的关系，生态资源的保护对于人类发展起到促进的积

极作用。尤其对贫困地区，由于地域特征、自然条件以及自身的限制性开发等约束，贫困地区在国家发展中实际承担了生态保障、资源储备和风景建设的角色。[2]绿色减贫在价值转化过程中，最关键的是赋予绿色资源更长远的意义和价值，挖掘和开拓绿色资源的潜在经济价值，打破传统使用资源—产品—废物的单向方式，有效使绿色资源转化为具有市场价值的绿色资本进行投资，从而达到价值的最终转化。首先，中国的贫困地区大多集中于偏远农村，现代化发展水平低，基础设施薄弱，产业发展单一，绿色资源是贫困地区经济活动的重要依赖资源，为贫困人口从事经济活动提供了良好的前提条件，对贫困地区减贫具有隐性的正向作用。其次，绿色减贫完成贫困地区资源价值向经济价值和社会价值的转换。绿色减贫强调生态保护的同时，也旨在建立一种依靠良性生态资源为动力的生态经济体系，利用绿色资源为生产要素，通过贫困人口的参与和政府的政策引导支持，在合理开发绿色资源基础上充分发挥自然资源价值，使其转化为经济价值的过程。最后，绿色减贫是经济价值有效反馈于绿色资源环境中的再一次转换过程，完成绿色资源与经济的逆向循环。绿色减贫利用绿色资源转化成的经济价值，再一次逆向反馈到绿色资源的保护和投入中，为下一轮的机制再次提供基础。

（二）绿色减贫的经济价值转化机制

生态资源具有消费属性，[3]这种属性是针对人类为主体而言的。从资本要素视角来看，资本是经济发展的根本，而绿色减贫的本质就是贫困地区内部绿色资源向绿色资本的价值转化过程。在绿色减贫中，绿色资源除了维护本身的生态特性之外，还可以充分发挥绿色资源的商品价值，发挥其生态价值外的经济资本角色，使绿色资源作为贫困地区经济发展的资本惠及每一位贫困人口。

1. 生态资源的景观价值

由于贫困地区生态资源的状况各异，因此生态资源的景观价值主要体现于自然条件较好的贫困地区。此类贫困地区生态资源丰富，绿色减贫可充分发挥生态资源的景观价值，在合理开发范围之内，创造经济价值，如此一来，生态环境对于贫困地区而言不仅仅是单向保护的对象，而是成为提升当地居民的有效资本，生态环境的保护投入也同时成为其提升收入的必要投资。生态资源通过市场合理配置扭转传统绿色资源的开发式发展模式，从传统的

“资源—减贫—污染破坏—资源再开发”的恶性循环转变为“资源—经济价值—减贫—资源再投资”的良性循环，使绿色资源转化为经济价值，从而达到提升贫困人口收入水平的目的。

2. 生态资源的生产价值

与生态资源发展相结合的生态农业是贫困地区生态资源生产价值的有效体现。生态农业是指在保护、改善农业生态环境的前提下，遵循生态系统发展规律的集约化经营的农业发展模式，是农、林、牧、渔等综合起来的农业，是以经济发展为动力，结合农业生产、加工、销售为一体的现代农业，是贫困地区绿色减贫的来源之一。生态农业通过利用较高的现代科技和技术水平提升传统农业生产效率，提升农产品的经济效益。同时，生态农业在生产过程中注重生态环境的保护和循环利用，降低在生产前、中、后对环境的污染程度，从而促进生态资源的可持续发展。从本质看生态农业同样是生态资源的循环过程，从生产到产出再到销售，再到新一轮的投资生产，完成从资源到资本的自然转化，使贫困人口从中获得经济效益并达到生态资源的循环发展。同时，生态农业的另一种形式是充分发挥生态资源特性，结合农业生产和生态资源的发展交集，通过林下经济、种养结合等方式有效结合生态资源与农业协同发展，在提高单位耕地面积产量的同时，也保障了生态资源的保护效率，完成生态资源的经济和生态价值双向转化。

3. 生态资源的市场价值

根据生态资源的内容与属性，主要是针对土地、水资源、生物和气候资源，绿色减贫依据贫困地区的资源内容、特征及优劣势，以衡量不同资源的可再生能力为前提，通过选取合适的、具有一定经济效益和在被开发承载范围内的绿色资源进行开发，投入贫困人口劳动力，通过市场调节，通过绿色产品和服务的供给和需求产生复杂的相互作用，进而对绿色资源形成合理配置，达到贫困地区经济效益的目标。在生态资源的市场价值体现过程中，主要有两种类型：一是农业的市场价值，贫困地区根据市场需求，改善农产品供求关系，有效调整农业结构，通过创新生产技术等手段完成农产品数量向质量的升级，发展优质、绿色农产品，促进农业结构性改革，提升农产品经济效益，推进农业市场价值转化。二是水、空气等生态资源本身的市场价值。比如空气、水等自然资源由于地域的差异具有一定的消费价值。绿色减贫通过可持续的、包容式的减贫方式使绿色资源流动方式由传统的封闭式转变为市场参与的资助循环式。

4. 生态资源的参与价值

生态资源在经济价值转换过程中还具有一定的参与价值，主要可以分成几类：（1）生态休闲旅游模式，主要依靠贫困地区的森林、土地、水等自然资源，发展具有参与性的生态旅游模式，使游客通过亲身参与而获得精神和身体的满足感，从而达到资源价值向经济价值的转化。（2）乡村休闲旅游。乡村休闲旅游主要是结合农村农业优势，充分挖掘农业的多功能特性，探索生态旅游与资源集约型、环境友好型农业相融合的减贫模式。从参与形式来看，乡村休闲旅游可以分为休闲农场、乡村休闲旅游、乡村采摘、垂钓等几种类型，主要是通过各种形式满足游客的参与感，进而使贫困地区获得经济效益达到脱贫目的。

（三）绿色减贫的文化价值升级机制

绿色减贫中的文化维度主要有三方面内容：一是加强文化观念和思想观念转变，主要指贫困人口对绿色减贫理念的认识、领悟及对可持续发展的包容性减贫战略的思想认同感，提升对减贫政策的契合度和配合度，提升贫困人口脱贫主动性。二是技术和知识教育培训，主要指贫困人口受教育水平和技术水平，旨在提升贫困人口的生产能力。三是文化资源的保护和开发提升，主要指贫困地区自然文化资源的保护和延续，加强贫困地区整体的精神文明建设，提升其长期发展潜力。四是社会认同感，主要指贫困人口获得公平权益的机会和能力，使贫困人口在社会保障、医疗保险、就业机会等方面同非贫困人口获得均等机会，提升贫困人口的社会认同感。因此，立足文化角度，绿色减贫文化资源转化可以体现如下两方面。

1. 文化资源的精神价值传递

文化资源的主要体现形式就是精神状态，而良好的精神价值传递是利用文化资源减贫的核心机制。这种精神价值可以表现为一种观念、一种生活状态，也可以表现为一种内在涵养。首先，对贫困主体而言，从主观意识上认清贫困及减贫的意义，才能提升脱贫的主动性。绿色减贫机制从文化资源着手，在把握文化资源基本属性的基础上，通过外界宣传、教育等手段使贫困人口从仅提升经济的传统观念转化为“健康、卫生、社会保障、生态环境等”共同推进的减贫理念，从观念上走出困境，完成文化资源价值的传递。其次，文化资源的精神价值也可以体现在人们的生活状态上，绿色减贫通过加强公共文化服务建设，扩展文化内容，丰富贫困人口文化生活，使贫困人口从基本生活到精神层面，由经济水平到社会、文化等多个层面得到改善，从成效上加深对绿色减贫理念的认同感。最后，文化资源的精神价值也体现在内涵和素质上，当今国际经济实力的竞争归根结底是劳动者综合素质的竞争，同样绿色减贫中贫困人口素质的提升是减贫成效的重要任务之一。绿色减贫通过绿色理念灌输、技术培训、教育扶持等途径提升贫困人口的基本技能，增强贫困人口减贫脱贫的内在软实力，培养贫困人口的内生发展能力。

2. 文化资源的消费性价值转化

文化资源同生态资源一样，具有一定的消费价值[6]。随着人们精神需求的不断提高，文化资源的市场价值逐渐凸显。对于贫困地区而言，大多数贫困地区属于少数民族地区，其文化资源主要指本身地区较为传统的民族文化和具有一定意义的历史文化。文化资源由于本身具有的无形性特征，无法直接进行消费，但是文化资源可以选择一些实体产业或产品进行融合，来体现文化资源的消费性价值。绿色减贫充分利用贫困地区不同的民族特性和文化习俗等非物质资源，结合旅游产业以及一些民间手工艺品，使文化资源找到依托实体，进而产生经济价值，促进贫困人口减贫脱贫。从文化资源的发展方向来看，贫困地区文化资源消费性价值主要有两个转化渠道：一是打造贫困地区历史民俗文化旅游产业，依靠贫困地区特有的民俗文化资源发展文化旅游产业，比如少数民族村寨、小镇、民间歌舞、传统礼仪，等等；二是可以依靠某些贫困地区历史文化，发展历史文化体验旅游，如红色革命旅游、历史传奇人物故居，等等。其本质是根据市场需求，将贫困地区文化资源挖掘整合，与旅游产业相融合形成的减贫机制。除此之外，在文化资源与旅游业相融合的基础上，进一步开拓民俗文化产品的消费市场，民俗文化产品是在民俗旅游基础上衍生出来的产业，是依靠当地具有特色的传统文化发展起来的特色商品，这种商品只有依附于当地的旅游市场才能体现价值，其本质是当地特有的文化资源所具有的差异性和稀缺性的体现。比如剪纸、刺绣等手工艺品等，依靠当地的文化资源融入使其经济价值大大提升，为贫困人口带来经济来源。

三、完善和构建绿色减贫机制的对策思路

绿色减贫相比传统减贫模式而言，思路较新、实践较少，民众接受它也需要一个过程，实践起来也需要一个周期。因此，为了更好地推进绿色减贫理念与实践相结合，需要因地制宜，探索出适合贫困地区自己的绿色减贫新路径。

（一）以生态保护为导向的产业扶贫绿色化之路

产业绿色化是指在减贫产业项目的设计、实施及考核监测等环节融入绿色发展理念，注重绿色资源的保护及限制，通过结构调整、技术升级、提升管理等方式增强产业的绿色化水平进而使得减贫产业趋于健康、可持续发展。产业绿色化要求可持续概念贯穿于企业的产品研发、设计、制造、销售、回收等一系列过程中。[5] 在此路径实施过程中，主要以贫困地区绿色资源保护为侧重点，尤其对生态较为脆弱的贫困地区，绿色生态环境保护刻不容缓，旨在提高贫困地区的生态效率，为贫困地区打造一个健康良性的外部环境。同时，产业在绿色化过程中也为贫困地区带来一定的长期经济效益，增强贫困地区的可持续减贫潜力，对贫困地区的未来自身发展能力具有较为积极的影响，主要体现在以下几方面。

1. 绿色资源保护式扶贫理念

绿色资源理念融合主要指在扶贫开发过程中注重对当地绿色环境的包容性发展，提升当地政府、企业以及贫困人口自身的绿色资源保护意识。一是在项目设计中注意考核当地贫困地区的生态环境承载能力，对生态保护区要进行保守规划和开发，尤其对部分生态环境较为脆弱的贫困地区，需在扶贫规划中充分融入生态环境保护因素，使生态环境保护成为扶贫开发考量的重要指标之一。二是在扶贫产业和项目实施过程中注重绿色环境的保护和可持续发展。比如，在农业扶贫产业中，注重化肥、农药等单位土地面积使用量的控制。在发展畜牧业时，充分考虑植被的生长周期和生态可恢复性。在生态休闲旅游产业发展中，注重生态环境与旅游产业的协同发展，推进生态环境长期发展；对不可再生资源的贫困地区，完全按照标准控制生态资源的开发，制定严格的考核体系，侧重推进有助于生态恢复的绿色产业。进一步推进结构调整和升级，改变传统的开发模式，采取一些新型可再生资源减缓生态资源的开发压力。

2. 生态补偿扶贫

一个地区的贫困不仅仅体现在贫困人口自身的贫困上，同样也体现在这个地区外部环境的贫瘠上，主要指绿色生态环境的脆弱性，目前中国较多贫困地区生态环境破坏严重。因此，减贫和生态环境保护是同样重要的两大任务，更确切地说，生态环境的“减贫”也是贫困人口减贫中的一项重要内容。生态补偿是将生态环境保护与贫困人口减贫完美结合的有效路径。根据定义，生态补偿主要包括以下内容：一是从生态系统自身角度出发，对恢复或破坏生态环境系统所产生的费用进行补偿；二是通过各种渠道使生态环境产生的外部经济效益内部化；三是对一个区域或个人在生态环境保护方面所投入的真实成本和机会成本进行补偿；四是对于一些具有显著生态价值的生态环境区域进行投入。由此可知，生态补偿扶贫主要依靠以上途径对贫困地区或贫困人口倾斜，使生态环境受到直接或间接保护的同时，促进贫困人口减贫，提升当地企业和个人对于生态环境可持续发展的意识。

（二）经济视角下的农业绿色化减贫之路

对于贫困地区，农业是贫困人口赖以生存的主要产业，“靠山吃山，靠水吃水”自古以来指的就是依靠自然环境从事农业生产维持人们生活的状态，要使贫困人口脱贫，首先离不开农业生产，而要发展农业生产，更离不开对绿色资源环境的考量。因此，“绿色生态资源—农业—贫困人口”三者是相辅相成、协同发展的关系，绿色农业扶贫结合绿色资源环境与农业扶贫，无论从绿色资源环境保护还是扶贫脱贫方面，都具有较高可行性。

1. 依靠不同地区绿色资源环境禀赋顺时顺势发展相应特色农产品

农产品对所在区域的温度、土地质量、空气、光照、海拔等自然条件要求，不同的自然环境条件不仅会对农产品品种具有要求，同时也会对同一种农产品的产量和质量有影响。要生产高产量高质量的农产品，最基本的条件就是选取适合生长种植的地区环境。在同一地区，由于不同农产品的生长特性，可以针对其种植属性进行种养搭配。以林地资源和森林生态环境为依托，在林业种植的间隙种植适合的林下作物或进行家禽养殖，相互配合发展林下种植业、养殖业、采集业等林下经济，在达到耕地有效利用的同时，对绿色资源环境进行包容式发展，有效促进绿色增长。尤其对于耕地面积有限的贫困地区，林下经济可以有效提高单位面积产量，增加贫困人口单位耕地面积平均收入，达到贫困人口减贫目标。

2. 调整农产品结构，提升农产品市场竞争优势

农产品的最终销售平台是市场，市场需求是决定农产品生产结构的“风向标”。随着中国农业水平的不断发展，人们生活水平不断提高，对于农产品的消费需求出现结构性变化，温饱型农产品趋于供需平衡，而中高端农产品消费市场潜力较大。因此，贫困地区需要从此入手，调整农产品发展结构，创建高竞争水平的农业发展减贫之路。第一，开拓适应于市场消费结构的农业减贫路径。根据目前中国市场对农产品的消费需求，温饱型农产品在市场上的供给逐渐大于需求，竞争优势不断减小，中高端农产品的需求逐渐提升，贫困地区在自身绿色生态资源条件允许范围内，调整农产品结构，减小温饱型农产品比例，发展中高端农产品生产，通过创新农产品营销模式和提高农业科技水平，进而提高贫困地区农产品在市场的竞争力度。第二，以绿色生态为依托，优化农业区域结构的减贫路径。由于中国贫困地区范围较广，绿色资源条件各异，因此对于不同区域的贫困地区应根据其绿色资源条件和农业资源禀赋因地制宜，发展具有自身区域特色的农业结构。

3. 提升企业带动，拓宽农业价值链

贫困地区的绿色企业拉动是贫困人口脱贫的又一条重要路径。企业通过对贫困人口采取绿色项目倾斜支持、减缓贫困人口就业压力等方式对贫困人口进行直接和间接的经济带动作用，主要表现为以下几方面：第一，优先务工，促进贫困户脱贫。由于大多数贫困人口收入水平低，没有能力和资金进行自主创业，或者有一部分贫困人口因为子女、老人及自身原因无法外出务工，因此，企业针对这部分人群采取直接务工的方式进行扶持。第二，入股分红，对贫困户创业资助。除了直接务工以外，企业还会对贫困人口提供一定的投资机会，贫困人口可以用一部分扶贫资金入股，由农民变为股民，享受企业带来的红利，按股分红，使贫困人口不仅获得务工收入，同时通过入股也能得到经济效益，获得双向收入。第三，与贫困村专业合作社及大户开发项目，直接和间接带动贫困户。对于部分贫困人口比例较多的贫困村，企业可以通过直接与当地大户以及专业合作社进行项目合作从而带动贫困人口脱贫。企业对大户或者专业合作社提供产业贷款资金、技术培训、产品销售等全方位的扶持，保障了整个产业的经济效益，而在整个扶持过程中，为了进一步带动当地贫困人口脱贫，使经济效益尽可能地精准到贫困人口上，企业和政府对大户和专业合作社

都有一定的要求，比如分配贫困人口一定的参与比例、给大户或者专业合作社一定的扶贫脱贫任务，从而激励对贫困人口的倾斜扶持。

（三）以绿色生态资源实现市场化资本化为核心的减贫创新探索思路

利用贫困地区的生态资源优势转化为具有市场竞争力的生态产业，最大限度发挥生态资源的经济价值是贫困地区减贫的另一渠道和路径。由于中国的贫困地区大多分布在农村，生态资源破坏程度相对较低，生态资源是贫困地区具有的相对优势，充分发挥生态产品的本身价值和使用价值，增强贫困地区生态产品的市场竞争力，是贫困地区整体发展和贫困人口脱贫致富的发展路径和方向。

1. 中国贫困地区乡村小资源式的全域旅游扶贫路径

中国许多贫困地区拥有先天的自然环境及历史、民族文化资源，然而受地理环境天然因素的影响，与我们理解的传统资源不同，这些资源并不是所谓的名胜古迹、名山名水，而是规模不大，且分布不集中，知名度较低的一些“小资源”，然而，也正是因为小资源的特性，形成了其特有的自然优势，主要表现为数量多、分布广，在贫困地区之间具有较多类似的资源点。

第一，整合资源，打造全域性小资源旅游区。乡村小资源由于规模小、分布广，在贫困地区较为遍布。因此可以考虑打破界限，以整体区域为发展对象，对不同区域的小资源进行整合，打造全域性的旅游扶贫模式。全域旅游产业促进特色经济增长，以全域旅游视野打造旅游产业，以旅游产业为依托发展现代特色农业，以全域旅游开发推进扶贫攻坚的新进展。着力打造绿色资源扶贫项目，推动扶贫工作由输血向造血转变。全域式的旅游模式可以通过集结较多的贫困地区小资源的形式，给更多的贫困人口提供就业机会和经济收益，与以村或乡为单位的减贫相比，此种路径更具有带动效应。第二，创新升级，打造品牌式旅游。贫困地区的小资源在长期发展过程中没有受到足够重视，因此开发程度较小，保持了较原始的风貌。但也因为如此，在目前新的市场需求背景下，这些小资源具有更高的发展潜力。尤其对于一些本身具有明显特色和代表性的自然或人文资源，通过政府的支持和对外宣传，完全具有带动效应相对较强的旅游景观潜质。通过进一步创新升级，挖掘贫困地区中具有特色的小资源，打造成为具有市场竞争力的品牌式旅游产品。同时，品牌旅游产品的打造还有助于带动周边区域小资源旅游产品的集聚发展，进而发挥更大的减贫辐射效应。第三，瞄准定位，打造以临近区域消费者为对象的专属旅游产品。贫困地区由于大多位置较为偏远，交通不便，考虑到旅游成本以及小资源本身的影响力，这些地区的小资源旅游对于较远地区的游客短期内没有较大的吸引力。贫困地区精准定位，从市场需要找准具体消费区域，以临近区域的人群为重点，打造有针对性的专属旅游产品。

2. 文化与自然资源相结合的多元旅游扶贫

随着社会多样性发展，人们对于旅游的内容也在不断深入，旅游形式也逐渐趋于多元化。基于此背景，贫困地区借助文化资源和自然资源相结合的方式打造多元化旅游扶贫方式，在产生经济收益的同时，也能进一步对贫困地区文化产业进行再度挖掘和开发，提升贫困地区旅游开发的潜在能力。一是自然资源，主要是指当地经过长时间的自然地理环境演变而成的具有一定特色的自然风光景象，形成的主要因素包括地貌、水体、生物、气候等方面。这类资源主要分布在绿色良好型贫困地区，具有较好的自然生态条件和较高的经济利用价值。二是民族文化资源，主要指一个地区伴随着不同民族长时间生产生活所遗留下来的能够体现其特点的物质和精神积累的总和，民族文化资源其实更多情况下是一种非物质文化积淀，比如某些少数民族的习俗、节日或者活动，同时也有一部分具体的古迹、建筑等，比如宗庙、民居建筑、生活用品等能体现当地的民族文化价值。三是历史文化资源，依靠当地历史上发生的对人类生活方式或精神层面产生较大影响的重大事件的文化积淀，[6]主要包括古人类遗址、古代都城遗址、古战场遗址、名人遗址等资源。贫困地区在市场经济条件下，依托自身独具特色的历史文化资源，把资源转化为文化产品，提升其市场价值。四是红色革命资源，红色革命资源属于历史文化资源中较为特殊的一种资源，主要是指领导中国人民走向独立解放和繁荣富强的伟大历史进程中形成的革命遗址、革命文物及其所承载的革命精神的总和。以“中国革命”为主题的红色资源，是发展红色旅游的主要资源。随着文化水平的不断提高，红色旅游在中国的市场竞争力也在逐渐增强，井冈山作为革命老区，红色旅游开发的比较好，取得突出效果，并带动周边一大部分贫困人口脱贫。据统计，201 至 6 年上半年，井冈山共整合各类扶贫资金 2 亿元以上用于扶贫开发，实现全山贫困人口下降幅度达到 46.75%，贫困户人均增收 1500 元，全山贫困发生率由 13.5% 下降至 7.8%。[7]

3. 自然资源与农业相结合的休闲观光农业旅游扶贫

休闲观光农业旅游扶贫对贫困人口经济带动作用显著，减贫成效较高，具有很强的适用性和传播性。与传统旅游模式相比，其优势是更普遍适合于农村地区，依靠农村的田园风光和农业，利用体验式、参与式的方式形成特殊的田园生活旅游模式，更具有普遍适用性，对贫困地区的拉动幅度也更加明显，主要体现在以下几方面：第一，收入带动。休闲观光农业对于收入具有直接拉动作用，积极引导和扶持贫困农户发展农家乐，形成农家乐与特色种植的优势互补，提高综合效益，吸引更多的游客到农村旅游、休闲、度假，实现农业和第三产业共赢。第二，信息对称带动。休闲观光农业使贫困地区人口与游客都参与进来，充分带动贫困地区与外界的交流和互动，尤其在信息方面贫困地区居民可以通过与游客的交流获得更多的信息，减少贫困地区与外界的信息不对称现象。同时，休闲观光农业依靠现代农业和互联网等技术开拓旅游市场，如采取全程监测的方式进行游客养殖业体验等，促进贫困地区与外界市场的衔接，使其对整体市场的敏锐度逐渐提高，从而提升贫困地区减贫的内生动力。第三，绿色理念带动。对于贫困地区，简单的绿色观念灌输效果并不明显，依靠休闲观光农业的实施及宣传可以大大增强贫困人口对于绿色环境资源保护的主观认可度，使贫困人口认识到绿色环境的维护和改善是休闲观光产业的必要投资，是提升居民生活水平的有效途径。同时，其产生的经济效益也驱使贫困人口对于当地生态环境产生自发性保护。

（四）“互联网＋农业”扶贫模式朝数字乡村迈进

“互联网＋农业”的扶贫模式主要是改变传统农产品流通方式，通过创新技术和首选促进农产品生产方面、流通渠道以及经营手段，从而提升生产、经营、管理、服务等农业环节的效率，是贫困地区扶贫脱贫的新模式。贫困地区利用互联网技术，整合农资、农业技术、市场信息、金融信贷等大数据资源，形成数据生产与交易管理体系，通过电商平台为深度贫困地区农产品销售打开市场，提升农产品市场竞争力，达到脱贫目标。例如甘肃省陇南市通过积极探索“互联网＋农业”模式，有效对接当地资源和市场，成效显著。截至 2017 年年底，通过电商扶贫带动贫困人口 15 万余人。[8] 2014 年以来，西藏通过探索“互联网＋旅游＋农特产品”运营模式，从‘产业扶贫、创业扶贫、就业扶贫”三大策略着手，带动农牧业增收，从而帮助贫困人口脱贫。[9] 青海省深入推进 14 个深度贫困县电子商务进村示范县工程，积极开展“三体系三工程”建设，构建县域电商生态圈，扩大电子商务在农业农村的应用，推动电商与农村一二三产业深度融合，促进农畜产品上行。重点打造县、乡、村三级电子商务服务体系，县、乡、村物流配送体系、农产品供应链及农村电商营销体系，以及农产品上行工程、电子商务人才培养工程。[10] 2016 年 11 月 13 日，国务院发布《关于促进电商精准扶贫的指导意见》，实施电商扶贫工程，推动互联网创新成果与扶贫工作深度融合。[11] 2018 年 1 月 29 日，中国扶贫基金会发布针对深度贫困地区的“深度优鲜”电商扶贫计划，计划用 3 年时间内覆盖全国 334 个深度贫困县，包括四川在内的西南地区是先行区域。“互联网 + 农业”扶贫成效开始在全国各个地区显现。

参考文献

［1］张琦，冯丹萌. 我国减贫实践探索及其理论创新：1978—2016 年［J］. 改革，2016（4）：27–42.

［2］苏静，胡宗义，肖攀. 中国农村金融发展的多维减贫效应非线性研究：基于面板平滑转换模型的分析［J］. 金融经济学研究，2014（4）：86–96.

［3］刘俊英. 中国政府民生服务及其减贫效应分析［J］. 经济问题探索，2013（9）：21–26.

［4］刘廷兰，赵洪伟. 基于模糊层次分析法构建少数民族地区农村扶贫效果评价指标体系［J］. 农村经济与科技，2013（11）：148–151.

［5］郭建宇，吴国宝. 基于不同指标及权重选择的多维贫困测量——以山西省贫困县为例［J］. 中国农村经济，2012（2）：12–20.

［6］陈辉，张全红. Alkire–Foster 模型测度城市多维贫困的研究——以广东省中山市为例［J］. 五邑大学学报（自然科学版），2013（02）：36–40.

［7］伍策，元月 . 井冈山精准扶贫作用凸显 红色旅游已成全国样板 .2016–07–28. http://www.china.com.cn/travel/txt/2016–07/28/content_38974437.htm.

［8］产业扶贫可以怎么搞？十大机制创新典型来揭晓，新华网，[2018–10–28].http://www.xinhuanet.com/politics/2018–10/18/c_1123574807.htm.

［9］乘势而上，开创西藏“互联网 + 精准扶贫”新局面. 搜狐网，2018–6–22，http://www.sohu.com/a/237157889_114967.

［10］青海：鏖战高原深贫著华章. 农民日报，[2018–11–20].http://szb.farmer.com.cn/nmrb/html/2018–11/20/nw.D110000nmrb_20181120_1–04.htm?div=1.

［11］关于促进电商精准扶贫的指导意见，2016–11–23[2019–08–10].http://www.cpad.gov.cn/art/2016/11/23/art_624_55721.html.

第四节　绿色减贫面临的多重约束及创新思考

绿色发展理念是我国扶贫脱贫的重要理论支撑，是关系到农村全面脱贫以及可持续发展的重要思路，然而，由于经济成本、地域差异以及人文观念等因素的束缚，绿色发展理念在贫困地区发展的实践中具有较大挑战，绿色减贫面临多重约束。

一、绿色减贫发展的必然趋势

（一）绿色发展理念是脱贫成果巩固的有力防线

随着2020年全面脱贫任务即将完成，如何有效防止返贫、夯实脱贫地区的内生发展能力，保障脱贫后的可持续发展成为一段时间内的重要主题。党的十八届五中全会上，习近平总书记提出创新、协调、绿色、开放、共享“五大发展理念”，其中，绿色发展理念作为核心内容之一，对推进我国经济社会科学发展具有重大意义。[1]

一是筑牢生态底线防线。在脱贫攻坚中，很多贫困地区生态环境贫瘠，生态环境承载力处于边缘地带，经济发展与环境保护是长时期需要协调处理的双向任务。绿色发展理念为这些地区脱贫巩固及可持续发展树立了思想“警戒条”。二是内生发展防线。经济合作与发展组织的报告显示，绿色发展确保自然资产继续为可持续发展提供必要的资源与环境服务。绿色发展扩展了财富、福祉、增长与发展质量的传统定义，从绿色资源的有效开发利用为重点，通过产业渗透、产业融合、产业衍生等多种方式突出绿色发展的多元效益，为脱贫攻坚与乡村振兴衔接提供了一条内生发展路线。三是生活环境防线。居民人居环境也是农民生活水平的一个重要体现，绿色发展理念为贫困人口提供一个良好的生产和生活环境，对打造生态宜居、乡风文明的农村提供有力的发展原则。

（二）绿色发展和减贫是2030年可持续发展议程新的目标和前提

自20世纪60、70年代以来，可持续发展理念不断得到推广。1972年，为保护和改善环境，联合国人类环境会议首次举行；1987年，联合国首次提出了可持续发展理念；在1992年的联合国环境与发展大会上，可持续发展取得了国际共识；2000年9月，联合国首脑会议上签署《联合国千年宣言》，2002年第一届可持续发展世界首脑会议举行；2015年9月，联合国193个会员国通过的“2030年可持续发展议程”，旨在消除贫困、保护地球、确保所有人共享繁荣的全球性目标。该议程不断在全球范围内发出倡议，传播可持续发展理念，推广生态环境保护与经济发展经验，将绿色发展与减贫作为可持续发展的前提和目标。这一方面标志着绿色发展理念进一步得到了全球共识，也在一定程度上为2030年全球发展战略制定了新方向和新目标。在目标制定方面，“2030年可持续发展议程”涵盖17个可持续发展目标以及169个子目标，其内容可以归结为人、地球、繁荣、和平和合作伙伴五大类。在理念构建方面，“2030年可持续发展议程”在突出可持续发展的理念同时，更加倡导加强消除贫困的任务，并且能够走绿色发展的减贫道路。在推进经济、社会和环境发展中，则提出了必须走包容式发展模式即“不落下任何一个人”的包容性发展和绿色发展新理念，即绿色减贫与发展之路，更加注重发展的减贫、教育、卫生等传统基本生存问题。与此同时，更加注重南北合作路径和能力建设，尤其是强化发展中国家造血功能。“2030年可持续发展议程”的绿色发展和减贫目标确定，为绿色减贫的国际合作和发展创造了新的机遇，预示着绿色减贫将在世界范围内有新前景和新期许。

（三）绿色减贫是中国开展国际扶贫合作重要路径

改革开放以来，中国减少农村贫困人口7.9亿，对世界减贫的贡献率超过70%。[2] 中国扶贫脱贫所探索的大国扶贫经验也为世界所推崇，为全球减贫提供了中国方案和中国成功案例，也为中国倡导的国际扶贫与合作提供了良好机遇和条件，可以看出，未来中国参与国际扶贫合作的前景广阔，绿色减贫合作是重要路径。2015年9月26日，习近平主席在联合国发展峰会上发表的《谋共同永续发展 做合作共赢伙伴》讲话中承诺“6个100”项目支持，其中减贫和生态作为两大支持项目，体现了中国在减贫和环境保护上对外合作上的新举措。习近平总书记在 2015 年 10 月 17 日的全国“扶贫日”上提出，推进工业、农业、人力资源开发、绿色能源、环保等各领域务实合作，帮助各发展中国家把资源优势转化为发展优势，同样预示着未来中国的绿色减贫之路将会快速推进。

二、绿色减贫面临的多重约束

绿色减贫是以“绿色发展”理念为指导，结合生态、文化、经济等多重因素而实施的可持续发展模式。但是在实施过程中，由于宏观环境、生态资源的自然属性，以及经济与生态的权衡等方面的限制，现阶段绿色减贫仍面临多方面的约束。

（一）宏观经济下行压力大约束

近几年来随着中国宏观经济的下行，中国整体经济发展受到一定的限制，据统计，2013 年到 2018 年 5 年间，中国 GDP 增速总体呈下降趋势，从 2013 年的 7.8% 下降到 2018 年的 6.6%，中国经济步入了新常态发展阶段。

在此经济压力下，绿色减贫整体受到一定的制约和影响。不管从政府投资、市场拉动还是群体消费方面，都有所影响。经济的整体压力会直接增加地方政府对于绿色减贫的财力投入压力，影响绿色减贫项目的开展和实施进度；同时，经济的下行压力也会影响市场对于绿色减贫的带动力量，比如对贫困地区的劳动力转移方面、农产品的加工销售以及价格方面，还有龙头企业的扶持带动方面，等等，都会有所下降，对贫困地区的带动力量有所消减。最后，经济的下行也会影响消费群体对于生态旅游、休闲旅游等方面的消费能力，从而一定程度降低贫困地区的旅游收入，从而影响绿色减贫效应。

（二）自身价值转化难度大约束

首先，绿色减贫具有长期性，并非短期就能马上见效。绿色减贫的核心主要是将农业、生态、文化等可持续资源通过引入绿色发展理念，结合农业产业、生态旅游、文化旅游以及乡村休闲等方式，达到绿色资源的经济价值转化，但是在这种模式里，绿色发展理念是关键，生态文化等资源的保护是前提，在开发过程中要充分考虑贫困地区的未来可持续发展，因此绿色减贫项目都是以长期规划为主，周期相对较长，见效时间也相对长一些。其次，具有一定的“稀释性”。何谓“稀释性”？就是指绿色减贫产生的经济效益会有一部分用于生态资源保护的再次投入，因此得到的经济“效益”会被稀释。[3] 由于绿色资源的经济效益并不是没有任何投入的“光合作用”，同样也需要在每次的转化中对绿色资源进行保护投入，维持绿色资源的质量从而更好地进行经济转化，因此在此过程中会消耗一定的成本用于资源保护和更新，所以具有一定“稀释性”。当然，如果从可持续发展角度来看，这种“稀释”未必不好，而是一种长期“投资”。但是就减贫效益来看，一定程度上会抑制经济价值生产的效益。

（三）绿色资源外部性约束

绿色资源不同于其他一般资源，由于包含很多生态因素，如河流、空气、森林等资源都具有很强的外部性，不受行政区的限制而限制，因此在实施绿色减贫时，有关生态资源的保护和开发方面就存在很多的行政不一致性。[4] 首先，在治理方面，由于生态资源所属的明显的外部性特征，因此在一个区域的生态资源治理方面，所投入的财力和人力产生的生态资源效益并非百分之百被当地所“享受”，而是会有一部分效益被临近区域所获得，因此就会带来生态资源效益的行政区域界线模糊问题，这样的现象会造成各地政府之间对生态保护执行权属的界限模糊，其实也是各政府之间都不愿意为流出到临近区域的这部分生态效益买单。其次，绿色资源除了本身的自然属性外，还具有一定的经济属性，可以通过合理开发产生经济效益。但是由于绿色资源的非区域性导致各相邻地区对于生态资源的开发利用达不到统一而影响开发项目的最终落地。比如河流沿岸的景观开发、森林资源的度假式开发，很多时候不仅仅是一个行政区域的范围，而包含了几个行政区域，因此需要各相邻地区的政府在项目规划、资金投资分配、项目实施阶段以及后期监测等方面都要达成一致，这一定程度上就大大增加了绿色减贫实施的难度。

（四）绿色减贫测量约束

绿色减贫成效评价是一个范围广、内容又复杂的系统，不仅包含经济、社会、生态环境多种维度，对贫困的内容衡量也较难确定。同时由于绿色减贫是近期提出来的新型概念，国内外对于绿色减贫效应的评价相对较少。目前来看，国际上有关绿色减贫的方法主要有扶贫评价法和多维贫困测量法，但是内容和方法上还有一些不完善之处。扶贫评价法主要是对国内许多扶贫成效研究的概括，国内有较多针对扶贫成效的研究，但是无论从内容还是范围上，都未能较准确全面地体现绿色减贫成效。第一，从内容来看，大多数研究偏重于仅从经济的角度出发去研究贫困人口减贫效应的高低。体现的仅是经济维度的减贫成效，然而随着人类社会的不断发展，居民需求结构的不断调整，对贫困研究的不断深入，贫困的定义早已突破经济贫困的单维传统理念，而是随着不断上升的居民生活水平已经扩展到经济、社会、文化、教育、健康、生态环境等多维角度的缺乏。因此，仅从经济维度去衡量减贫的整体效应不符合目前中国乃至全世界对于贫困含义及内容的界定，[5]评价结果对贫困地区的减贫程度的反映也不够准确。虽然逐渐有一部分学者针对贫困地区的其他维度进行扶贫成效测量与评价，比如医疗、科技、社会发展等维度，但是对于生态维度的考量仍旧欠缺。第二，从研究范围来看，虽然部分研究考量到环境治理等生态维度，但是侧重点并未涵盖中国整体贫困人口，研究范围较小，无法对整体中国绿色减贫情况进行评价。同时，对于减贫对象选择的精准度不够高，研究大多以某个区域的整体人口为对象，然而贫困地区与非贫困地区并未区分筛选，这样贫困地区与非贫困地区之间的发展差距容易对贫困地区减贫成效造成误差。多维贫困测量法主要从健康、教育和卫生三大维度对贫困程度进行测量，主要包含教育、健康、卫生三个维度共10项指标，[6]然而对于中国这样的发展中国家来说，贫困的内容远不止此三类，还包含更多的层面和维度。首先，多维贫困内容中并未涵盖经济维度，对于大多数发展中国家而言，由于经济整体水平仍有较大发展空间，贫困人口的经济条件不高，经济因素仍然是目前造成贫困的主要因素之一。其次，多维贫困并未把生态维度纳入贫困程度测量内容，随着全球生态环境的不断恶化，生态维度对于贫困的影响程度不可忽视。虽然改革开放以来中国经济发展战略经过多次调整，但是之前长时间的粗放式发展对生态环境造成较大负面影响，并与贫困形成相互恶性影响的关系。生态条件的好坏一定程度上对于贫困人口的影响大于非贫困人口。最后，多维贫困未包括社会保障维度。社会保障是国家依法强制建立的、具有经济福利性的国民生活保障和社会稳定系统，其本质是国家和社会为居民建立的一个保障环境。

三、绿色减贫思路创新

面对绿色减贫现行条件下的种种约束，如何有效推进绿色发展理念在脱贫攻坚中的实践操作，真正实现“绿水青山就是金山银山”的长效性发展模式，还需要从思路上进行升级和创新。

（一）“理念 + 行动”的绿色减贫政策支撑

从十八大以来，在绿色发展理念指导下，我国扶贫脱贫逐步迈向绿色长效的稳定性发展路线，绿色减贫在政策保障上不断得到完善[7]。国务院、国家发改委、农业农村部等部门都相继出台了绿色扶贫相关的政策支撑。一是绿色减贫理念的制度支撑。主要从宏观思路上进行调整，通过生态文明建设、绿色发展等理念的提出，基本奠定了我国走绿色减贫道路的总基调。2015 年 4 月，国务院印发《中共中央　国务院关于加快推进生态文明建设的意见》，首次明确提出了新型工业化、信息化、城镇化、农业现代化和绿色化的“五化协同”。2015 年 7 月，国务院办公厅印发《关于加快转变农业发展方式的意见》，提出多种形式的农业适度规模经营加快发展，通过农业资源利用和生态环境保护水平不断提高等，为全面建成小康社会提供重要支撑。二是绿色减贫实践的制度支撑。随着脱贫攻坚战的拉开帷幕，绿色减贫理念也逐渐凸显，并体现在具体的减贫实践中，得到相应的制度支撑。2015 年 11 月，中共中央、国务院印发《关于打赢脱贫攻坚战的决定》，提出把生态保护放在优先位置，探索生态脱贫新路子，让贫困人口从生态建设与修复中得到更多实惠。2015 年 12 月，国家发展改革委等制定《“十三五”时期易地扶贫搬迁工作方案》，对居住在深山、石山等生存环境差、生态环境脆弱、限制或禁止开发地区的贫困人口，实施易地扶贫搬迁，为当地贫困人口寻求更适合发展的环境，同时也让生态系统得到恢复的空间。2016 年 8 月，国家旅游局等部门制定并颁布《乡村旅游扶贫工程行动方案》，提出乡村环境综合整治专项行动等八大行动，为脱贫提供发展环境政策支撑。

（二）“外部选择 + 内部自生”的绿色减贫互促发展路径

绿色减贫在一些地区之所以实施难度大，是因为往往存在外部环境与内部发展不匹配的现象，有的地区虽然具有良好的自然发展基础，但是其内生开发能力不足，缺乏市场联动的发展机制；而有的地区虽然内生发展积极性高，但是却面临“巧妇难为无米之炊”的发展条件窘境。因此在对绿色减贫实施过程中，要综合考量，适时而变。一是环境导向式的“安全牌”发展路径。在很多贫困地区，没有拥有绿色减贫的发展条件。如很多西北贫困地区生态环境恶劣，生态系统遭受破坏程度高，环境承载力较低，无法支撑当地人口的基本生产生活和长远发展。因此，我们需要用变通的手段，给予当地贫困人口更多外部选择的机会，如易地扶贫搬迁工程，主要针对一些生活在生态发展环境较为贫瘠贫困人口，就近选择生态环境良好、发展空间较大的地区进行搬迁，为其后续内生能力的发展提供可行条件。二是政策补给式发展路径。对于一些生态环境虽然较好，但是属于生态保护区而禁止或限制利用的地区，当地贫困户无法对生态资源进行经济价值转化而造成发展途径大大受限，因此需要政策给予一定的生态补偿政策及劳动力转移就业等支持政策，弥补其发展中的隐形损失。三是“资源转化 + 内生激发”型发展路径。这种主要针对一些生态环境较好、开发利用空间较大的贫困地区，要以价值转化为发展核心，通过生态 + 农业、生态 + 旅游、生态 + 文化等多途径发展，使生态等绿色资源可以发挥其多种特性，有效转化为经济价值，带动贫困人口脱贫，同时保护当地生态环境可持续发展。如生态 + 农业 + 文化旅游模式的兴起，很多贫困地区通过当地自然风光和风俗文化，开发垂钓、采摘、QQ农场等体验式乡村旅游模式，建立农家乐、民宿、乡村文化表演等周边产品，通过对生态环境进行保护式开发，达到生态资源与脱贫发展的“双赢”。

（三）城乡融合下的绿色减贫大格局发展突破

从内容上来看，绿色减贫不仅仅包括生态资源的利用开发，同时也渗入了乡村文化、风俗习惯等内生性发展资源，融合度高，市场适应性较强。因此在新型城镇化进程不断推进的当下，绿色减贫逐步建立城乡要素互通的现代化绿色减贫新格局。一是形成乡村生态 + 旅游绿色减贫新格局。近年来随着绿色发展理念的全面推广，很多贫困地区开始将生态资源有效融入乡村休闲旅游产品中，如针对生态环境较好的农村开发乡村休闲养生、生态餐饮、生态民俗等旅游产品，在原始旅游基础上进行生态维度的探索创新，提升旅游产品消费质量，适应现代化消费群体的中高消费需求。二是生态 + 农业的绿色减贫新格局。农业绿色发展是中国乃至全球共同关注的共同话题，也是中国绿色减贫的主要发展途径。2017 年，中共中央、国务院印发《关于深入推进农业供给侧结构性改革加快培育农业农村发展新动能的若干意见》，明确提出“田园综合体”的概念，主要将生态、旅游与扶贫紧密结合起来。生态农业通过充分利用农业资源，是农业现代化进程中产生的新型农业生产经营形式，也是一种新型旅游活动，其特点是在农业生产的基础上增加了生态旅游等功效，达到农业绿色资源的多元利用，是农业现代化发展中的新型产物。三是生态 + 文化 + 旅游综合体验新格局。由于很多贫困地区属于少数民族地区，拥有丰厚的民族文化资源，因此有效融合生态资源、文化资源投入到旅游产品中，形成综合体验的新发展模式。2017 年，文化部发布《“十三五”时期文化扶贫工作实施方案》，提出要以革命老区、民族地区、边疆地区和集中连片特困地区为重点，加大文化扶贫的政策和资金扶持力度。可以看出，绿色减贫能够有效挖掘民族贫困地区的特色文化资源和生态资源，并将其转化为经济价值，起到脱贫带动作用。

四、我国绿色减贫创新突破的几点思考

绿色减贫打破了经济脱贫的单维度思维、打破了行政区划的人为制约，也打破了短期发展的局限性约束，从更宏观、更全局和更长效的多维角度构建了贫困人口脱贫以及长期发展的有效机制。未来在实践中，还需进一步完善、升级和转化，为中国 2020 年全面建成小康社会以及全球可持续发展起到推动作用。

（一）要有绿色的长远发展观

绿色减贫之所以在实践中难以突破，主要还是观念的阻碍。生态与经济的相悖发展思维长时期影响人们的判断和行为。因此无论从顶层设计还是基层宣传，都要牢牢树立绿色与经济协同发展理念。一是要从国家层面认识到绿色发展理念在人类长期发展中贯穿始终。要将绿色发展理念融入脱贫攻坚以及乡村振兴战略中，充分体现绿色发展理念对于脱贫、巩固成果以及振兴发展的重要性和实践性，制定对于不同生态环境特点地区的绿色融入发展政策，如易地扶贫搬迁后的可持续产业支持、脱贫成果巩固的生态保护机制等等。二是加大绿色减贫理念的培训引导。要通过对基层干部，专业合作社、家庭农场等新型经营主体以及农村企业进行绿色减贫的专业培训，主要围绕

“两山理论”从生态资源的保护式开发进行理论和实践指导，让其切实学到“绿水青山”转为“金山银山”的具体内在转化机制，将绿色减贫理念落到实处。

（二）要有“变”与“不变”的变通式实践探索

一是要有保护生态环境的“不变”坚定原则。要坚持绿色减贫的“不变”原则，就是以生态环境保护为红线，对生态环境贫瘠的地区不加以破坏，对生态环境禁止开发地区不投机取巧，对威胁生态环境的资源开发模式不尝试，坚决走生态环境资源保护为核心的可持续发展之路。二是要有自主选择生活环境的“变”的角度。贫困地区根据自身生态环境条件和承载能力，选择地理位置相对优越、交通条件便利、产业发展空间大的外部环境进行搬迁，地方干部要加大对搬迁贫困户的思想工作，让其认识到搬迁后的发展优势和经济效益，避免一些搬出又搬回的现象。三是要有“绿水青山就是金山银山”“变”的思维。近年来虽然绿色发展理念得到推广，但是很多贫困人口尤其是偏远地区人口对于绿色资源与经济的协同发展并没有清楚的认识，在实践操作上还存在“两张皮”的现象，因此要加大基层对贫困人口的绿色减贫宣传力度；要增强发达地区或已脱贫地区绿色减贫典型案例的大力宣传，使基层干部要认识到绿色发展理念不仅仅助力脱贫，更是脱贫后长期发展的可持续动力，也让贫困户从身边那些脱贫致富的例子寻找自己贫困的原因，找到一条适合自身“发家致富”的道路；要建立区域绿色减贫发展抱团协作机制，将发达地区绿色减贫的模式、经验、人才等与贫困地区进行共享交流，提升贫困地区绿色减贫的效率和巩固的稳定性。

（三）要有打破空间的大胆式突破

绿色资源不同于一般资源，其根据自然、文化、历史等条件天然形成，不具有行政界线，因此在实施中要打破空间限制，打造城乡互动、区域联动的大扶贫格局。一是建立区域联动的绿色减贫合作机制。要认识到绿色资源的空间溢出性，即一个地区绿色减贫成效会因为绿色资源的区域不可分割性而具有一定的溢出效应，因此需要建立一个打破行政界线的绿色减贫区域联动机制，在集中连片特困地区的划分基础上，形成具有地域特色的减贫合作模式，通过整合绿色资源，打造具有一定规模的生态旅游、乡村休闲等基地，提升区域整体减贫成效，同时也可以大大降低减贫成本。二是认识到城乡融合的人口要素流动性。随着新型城镇化的乡村振兴的推进，城乡人口流动加快，因此绿色减贫要进一步以城乡融合发展为契机，重点打造绿色资源要素城乡互通的发展模式，如充分借鉴电商平台，依靠自身资源优势打造具有绿色特质的特色农产品。再如西藏、青海等地的高原绿色农产品、湖北恩施的富硒茶叶，等等，提升生态资源与产品输出的结合度，增强要素进入城市的效率。同时，要注重人才的引进，以集体经济发展为媒介，通过招聘职业经理人等方式提升当地绿色资源的合理化开发和管理水平，推进脱贫成果显现，为乡村振兴发展奠定基础。

参考文献

[1]《中国扶贫开发报告 2016》：31 年贫困人口减少 7.9 亿 [J]. 网络传播，2017（2）：24–25.

[2] 赵华林. 高质量发展的关键：创新驱动、绿色发展和民生福祉 [J]. 中国环境管理，2018，10（4）：5–9.

[3] 张琦，冯丹萌. 构建我国绿色减贫机制的理论及对策 [J]. 甘肃社会科学，2019（6）.

[4] 邵立民. 绿色农业与资源环境的经济学分析 [J]. 黑龙江社会科学，2011（06）：68–71.

[5] 王小林. 贫困概念的演进 [M]. 贫困测量：理论与方法. 社会科学文献出版社，2012.

[6] 杨龙，汪三贵. 贫困地区农户的多维贫困测量与分解——基于 2010 年中国农村贫困监测的农户数据 [J]. 人口学刊，2015（2）：15–25.

[7] 王晓毅. 绿色减贫：理论、政策与实践 [J]. 兰州大学学报：社会科学版，2018，046（004）：28–35.

第二章　国际视角下的绿色减贫相关研究

第一节　发达国家农业绿色发展的政策演进及对中国的启示

绿色发展是人类面对当今全球资源、能源和环境挑战所作出的发展方式和发展道路上的重大探索，随着经济的发展，社会的不断进步，绿色发展理念越来越受到人们的重视。党的十九大作出了实施乡村振兴战略的重大决策，乡村是生态环境的主体区域，生态是乡村最大的发展优势，推进农业绿色发展，是农业高质量发展的应有之义，也是乡村振兴的客观需要。

中国作为全球经济体发展中的一个大国，在推进农业绿色发展完善相关农业政策制定方面亟须吸取其他发达国家的经验和教训，提升政策执行的效果；同时，我国农业农村经济发展与世界各国的联系愈发紧密，发达国家农业政策的调整对我国农业发展产生越来越显著的影响。

一、发达国家农业绿色发展的历史演变

发达国家推行农业绿色发展理念的时间较长，经历了较为漫长的发展过程，从美国、欧盟、英国、日本和韩国等主要发达国家和经济体来看，主要可以将农业绿色发展的进程分为启蒙阶段、快速发展和稳定发展三个阶段。

（一）农业绿色发展的启蒙阶段（20世纪前期—20世纪中期）

生态农业、有机农业、绿色农业的发展是农业绿色发展的早期体现形式，也是发达国家最先开始推行农业绿色发展的重要内容。生态农业最早于1924年在欧洲兴起，随后20世纪30—40年代在瑞士、英国、日本等发达国家得到发展。30年代初英国农学家A. 霍华德提出有机农业概念，在英国得到了广泛发展，并在发展过程中形成了相关的协会和社团等组织，多方面力量大大推进了绿色农业的发展。美国早在1930年前相继颁布了《莫里尔法案》《哈奇法案》和《史密斯—利弗法案》，对农业科技人才培养提出相关规定，为农业绿色发展科技发展奠定基础。随后，罗代尔开始对有机农业进行实践探索，

并在 1942 年到 1974 年之间创办了有机农场，并成立了罗代尔研究所，为美国有机农业发展奠定坚实基础。1938 年美国颁布《农业调整法案》，实施土壤保护计划，控制生产，同时进一步促进农业科技研发，对农业绿色发展的重视程度开始显现出来。

在此阶段，各个国家和政府主要强调利用新的科技手段对传统农业进行创新改良，形成自然循环的科学模式。但是，由于当时农业在各个发达国家仍然处于较为滞后状态，农业绿色发展实施难度较大，科技水平欠缺，绿色农业发展受到的制约较大，发展比较缓慢。在此阶段虽然农业绿色发展理念在部分发达国家已经提出，但是成效不显著。

（二）农业绿色发展的快速时期（20 世纪中后期—20 世纪 90 年代）

20 世纪中后期，随着发达国家的工业高速发展，经济水平突飞猛进，发达国家农业现代化水平不断提高，农业科学技术明显进步，但同时带来的环境污染问题也日益严重，工业产生的污染对生态平衡和人类生活健康造成不可忽视的影响，发达国家对生态绿色发展的重视程度不断上升。

为了进一步缓解环境污染问题带来的不良影响，发达国家在此阶段进行大规模高强度的农业绿色发展相关措施，在生产结构、政策制定、法律法规等方面都不断完善，农业绿色发展得到有力推进，在整个历史发展过程中处于快速发展时期。

首先，各国政府出台了一系列支撑政策推进农业绿色发展，减轻农业生产过程中对生态环境的污染情况。同时，发达国家主要对农业生产结构进行优化改革、对农业技术进行更新，对农业绿色发展的推动实施大量的政策支撑。美国在整个 20 世纪一直处于世界第一强国地位，并于 20 世纪中叶完成了农业现代化，形成美国特有的农业发展体系，强有力的发展基础为实施农业绿色发展提供了较好的条件，美国从 1950 年到 1990 年之间相继出台了《农产品贸易发展和援助法》《粮食安全法》《食品、农业、水土保持和贸易法》，在内容中提出“土地休耕计划”“通过土壤保护计划、沼泽地保护计划、农夫条款、遵从条款等保护土地”“乡村发展计划”等一系列举措对农业绿色发展进行保护和推动。欧盟在 20 世纪 60 年代制定欧盟共同农业政策，核心是优化农业环境，提升农业基础设施水平。欧共体于 1988 年规定，为控制生产和保护环境，实行 20% 的农地不耕作，对恢复自然植被的农户损失进行直接补偿，农户有义务按一定比例将低产农地转为生态用地，用于野生生物栖息地，保护生物多样性。1972年，法国成立了国际绿色农业运动联盟。英国在1975年国际生物农业会议上，明确提出绿色农业的发展优势，提升了绿色农业在英国的传播程度和接受程度。20世纪70年代，日本提出建设农业污染提高农产品质量的议题，绿色农业发展在发达国家的重视程度不断提高。

经过这一段时间的努力，农业绿色发展在发达国家取得了显著成效，农业绿色发展技术大幅度提升，农业生产结构进一步优化，农业发展带来的环境污染问题得到抑制和缓解。同时，农业绿色发展在农户的普及程度开始逐渐显现，农业绿色发展的技术应用开始逐渐推广起来。在这一阶段，农业绿色发展在发达国家得到较快的发展，绿色发展理念在发达国家农业发展中的融入度不断升高，农业发展理念和结构得到调整和优化。

（三）农业绿色发展的成熟阶段（20世纪90年代—2003年）

随着发达国家对农业绿色发展的重视程度不断提高，相关政策落实成效的不断显现，农业绿色发展进入了稳定成熟阶段。在此期间，为了进一步推进农业的可持续发展，发达国家在农业技术层面、财政层面仍投入较大，形成农业绿色发展的持续动力。同时，发达国家不断增强与不同国家的合作和交流，通过发展农业绿色相关项目，进一步提升大众对农业绿色发展的接受度和应用程度，取得了较好的成效。

随着政府对农业绿色发展的不断支持和推进，农业绿色发展技术体系不断完善，并被广泛地应用在发达国家之中。美国在这个时期初步建立教育、科研和推广相融合的农业绿色发展模式。1997—2002年美国农业部任务报告中明确提出保护农业绿色发展，促进对自然资源的明智管理。1991年在原来《有机食品生产法》的基础上，制定了《有机食品证书管理法》。1996年，美国政府修改《农业法案》，增加了资源保护等方面的管理办法。2000年12月，隶属于美国联邦农业部（USDA）的农业市场服务处制定了美国有机农业条例（NOP）。2002年，美国出台《2002年农场安全与农村投资法案》，通过实施生态保护补贴计划对农业绿色发展进行支持。

在欧洲，共同农业政策的形成对欧洲农业绿色发展具有较大推动作用。1962年随着共同农业政策的制定，建立了以价格支持为核心的农业补贴运行机制。1985年《共同农业政策展望》中提出“建立耕地休闲制度”，并对实施耕地休闲的农户予以补贴。1992 年的麦克萨里改革中提出“制定调整农村产业结构和关注环境保护政策”，对农业绿色发展提出明确的要求和保护政策。2000 年发布的《欧盟 2000 年议程》提出“把环境保护和动物福利纳入农业政策补贴体系”，再一次强调环境问题在农业发展中的重要性。

奥地利在 1995 年实施了支持绿色农业发展特别项目，国家提供专门资金，鼓励和帮助农场绿色农业转变，法国在 1997 年制定并实施了绿色农业发展中期计划，日本在农林水产省推出了环保型农业发展计划，2000 年 4 月推出了绿色农业标准并于 2001 年 4 月正式执行。

在此阶段，农业绿色发展在发达国家已步入稳定阶段，发展模式和体系也较为完善。各个发达国家在此基础上继续不断调整农业绿色发展标准和长期目标，完善发展体系。同时，注重农业绿色发展在农户的应用和普及程度，并联结社会力量，直接或间接地对农业绿色发展相关组织和项目进行扶持，提升农业绿色发展的多元渠道，与市场联结更为紧密，效益也逐渐增强。

（四）农业绿色发展的突破阶段（2003 年—至今）

在此阶段，农业可持续发展被世界各国普遍关注，随着全球生态的不断恶化，可持续发展成为全球关注的主要议题之一，为农业绿色发展提供再一次的突破机遇。

发达国家在这个时期把农业绿色发展的范围和内容逐步扩大，以农村发展和农业的可持续发展为重点，并制定了一系列的政策和方案予以支撑。

为了进一步推进农业和农村的可持续发展，欧盟理事会于 2003 年 6 月通过了一揽子改革方案。并逐步调整了补贴大农场标准，2005 年减少 3%，2006 年减少 4%，2007 年以后每年减少 5%，减少的费用将全部用在农村发展计划中。2009 年 1 月，欧盟委员会发布 72/2009 号法令，进一步深化 CAP 改革，其重点内容是欧盟对农村发展注入更多资金，改善环境、提高产品质量及动物福利标准；减少对大型农场直接支付，节约的支出全部用于农村发展项目；实施“财政纪律”机制，防止超额支出；进一步削弱干预机制，增强农户对市场信号的反应能力。2010 年，欧盟在《走向 2020 共同农业政策—应对未来粮食、自然资源和区域挑战》公报中提出“保证粮食生产、注重自然资源的可持续性管理和农村地区的发展平衡”，把自然资源环境作为发展方向的重要内容之一，突出农业绿色发展的重要性。

进入21世纪以后，美国农业政策开始逐渐进行调整，对农业绿色发展的重视程度不断提升。2008年颁布《食物、自然保护与能源法案》，增强对有机农业的补贴；2010年美国政府颁布《健康、无饥饿儿童行动》法令，提出有机贸易协会将提供10亿美元的资金用于进行有机食品的试验计划，用于学校食品计划中有机食品的提供。2011年1月，美国总统奥巴马签署《FDA食品安全现代化法案》（FSMA），使该法案成为美国第111届国会第353号法律。

由此可见，从发达国家发展整体进程来看，农业绿色发展并不是一蹴而就的，而是经历了缓慢而曲折的摸索和创新阶段。在20世纪初，发达国家对于农业绿色发展的举措相对较少，认识也相对较为模糊，主要通过价格支撑体系对提升农业生产力，但是对于农业生产以及销售中的生态环境污染情况重视程度不够。随着工业化带来的环境污染日益严重，发达国家逐渐注重农业绿色发展的推进，通过采取政策制定、法律颁布以及财政补贴等方式，对农业生产方式进行转型升级，提升绿色发展理念在农业发展中的融入度，同时，关注对象也从农户转移到农村的整体发展，通过制定严格标准对农村土地、河流、耕地等方面进行严格标准的制定。在发达国家对于农业绿色发展的推动过程中，尤其在稳定阶段和突破阶段，发达国家较注重对农民进行绿色发展理念的普及、培训、宣传、应用程度，不断提升对农业绿色相关的项目和合作组织的支撑力度，联结政府、社会和农户之间的关系，加快农户对于农业生产方式理念和运用方式的转变，提升农业绿色发展的落地效率。

二、发达国家农业绿色发展的举措及政策支撑体系

发达国家在推进农业绿色发展时，随着不同时期的发展特征和规律实施了大量的举措进行促进，同时也制定了一系列的政策进一步推动农业绿色发展在本国的应用度，形成适应于本地特色的政策体系。

（一）法律手段是推进农业绿色发展的主要抓手

发达国家尽可能地运用法律手段对农业绿色发展的相关内容进行强制性管理，保障农业绿色发展在某些原则性内容上的落实程度；同时，政府在发展过程中对于农业绿色发展的相关规定不断更新、突破，根据本国农业发展的现状不断调整，逐步提升绿色发展理念在农业发展中的位置和重要程度；

此外，政府在制定政策方面，尽可能地细化标准和内容，对于各个领域的生产标准和界限都予以明确规定，提升各地区实行的精准度。

欧盟各国在发展生态农业时，都运用行政和法律等手段加强对生态农业的领导、管理，通过制定支持生态农业建设的政策、法规，为生态农业的良性发展提供了有利的外部环境与内部环境。瑞典政府在1969年制定了环境保护法规，使得对生态环境保护的重视程度进一步提升。20世纪80年代，又相继出台了15个单项法规，1999年颁布了一部完整的《农业保护法》，对农药、化肥、水等自然资源的使用通过法律手段进行保障，并在法律中特别强调了政府的监督作用。德国在2003年根据欧盟的《欧共体生态农业条例》制定了本国的《生态农业法》，对农业的产前、产中、产后都有相应的标准规范，内容涉及水、土壤、大气、生态系统等各个方面。

同样，美国在推进农业绿色发展时也颁布了大量的法律规定给予支撑。1990年美国政府制定了《有机食品生产法》，成立了国家“有机标准委员会”。1991年制定《有机食品证书管理法》。2000年12月，隶属于美国联邦的农业部制定了美国有机农业条例。2002年，美国出台《2002年农场安全与农村投资法案》。2010年美国政府颁布《健康、无饥饿儿童行动》法令，提出有机贸易协会将提供10亿美元的资金用于进行有机食品的试验计划，用于学校食品计划中有机食品的提供。2011年1月，美国总统奥巴马签署《FDA食品安全现代化法案》。

（二）财政补贴等方式是农业绿色发展的有效方式

农业发展本身是一个具有较高自然风险和市场风险的产业，农业的绿色发展更要兼顾生态环境的承载力和保护程度，难度更为增加，因此在发展过程中财政的支撑显得举足轻重。在财政支撑方面，发达国家普遍对于农业绿色发展的财政补贴力度较大，尤其在快速发展阶段，补贴额度每年几乎成倍递增。

发达国家较为注重对农业绿色相关项目的实施和农民合作组织的补贴，有助于推进农业绿色内生发展，提升农业的可持续发展能力。在发达国家推进农业绿色发展过程中，普遍采取财政补贴的方式对农户进行直接支撑，1987年OECD的一份题为《国家政策与农业贸易》的报告第一次提出了以生产者补贴等值及其相关指标为基础的农业政策评价体系，并且应用该评价体系对 OECD 各成员国的农业政策进行评价。

美国在对绿色农业发展过程中采取多种财政政策予以支持。首先对产品市场变化进行调整，1993 年制定《农场和消费者保护法》，用“差额补贴”等方式增加生产者对市场的依赖性，推进商品向世界市场自由流动。其次在发展过程中不断调整，进一步完善农业绿色发展的财政支撑内容和方向。在 2002 年的《农业安全和农村投资法》中，采用直接补贴、反周期补贴、营销支援贷款、贷款差额补贴等方式进行财政支撑；2008 年制定《食物、保护与能源法案》，在《农业安全和农村投资法》的补贴基础上，继续扩大补贴范围、进行资格调整，同时增加对园艺、有机农业等绿色发展的补贴内容。2002 年—2011 年，美国各级政府对农业补贴的金额达到 1900 亿美元，并且美国政府在绿色农业产业链中的销售等环节，提供了大量的免费支持服务，直接与农户团体接触，节省很多中间环节的消耗，提升了农业绿色发展效益。另外，通过采用直销方式，加快了农产品的流通速度，大大促进了农业绿色发展的落地和实施。2008 年美国颁布《食物、保护与能源法案》，对补贴范围进行调整，增加对园艺业、有机农业的补贴，提升农业绿色发展的补贴力度。

欧盟共同农业财政政策是欧盟共同农业政策的核心。共同农业财政政策在提高农业劳动生产率、保证食物供应、稳定市场，以及确保农民生活水平等方面做出了巨大贡献，对欧盟各国乃至整个世界的农业生产和农产品贸易产生显著影响。1992 年共同农业在之前基础上进行改革，采取收入直接补贴的方式，实施农田休耕计划，调整农业产业结构，改善农业环境保护等一系列措施。2003 年 6 月共同农业政策再次进行改革，核心内容是调整补贴方式，从直接补贴向“单一致富补贴”转化，提升对农业可持续发展的重视程度，逐渐向农业绿色发展的方向贴近。2008 年 5 月欧盟委员会通过新一轮的《欧盟共同政策改革草案》，推动农业补贴与产量脱钩，提升对落后农村地区的财政支撑。目前欧盟的共同政策已经成功地从实行市场价格支持农产品转化为以农业可持续发展、维护良好环境、保持农村景观的发展方向，财政支撑政策也更多元化、可持续化。欧盟各成员国也大力支持绿色农业产业中的产销结合，首先，强化对农业的环境补贴，把农业现代化与保护生态环境结合起来，对退耕种草和土地给予补助；其次，为支持生态农业的发展，德国政府对达到生态标准的农场，每公顷土地补贴400马克；最后，支持贫困地区的发展，在这些地区建立工厂，联邦、州出20%的投资，同时帮助这些地区向欧盟申请资金援助，贷款实行低息政策，支持这些地区调整农业生产结构，更新农业机械，加快农村城镇建设。

法国是欧洲第一农业生产大国，为进一步鼓励农业绿色发展，法国政府于2008年再次颁布了《生态农业2012年规划》，旨在提高生态农业产量，同时将生态农业面积扩大3倍，力争达到占可耕地面积的6%。其中包括五方面内容：第一，设立专项基金，用于支持生态农业结构调整，形成产品生产、收购、加工、销售的渠道；第二，对从非生态农业向生态农业转变的农户提供免税等优惠待遇；第三，加强对生产部门的技术支持和对相关人员的知识培训；第四，在制定农业法规时，充分考虑生态农业的特性和要求，从政策层面上放宽限制；第五，在生态农产品消费方面，政府加强引导，法国用于农业环境的资金，1992年到1993年之间增长近20倍，到2001年已高达3.7亿欧元。瑞士支持将生态保护的费用支付问题综合纳入全面的税收改革计划，包括激励性税收应该与财政和公共开支的规定相一致、重要的环境目标应该被这些税收措施所支持、各类新旧补贴都不得与生态系统保护目标相冲突等政策。

日本政府对农业的补贴涉及面很广，二战后相继颁布了《农业改良资金助成法》和《山村振兴法》，修订了《粮食管理法》《农业协同组合法》等法律。在农业合作组织支持方面，日本政府对于农业合作组织的成立和运营环节给予补助，同时在合作组织运营中出现困难时政府则通过财政或金融措施给予帮助。日本同时颁布了一系列的法律来贯彻实施生态环境保护政策，如《持续农业法实务》《农业农村基本法》等，1999年7月12日颁布的《食物、农业、农村基本法》，提出具有新理念的政策法规，核心在于实现农业可持续发展与农村振兴，确保食物的稳定供应，发挥农业与农村的多种功能。同时，政府还为农户提供灾害防治，资源改良等新技术信息，在提供财政补贴之余，还提供无息贷款来支撑农业绿色产业的发展。日本农业基本法规定了政府必须对农业予以财政补助的政策，日本主要通过财政转移支付的方式，对地方绿色农业的发展提供支撑。同时日本政府筹建了政策性金融机构，对绿色农业产业中的企业提供长达20到30年的长期信贷资金，并按照收取较低额度的利息，政府财政并给予一定的补贴。同时，日本等国家在发展过程中投入大量的资金进行农业绿色发展的技术升级和对农民的应用培训。

韩国政府自20世纪90年代初期就开始大力推进农业绿色发展，从20世纪90年代末以来加大力度来完善政策体系，制定和实施一系列农业绿色发展的相关计划，取得显著成效。1999年韩国政府开始引进并实施亲环境农业直接补贴制度，对获得亲环境农产品认证证书的农民，直接支付补助金。同时韩国政府从2004年开始对参与亲环境畜产发展计划的农民补偿因参与而导致的收入减少情况。

（三）农业技术政策是提升农业绿色发展技术落地的先决条件

农业技术是农业绿色发展的基础和条件，是决定农业绿色发展实施效果的决定性因素。

因此在发达国家推进农业绿色发展过程中，农业技术政策的推进是重中之重。与工业相比，农业在开发和应用先进技术上有较大困难，各个发达国家在推行农业技术政策过程中都形成一定的体系。

对于美国而言，农业法中规定的农业研究目标是制定农业科技政策的根据。依照1990年农业法，美国农业部农业研究局会同美国农业部的其他部门和合作制定六年项目执行计划（1992—1998年），即每隔两年左右，农业研究局必须调整或重新制定战略计划，并将上次计划中尚未完成的项目纳入新的计划中，保证项目的持续性。ARS将根据新的农业法所规定的上述目标制定其新的六年项目执行计划，并修订其相关科技政策以确保其各个新的研究项目为上述八条目的服务。

日本对于农业技术政策的推行也经历了较为曲折的过程，日本由于小规模土地所有者占主要地位，农民在开发和利用先进科学技术上困难更多。因此政府从多方面进行综合性的支持。首先，日本各级政府都设有完善的农业科研和试验机构，而且相互协作和配合，形成全国性的科研试验网。据统计，日本共有各类农业科研机构752所，科研人员37119人，其中农林水产省直接管理的农业、食品和植物科研机构6个，农业试验场、农场和种畜场42个，肥料、饲料、农药和畜用药等检验分析机构15个，动植物检疫机构6个。1960年以来，日本农业科研经费不断增加，1976年达1518亿日元，约占政府科研经费总额的30%。其次，日本政府建立完善的推广制度。为了进一步推进农业技术成果在各地得到广泛应用和推广，在全国建立了完善的推广普及制度，研究成果需在各地方的农业试验场进行试验，确定其推广价值，再将其提交给当地农政局和基层农业试验场进行论证认可。加上基层农业合作组织的农业指导员和在市町村政府的农业技术员，共同形成完整的技术指导和推广力量。

韩国在推进农业绿色发展过程中，也逐步通过政策的制定和体系的完善加强对农业科学研究、技术推广以及农业教育的支撑。1995 年韩国成立农业研究和发展促进中心，共向 3000 余个项目投资 3910 亿韩元。同时，为了更好地为农民提供农业生产技术，韩国政府实行了“区域农业集合计划”，为农业科学研究、地方政府以及各农业机构之间建立连接网络，增强各个区域农业技术的投入。

（四）农业科技人才培养政策是农业绿色发展的内在动力

农业人才是农业绿色发展的根本，也是促进一个地区或国家农业绿色发展能力的核心和关键。因此在各个发达国家制定政策过程中，其中有很重要的一个方向是针对农业人才的培养。美国在农业科技人才培养中主要通过构建科研、教育和推广“三位一体”体系。同时，在体系制定中美国政府通过颁布相关法律政策予以保障，主要有《哈奇法案》和《史密斯—利弗法案》。《哈奇法案》是由美国国会于 1887 年制定通过的，由联邦政府每年向各州拨款 1.5 万美元，资助各州在农工学院设立农业试验站，支持从事农业科学技术相关的研究。1914 年，美国国会通过《史密斯—利弗法案》，主要由联邦政府资助，在各州建立农业推广站，主要负责农业技术的推广。同时，美国政府创立了“未来农场计划”，对农业生产人员进行专业的科学技术培养，普及农业可持续发展相关知识，减少化学品在生产中的施用量。

欧盟在 2013 年正式制定“地平线 2020 计划”，从 2014 年开始实行，主要就是将研究与创新框架计划、竞争与创新计划以及欧洲创新与技术研究院组合为统一的战略，其中主要的内容就是提升农业技术科研力量，包括农业人才的培养、平台的搭建和完善以及前沿领域的资金支持等。

（五）农业金融支持政策是促进农业绿色发展的主要推力

资金是推动农业绿色发展的重要因素之一，由于农业的弱质性、高风险性等特点，在一定程度和阶段上必须依靠政府的支持才能获得持续发展的动力。发达国家在推进农业绿色发展过程中，较为注重农业金融的政策支持，尤其在发展快速期，通过多种渠道对农业项目、农民、农业产业等方面进行资金支持。

美国政府在农业金融方面的支持政策主要包括信贷支持和税收支持两种。首先是信贷支持，1916 年美国国会通过第一个《农业贷款法》，以 1916 年《联邦农业贷款法》、1923 年《农业信贷法》为基本线索，通过联邦最高立法，初步建立起以联邦农业贷款委员会、联邦土地银行、国家农业信贷协会和联邦居间信贷银行为主体的专门农业信贷体系，有效满足了这一时期农民和家庭农场主的农业信贷需求。1933 年美国国会通过《紧急农业抵押法案》，该法案延长了农业抵押贷款的还款期限，同时还通过项目提供紧急融资应对农业抵押贷款违约现象。1971 年《农业信贷法》不断完善，对信贷体系的职能和职权进行扩充，同时赋予合作制的农业信贷体系更多职权和灵活性。1992 年美国国会通过《农业信贷银行与协会安全稳健法案》，明确了联邦农业信贷系统的责任和义务，规定了包括利率在内的联邦援助借款的偿还方式。1996 年年美国国会通过《联邦信贷系统改革法》，进一步提升农业信贷系统的自主性，扩大农业的自主选择权，同时，加强系统监督审核。美国于 2008 年《农业法》中保留了旧农业法规定的“必须是拥有 3 年或 3 年以上的农场经营经历的家庭农场主才有资格办理经营贷款业务”的要求，同时对贷款业务的具体内容进行了调整。2009 年，美国国会通过《农业信贷提升法》，强化在农业信贷司法纠纷中的调节作用。其次是农业税收支持。美国实行统一的税收制度，没有独立的农业税制，但是在农产品销售、农场收益、土地流转等方面执行优惠或减免的税收政策，优惠的税金种类包括所得税、财产税、遗产税和赠与税等。美国政府对农业所得税实行优惠与减免的措施主要体现在五方面。第一，农场主可以在收到出售农产品的贷款后再向税务部门报告，而发生的生产支出可以在当年扣除。第二，农场主为生产支付的资本开支可以在付款的当期收入中一次扣除。第三，美国税法将农产品销售看作资本项，而资本增值税与产品销售所得税的税率差异较大，资本增值税率为 8%—28%，而个人其他所得项目的税率（包括产品销售）为 15%—39.6%。第四，对于出售资产而产生的盈余，按照短期和长期缴纳不同的税收。短期收入全部是应纳税收入，长期收入中只有 40% 的部分为应纳税收入。农民出售固定资产所得的收益作为长期资本收益处理，享受60%的税收减免。第五，一些项目享受免税和减税优惠，如农业团体、水利工会、农业协作工会等的股息所得、利息所得、补贴所得等免交所得税。

三、发达国家农业绿色发展对中国的启示

随着中国农业的不断创新发展，近年来中国农业现代化取得较大成效和突破，然而也带来很多弊端。农业资源的超负荷利用，农业生产的过度污染，生态系统的退化，等等，农业发展面临转变发展观念的紧迫阶段，农业绿色发展刻不容缓。借鉴国外农业绿色发展的主要进程和政策体系，对中国未来实行农业绿色发展具有较大的借鉴和启示。

第一，完善中国农业绿色发展的法制化建设。从不同发达国家的农业绿色发展政策演变的过程看，其政策调整以农业法律为依托，通过法律的威严保障农业政策的顺利实施，其法律的修订较为频繁，尤其是美国、欧盟和日本的农业政策都是以颁布法律的形式而体现的。可以看出，农业绿色发展离不开法律的支撑和约束。相比之下，中国于1993年首次颁布《农业法》，2002年和2012年进行了修订，相关“条例”众多。在农业支持政策制定过程中往往忽视农业的整体性和系统性，对于农业绿色发展的相关法律也较少。因此，借鉴国际经验，中国应进一步完善农业绿色发展的法制化体系建设。首先，形成较为完善的农业法条款，对于农业绿色发展的相关政策规定尽可能地法制化，清晰化，使农业绿色发展政策实施具有法律保障；其次，增强农业绿色发展相关法律的连续性，在规定的有效期衔接过程中，避免出现政策“真空”期；再次，丰富农业绿色发展相关法律的内容，制定详细具体的施行措施，并且尽可能地采取量化规定，便于政策或法律的实施，同时也使农民能对自己的效益形成较为清晰的认识，促进农民在农业绿色发展中的积极性和主动性。最后，针对不同发展阶段制定针对性的农业绿色发展法律和政策。农业绿色发展是随着经济和社会的整体发展而不断变化的，也是随着农民的生活水平提升而不断需要调整的，中国目前处于新时期迈入的关键阶段，处于乡村振兴战略的起步阶段，需要及时调整农业绿色发展的相关法律政策，紧跟乡村振兴发展目标，制定切实可行的相关法律政策。

第二，完善中国农业补贴结构，构建明确、长效的补贴体系。从国外发达国家的农业绿色发展相关补贴政策来看，农业的补贴体系都较为完善和长

效，其内容和标准也都较为具体和明确。相比之下，我国农业补贴体系相对较为单一，而且在补贴中占比最大的是综合性补贴，属于间接补贴，对农民的补贴较少，补贴效益较低。从内容来看，我国对于农业绿色发展以及可持续发展相关的补贴界限不明确，内容不是十分清晰，农民对于农业绿色发展的观念不强，意识不强，积极性不高，农业绿色发展在农民群众中应用和实施的效益不高，因此在今后的发展过程中，我国应进一步调整农业补贴结构，进一步加大农业绿色发展在农业整体补贴体系中的比重，包括生态系统的保护、农业资源的补贴支持、农业劳动生产力的补贴以及农业绿色技术培养的补贴等；同时，应该更加系统化地完善农业绿色发展补贴体系，针对不同地区、不同目标设立不同的补贴类型和补贴标准，在保障农民收入的同时促进农村环境的保护、农业资源的长效利用、农村可持续发展等，增强农业的可持续发展。

第三，提升中国农业绿色发展科技力量创新支撑。2018 年，党的十九大提出了乡村振兴发展战略，而生态是乡村发展的重要优势之一。因此推进农业绿色发展是顺应形势与乡村振兴的必由之路。如何有效吸收乡村战略提出的关键内容和方向，有效发展农业绿色发展是中国今后长时期需要做的突破和创新。2017 年，中共中央办公厅、国务院办公厅印发《关于创新体制机制推进农业绿色发展的意见》，对当前和今后一个时期推进农业绿色发展做出了全面系统部署。首先，创新农业发展理念，用绿色理念引导农业生产，从顶层设计中侧重农业绿色发展理念。其次，创新生产方式，提升农业科技水平，加大技术、人才培训力度和提升示范推广等水平，加快农业绿色生产方式落地，确保农业的可持续发展。最后，创新农业经营体系，通过发展多元化的农业绿色发展路径，创新连接机制，推进农业绿色发展技术在小农户群体的普及程度。最后，创新农业绿色发展政策。借鉴美国“三位一体”体系，进一步提升科研、推广和应用三者的结合紧密度，转变科研模式，针对目前有关农业绿色发展的关键技术问题进行项目支撑，同时促进科研与社会经济的联结程度，形成多种主体相结合的多元化协调的开发机制，此外，加强农业技术推广平台建设，进一步完善各省、市、县政府的技术沟通网络。

第四，促进产业结构转型，利用绿色产业拉动农民增收增效。从中国农业发展来看，依靠传统农业结构的发展模式已经面临瓶颈和制约，生态和经济的双重压力导致农业产业结构必然面临较大的改革和转变，绿色产业无论从市场需求还是自然资源发展规律来看都是现阶段拉动农业产业发展的核心力量，因此要进一步以市场需求为导向，转变观念，调节产业结构，提升绿色产业发展的重要性，由产量向质量转变，实现农产品的多样化、个性化、差异化、品牌化，更贴近现代人群对于健康、优质、营养的消费需求，同时也应提升农业产业由产量优先向质量优先的转变和改革，推进农业绿色发展进程。除此之外，进一步挖掘开发农业的多种功能，扩大农业资源的利用范围以及与其他生态资源的融合程度，通过农业与生态资源、文化资源、旅游资源等相结合，提升农业的生态价值、文化价值、休闲价值以及经济价值，提升农业整体效益，加快农业对农民增收的带动作用，促进农业对乡村振兴的贡献作用。

参考文献

[1] David B.Grigg，The Agricultural Systems of the World [M].

[2] Kaufmann R K. Blueprint for a green economy [J]. Ecological Economics. 1993：75–78.

[3] Marsden T，Sonnino R. Rural development and the regional state：Denying multifunctional agriculture in the UK [J]. Journal of Rural Studies. 2008，24（4）：422–431.

[4] Jordan N，Boody G，Broussard W，et al. Sustainable Development of the Agricultural Bio–Economy [J]. Science. 2007，316（5831）：1570–1571.

[5] Anderson K，Tyers R. Japan’s agricultural policy in international perspective [J]. Journal of the Japanese & International Economies. 1987，1（2）：131–146.

[6] Wang X，Mauzerall D L. Characterizing distributions of surface ozone and its impact on grain production in China，Japan and South Korea：1990 and 2020 [J]. Atmospheric Environment. 2004，38（26）：4383–4402.

[7] Sakamoto K，Yongju C，Burmeister L L. Framing multifunctionality：agricultural policy paradigm change in South Korea and Japan？ [J]. International Journal of Sociology of Agriculture & Food. 2007（1）：24–45.

[8] Diao X，Dyck J H，Skully D W，et al. Structural Change and Agricultural Protection：Costs of Korean Agricultural Policy，1975 and 1990 [J]. Agricultural Economics Reports. 2002（21492）.

[10] 王欧. 基于村户微观观察的“三农”政策执行评估与满意度评价 [M]. 中国农业出版社，2014年

[11] 王欧. 国际生态农业与有机农业发展政策与启示 [J]. 世界农业，2013年（1）：48–

52
[12] 王欧. 农业资源台账的国外实践及对中国农业资源台账发展的启示 [J]. 世界农业，2017（11）：21–26
[13] 诸文娟. 美国农业政策与德国农业政策的比较 [J]. 南方农业，2015，9（9）：172–173.
[14] 任娇，何忠伟，刘芳. 美国农业人才培养对中国现代农业人才培养改革的启示 [J]. 世界农业，2016（12）：234–237.
[15] 马晓春. 中国与主要发达国家农业支持政策比较研究 [D]. 中国农业科学院，2010.
[16] 刘濛. 国外绿色农业发展及对中国的启示 [J]. 世界农业，2013（1）：95–98.
[17] 罗超烈，曾福生. 欧盟共同农业政策的演变与经验分析 [J]. 世界农业，2015（4）.
[18] 董利苹，李先婷，高峰，等. 美国和欧盟农业政策发展研究及对中国的启示 [J]. 世界农业，2017（1）：91–97.
[19] 张恒. 美国农业经济发展的政策研究 [D]. 吉林大学，2017.
[20] 梁世夫，赵玉阁. 国外农业政策择定模式及对我国的启示 [J]. 农业经济问题，2008（7）：104–108.
[21] 张春梅. 绿色农业发展机制研究 [D]. 吉林大学，2017.
[22] 王雅梅. 欧盟共同农业政策向共同农业和农村发展政策的转变探析 [J]. 农村经济，2009（5）：118–120.
[23] 刘文博. 欧盟共同农业政策改革和科技创新机制研究 [D]. 中国农业科学院，2016.
[24] 周应恒，彭云，周德. 中国农业发展困境与农业支持政策改革转型——基于欧盟共同农业支持政策改革的启示 [J]. 江苏农业科学，2017，45（11）：289–293.
[25] 张敏. 欧盟绿色经济的创新化发展路径及前瞻性研究 [J]. 欧洲研究，2015（6）：97–113.

第二节 国际视角下脱贫攻坚与乡村振兴衔接的初步探索

党的十九大作出了实施乡村振兴战略的重大决策部署，乡村振兴是包括产业振兴、人才振兴、文化振兴、生态振兴、组织振兴的全面振兴。当前，我国正处在脱贫攻坚和乡村振兴战略实施的交汇期，打赢脱贫攻坚战是乡村振兴的前提和基础，实施乡村振兴战略是脱贫攻坚的巩固和提升。

一、脱贫攻坚与乡村振兴衔接的研究背景

目前中国处于脱贫攻坚的关键期，同时也正是乡村振兴的起步阶段，因此如何有效地融合和衔接脱贫攻坚与乡村振兴的主要内容和政策机制，具有很强的现实意义。

第一，乡村振兴战略从国际角度而言是中国乡村发展的必然选择。放眼国际，乡村振兴战略并非陌生，很多发达国家在发展过程中也曾通过乡村振兴相关战略来促进农村乃至整个国民经济的发展。如韩国的“新村运动”，主要通过增强农村地区的基础设施建设从而形成民众自我发展的自主性长期运动；日本的乡村振兴，通过立法、生态保护、农业机械化以及农业人才等方面的扶持和补贴进而提升农村整体经济的腾飞。我国和国际上很多国家类似，经历了在工业发展、城镇化进程后期，农村劳动力为获取高额收入，开始向城镇迁移，城镇部门成为经济的主要增长点和财税价值创造的主题。但这也导致了农村发展的相对滞后，空心化现象的背后，是农村地区二三产业发展水平低下，地方缺少经济增长点，发展速度缓慢，配套福利体系不健全。一方面，农村无法为当期的居民创造更好的劳动条件；另一方面，儿童无法接受良好的教育，使该地区的未来发展动力不足。故此，讨论中国的乡村振兴战略，有必要吸收借鉴国际上振兴农业农村的先进经验做法，这样可以借“他山之石”，找到促进乡村振兴的有效模式和可行路径。为走好中国特色社会主义乡村振兴道路提供借鉴思路，无疑对我国解决好“三农”问题具有重

要现实意义。因此从国际角度来看，中国乡村振兴战略的实施具有一定的必然性，是发展过程中面临的必然选择。

第二，脱贫攻坚与乡村振兴衔接是现阶段中国急需解决和理清的问题。2018 年 9 月，《乡村振兴战略规划（2018—2022 年）》中提出“推动脱贫攻坚与乡村振兴有机结合相互促进”，2020 年是中国全面脱贫的决胜期，但同时也是乡村振兴的起步阶段，面对脱贫与乡村振兴双向任务的重叠阶段，如何正确看待脱贫与乡村振兴之间的关系，促进脱贫与乡村振兴的有机衔接是现阶段急需解决的关键问题。脱贫攻坚与乡村振兴并不是相互独立的，而是相融共进、相辅相成的一种关系。[1] 脱贫攻坚具有紧迫性、突击性、局部性和特殊性等特点，乡村振兴则具有渐进性、持久性、整体性、综合性等特点，脱贫攻坚主要解决发展中的不平衡问题，乡村振兴主要是通过解决不充分来解决不平衡问题。在组织和推进这两项战略实施的过程中，要充分把握这两者的特性和不同，在宏观上要做到不能因为脱贫攻坚为乡村振兴留下隐患，也不能因乡村振兴影响脱贫目标如期实现。脱贫攻坚是乡村振兴的基础，乡村振兴是脱贫攻坚的动力，二者相辅相成，互为因果，互补互助，不能各行其是，顾此失彼。脱贫攻坚与乡村振兴衔接是推进脱贫地区稳步进入振兴阶段的重要基础

对于目前还处于贫困的地区，乡村振兴同样是未来长期发展的目标和战略指导，然而贫困地区由于本身起点较低，脱贫任务重，乡村振兴压力大。而仔细分析可以发现，脱贫攻坚与乡村振兴在内容和范围上有很多重合点，在项目的实施上也具有一定的延续性。因此脱贫攻坚与乡村振兴的衔接可以为贫困地区理清思路，制定属于当地切实可行的乡村振兴短期规划；同时脱贫攻坚与乡村振兴的有效衔接也可以为贫困地区节省不必要的财力和人力，为后期贫困地区振兴发展提供基础和动力。

二、国内外研究现状

第二次世界大战结束后，经济学家就发展中国家乡村建设与发展进行过理论上的激烈讨论。如 Lewis（1954）二元经济结构理论倡导工业和城市优先的不平衡发展战略。类似的还有 Krugman（1991）的中心—外围理论，即市场经济背景下商品、资本、人员、技术等要素完全以自由的方式流动，由此产生极化效应（Krugman，1991；Fujita et al.，1999）。[2] 上述学说对发展中国

家，包括我国的乡村建设与发展的实践产生了重要影响。但另一方面，随着学者对发展中国家的深入研究，尤其在看到发展中国家工农、城乡发展差距对整体经济发展带来的负面影响后，另一派学者强调政府应缩小工业与农业两个部门、城市与乡村两个区域发展差距（Fei and Ranis，1961）[3]。其倡导重视农业发展，重视农业劳动生产率的提高，从而释放更多劳动力和提供更多农产品。持类似观点的还有 Christaller（1933），其强调城市与农村、工业与农业协调互促的发展关系。同时，从产业发展的角度看，恩格斯 1847 年在《共产主义原理》中提出了城乡融合的概念；古典经济学和新古典经济学对乡村建设与发展也有过明确的论述，提到农业与工业、农村与城市发展存在着相互协调和相互促进的关系；美国学者库茨涅兹（Kuznets，1955）所提出的国民经济三次产业部门产值、就业和收入的结构性变化关系，间接强调了乡村建设与发展的价值和重要性，可以说，上述学者的思想也得以最终反作用于政府政策的制定。冯勇（2019）等人通过以日本、韩国和欧盟乡村振兴相关做法为例，提出中国加快实施乡村战略的路径，包括几方面：其一，乡村振兴需要立法化以及建立“自上而下”与“自下而上”相结合的机制；其二，开拓市场，推进中国农业走向国际化；其三，调整结构，培育特色产业；其四，壮大新型培育主体，发挥乡村人才带动力量。[4] 李思经（2018）等人通过对日本乡村振兴政策体系的梳理和分析，提出中国乡村振兴实施方面应当成立专门的领导小组，同时因地制宜，根据不同地区制定相应的振兴策略，在此基础上还要考虑生态因素，在保护乡村生态环境的基础上发展可持续农业。[5] 柳晓明、贾敬全（2018）通过借鉴韩国新村运动经验，也提出我国应增强农村人才支撑力量和增强专业合作社等主体带动，此外还应增加农村公共产品的有效供给。[6] 中国农业银行三农政策与业务创新部课题组（2018）通过对国外发达国家乡村发展的经验梳理，提出一些新的思考，首先应基于城乡统筹理念进行产业结构调整，同时要深化农村土地制度改革，充分释放农村土地资产功能，还要进一步健全农村金融体系。[7] 王芳（2018）等人也通过日本乡村振兴的经验提出中国要以绿色发展引领乡村振兴，要从法律体系、生态农业、资金投入、专业人才以及民众意识几方面进行提升。[8]

对于贫困地区以及刚脱贫的地区而言，如何将脱贫攻坚与乡村振兴衔接起来是现阶段面临的棘手问题，衔接得顺利，这些地区乡村振兴就可以稳步推进；衔接得不顺利，就会直接影响乡村振兴战略实施的进程，甚至还会增加部分贫困地区脱贫任务的压力，因此如何脱贫攻坚顺利完成并为乡村振兴提供支撑，又如何让乡村振兴引领脱贫攻坚有效完成，达到两者互融互进的关系是目前需要思考和探索的主题。在两者的衔接方面，豆书龙和叶敬忠（2019）提出脱贫攻坚与乡村振兴是内容共融、作用互构和主体一致的关系。于开红（2018）等人针对深度贫困地区现状，提出要摆脱贫困走向乡村振兴的关键是要真正达到“绿水青山”转变为“金山银山”，建立适度开发与充分保护、创新生态移民手段与后期扶持结合等模式。[9]郭晓鸣（2018）等人通过对四川省沐川县的样本分析提出贫困地区要想脱贫达到乡村振兴，关键要从人才、小农户支撑、土地制度改革、投入保障以及政策整合几方面发力，对贫困农户既要给予一定的扶持，又要从内部提升人才储备能力。[10]吕静（2018）以甘肃礼县为例，提出绿色发展是贫困地区脱贫与乡村振兴相衔接的关键路径，要从生态保护、农业新业态、农业标准化生产、政策支撑、人才以及法律几方面促进贫困地区绿色发展，加快乡村振兴进程。[11]熊小林（2018）较为全面地综述了乡村振兴战略的前沿发展思路，指出保障粮食安全和完善农村基本经营制度是乡村振兴战略必须坚守的原则；坚持农业农村优先发展以及坚持成型衔接发展是实施乡村振兴战略的前提保障；实施乡村振兴战略的根本目标和重要举措包括：处理好乡村振兴战略与其他战略之间的关系，深化农业农村改革，激发各类要素和各类主体能力，提高农业劳动生产率，优化农业结构并提升农业竞争力，发展农村新产业和新业态。[12]对此，陈锡文（2018）专门就乡村振兴中实现农业农村现代化进行解读，并提出生产手段变革是实现现代化的一个重要途径，而乡村社会治理有效是关键所在。[13]此外，在创造生态宜居环境中，温铁军（2018）强调全面贯彻生态文明对乡村振兴以及国家发展的重要战略意义。[14]田菊会（2018）等人提出扶贫脱贫与乡村振兴是相辅相成和相互促进的关系。[15]李年俊（2018）以云南贫困农村为视角，提出随着乡村振兴的推进，云南贫困地区面临经济水平低且内部分化、持续增收和消费能力弱和地域风险能力低等问题，要达到脱贫和乡村振兴相衔接必须重视城乡一体化、区域协作、产业调整以及壮大集体经济等内容。[16]

从乡村振兴实施策略的国际经验来看，韩国的新村运动具有很强的借鉴意义，主要先从外在条件的提升来带动农民自身积极性，从被动式的政府扶持进而转为主动自愿式的自发运动。实施内容上主要围绕基础设施、居住环境、经济水平、人才力量以及法律保障等几个方面，旨在提升居民的生活水平以及生活环境，同时通过人才建设提升农村的内在发展动力。

中国目前处于扶贫脱贫与乡村振兴交集的过渡阶段，相比而言，脱贫攻坚与乡村振兴在目标上是一个前后承接的关系，也是农村发展的一个顺应阶段。从内容上来看，两者具有高度的融合度，都是围绕农村居民生活水平的提升和生存环境的改善来推进的。

三、脱贫攻坚与乡村振兴相衔接的国际借鉴

许多发达国家在发展过程中都实施了与乡村振兴相关的战略和措施，为改善农村生活环境，提高农村居民生活水平，减小城乡发展差距，均已大力开展乡村建设活动，对当地农村乃至整体国民经济发展起到不可估量的作用，也积累了丰富的发展经验。如20世纪70年代韩国开展的“新村运动”、20世纪50年代日本开展的“新村建设”、20世纪50年代德国的“乡村地区发展”、20世纪50年代以来英国的“乡村农业发展”、基于可持续理念的美国乡村规划与建设等，均为中国脱贫攻坚以及乡村振兴的伟大事业提供了宝贵的经验与参考。

（一）乡村振兴的相关国际模式

发达国家早在乡村发展上也采取了一系列的政策和措施，在实施过程中，也有一些好的方法、策略和步骤值得借鉴：

第一，在实施方法上，为了能较好地落实到位，许多发达国家都采取法律化的方法来使政策切实落地。比如日本在乡村振兴实施方面通过建立完善的法律体系，通过立法来保护农村的整体环境。在制定过程中，要根据不同地区实行不同层次的环境保护标准。环境整治是日本农村发展的重要内容，其中包括耕地污染治理、垃圾污染治理、废水污染治理以及生态农业推进几方面。日本在促进农业发展过程中制定了一系列不同内容的法律，如《农村土壤污染防治法》《废弃物处置法》《水质污浊防止法》以及《可持续农业法》，等等，针对性较强，内容较细。

第二，在实施策略上，要注重从农民群众的角度来进行策略制定，充分调动农民对于发展的积极性和追求。如韩国在新村运动实践中先是通过政府投资基础设施建设，随后逐步带动民众自我发展动力，形成自愿式的运动。

可以看出，韩国的新村运动主要通过改变居民居住环境从而带动其自我发展的动力，进而形成自发性的发展机制。在实施步骤方面，韩国新村运动主要有几个方面：第一，在新村运动初期，主要针对农村基础设施的建设，重点改善农民自身以及农村整体的生活条件和环境。1970—1980 年，政府累计投入 2.8 万亿韩元，累计带动达 11 亿人次，农民生产生活条件显著改善。[17] 第二，重点调整农业结构，提升农业技术培训，提升农民收入。在此阶段普及“统一稻”，继而又继续培育出“维新”“密阳 23 号”“密阳 30”号等品种，大大提升了农民的收入。第三，在前两项基础上，韩国政府重点提升农村生态环境保护，推进治山绿化十年计划事业等。[18]

第三，在推进过程中尽早考虑生态因素，避免再次形成先污染后治理的现象。日本在这方面就做得很好，日本在促进农村发展时始终注重生态农业的发展，通过对生态农户进行一系列的扶持和激励机制进而促进生态农业的可持续发展。其次，日本政府高度重视农村振兴的政府支撑，建立针对性较强的农村振兴局，主要职能就是促进农业生态保护，包括废弃耕地的利用、经营主体的多样性培育、农业市场的建立等，其中农业振兴局下设总务课、农村政策部和整备部三个机构。最后，根据地区间的异质性制定针对性的办法，如针对偏远地区的山村制定《山村振兴法》，作为主要扶持对象，并给予一定补助，振兴范围包括生态资源的开发以及自然灾害的防范；对人口较少的山村制定《过疏地域振兴特别措施法》，给予针对性强的解决办法。同时，在农村振兴方面注重提升农民整体文化素质，加强内生动力。日本在实施过程中构建了大量的农业培训机构，同时给与受教育农民一定的日常补贴。

四、脱贫攻坚与乡村振兴相衔接的机制分析

国外对于乡村振兴的相关做法为我们提供了较多的经验借鉴，但同时也应看到中国的现状又具有其自身的特点，面对脱贫攻坚和乡村振兴同时出现的重合阶段，如何将国外乡村建设经验与中国新时代精准脱贫和乡村振兴有效联系，最终总结出符合我国乡村治理的发展机制仍需要进一步探讨。

基于脱贫攻坚与乡村振兴是相辅相成的逻辑关系，从内容上来看，脱贫攻坚与乡村振兴具有高度的统一性。2015 年 11 月召开的中央扶贫开发工作会议强调，“十三五”期间脱贫攻坚的目标是“两不愁、三保障”的脱贫目标；2018 年 6 月，中共中央发布《国务院关于打赢脱贫攻坚战三年行动的指导意

见》，再次强调要按照“两不愁三保障”的要求，实现整体脱贫。所谓“两不愁三保障”，即到2020年稳定实现农村贫困人口不愁吃、不愁穿，农村贫困人口义务教育、基本医疗、住房安全有保障。而乡村振兴战略从内容上概括来讲就是“产业兴旺、生态宜居、乡风文明、治理有效和生活富裕”五方面内容。对比脱贫攻坚与乡村振兴内容可以发现，二者在内容上有高度的统一性，主要可以分为经济、环境、文化、治理和生活水平五方面内容（见表2–1）。

表2–1　脱贫攻坚与乡村振兴内容对比

	脱贫攻坚	乡村振兴
经济水平	不愁吃、不愁穿	产业兴旺
乡村环境	住房安全、居住环境	生态宜居
文化水平	文化扶贫	乡风文明
乡村治理	脱贫考核、退出考核等	治理有效
生活水平	义务教育、基本医疗	生活富裕

从图2–1中可以看出，脱贫攻坚与乡村振兴在内容上有高度的统一性，都主要集中在经济、环境、文化、治理以及整体生活水平几个方面，应在此基础上，以发展目标和实施标准为依据，构建两者的衔接机制。

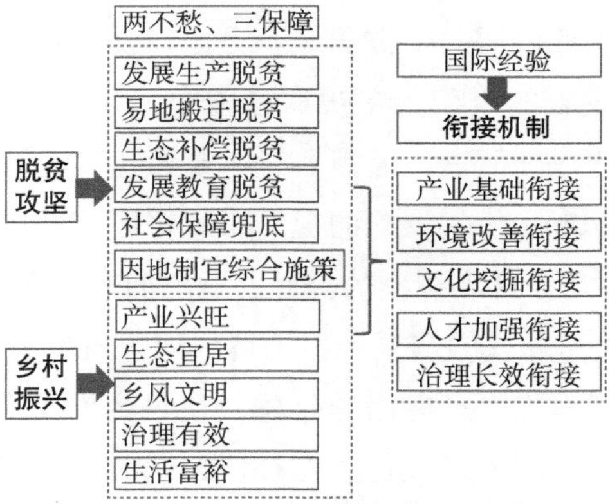

图2–1　脱贫攻坚与乡村振兴衔接机制

（一）产业基础

产业发展是扶贫脱贫工作中的主要手段，是贫困地区脱贫的中流砥柱，同时也将是乡村振兴的关键抓手，脱贫攻坚过程中的产业化水平得到初步发展，为乡村振兴提供良好基础。

首先，产业规划的衔接。制定县级、乡级以及村级的产业振兴规划，在乡村振兴总体规划指引下，发挥各地特色，制定阶段性的产业规划。其次，产业内容的衔接，进一步延长农业产业链，增强农产品加工和销售的水平和渠道，依靠村集体力量，在原先产业扶贫模式上继续延伸，通过当地企业带动和对外寻求市场，增强农产品的经济效益；发挥品牌效应，创造具有市场吸引力的品牌农产品；同时，发挥当地特色资源，聚力发展特色产业。依靠当地特色资源，适当规模地发展旅游产业及周边产业，通过打造旅游景点、农家乐、田园体验等来带动当地经济发展，可以以县为单位发展县域旅游，通过辐射模式带动周边乡村发展。最后，项目资金的衔接。在脱贫攻坚中，大量的扶贫项目资金对贫困地区有明显的倾斜作用，然而随着脱贫攻坚的逐步退出，项目资金也会由原来的针对贫困地区转为普惠式的更为均等性的资金，因此在项目资金衔接方面，需要从原来的针对性较强的扶贫资金转为促进当地整体发展的综合性资金，充分发挥地方政府的自主权，选取发展潜力较大的项目进行资金投入。

（二）环境改善

扶贫中的环境改善包括两个方面，一方面，是居住环境的改善，如住房条件以及乡村整体设施的改善。在扶贫过程中，乡村环境得到一定的提升，但是对于乡村振兴的标准而言，还需要进一步改善。首先，乡村整体环境提升，包括乡村基础设施、公共设施的提升，垃圾废弃物的分类；其次，居住环境的改善，包括住房条件和标准的提升，厕所的改造和升级等。

另一方面，是生态环境的修复，由于贫困地区与生态脆弱区的高度重合，因此很多贫困地区都面临生态方面的瓶颈，在脱贫攻坚中，主要通过对处于生态环境较差地区的贫困人口进行生态补偿，同时通过退耕还林、退耕还草等方式对当地生态进行修复，政府也通过鼓励当地贫困人口外出务工来达到增加收入和保护当地生态环境的双重目标。对于生态环境极度脆弱的贫困地区主要采取生态扶贫搬迁的方式进行环境修复，同时也为贫困人口寻求发展潜力更大的环境。因此在乡村振兴中，应在脱贫攻坚基础上，进一步提升环境保护的标准和投入，完善乡村生态环境保护相关法律和政策，提升农业绿色发展水平，注重林地、草地以及生态功能保护区的保护力度，同时在脱贫攻坚基础上进一步完善乡村生态环境监测和考核机制。

（三）文化挖掘

扶贫脱贫中文化资源的保护和开发也是内容之一，尤其是少数民族贫困地区借助其特有的生活和传统文化资源，通过结合旅游资源形成了“旅游+文化”的扶贫模式，但是由于贫困地区整体经济水平的薄弱，以及对外开放程度相对较低，因此文化资源还有很大的挖掘空间，乡村振兴战略可以在原有的基础上，进一步保护和挖掘当地文化资源，保护乡村文化健康长效的发展。首先，要对乡村非物质文化遗产进行保护，通过建立相关法律和政策文件对国家重点非物质文化点进行保护；其次，加强乡村振兴文化学习，建立以行政村为单位的定期学习小组，弘扬传统文化，提升农民的文化素质和自主意识；最后，注重挖掘文化资源的经济价值，充分发挥文化资源在产业化发展中的作用和位置，加强文化资源在旅游、农业、生态等方面的投入，扩大产业衔接效应。

（四）人才加强

从大多数发达国家的历史经验可以看出，人才储备是乡村发展的核心力量，也是乡村能长期发展的内生动力，因此在人才队伍的建设中应高度重视，要增强政府对农村培训的人力和财力投入。由于中国长期城乡二元结构的影响，城乡发展的不均衡导致人才大量流入城市，农村发展的人才基础面临瓶颈，因此政府在乡村振兴前期应发挥主观能动性，通过增强人力和财力的投入尽可能地补足农村的人才短板。首先，在农村原有的基础上加强培训力度，进一步完善培训体系，充分吸取当地农民对培训内容的需求，按照当地产业发展内容进行针对性的培训；完善培训课程的设置，放宽培训课程的审批标准，提升地方人社部门对于培训课程的自主安排权限；拓宽培训渠道，通过定期安排专家亲自讲授、互联网媒介交流以及远程培训等多样化方式提升农村学习的渠道；加强农民对培训的补助，通过资金补助、激励机制以及各种鼓励活动提升农民对于培训的兴趣和积极性；更新培训教材，及时接轨实时性的专业知识及信息，提高培训教材的更新速度，使农民能接受到最新的专业资讯。其次，要达到乡村的振兴，人才是关键，而要提升人才力量，就必须要给农村充足的人才队伍。由于长期以来农村的人才缺失，目前相对于城市，农村的人才储备基础太弱，必须通过相应的措施促进人才返乡，盘活农村人才要素的流动。政府要适当给与乡村能人一定的鼓励措施和补助，提升乡村能人发挥作用及辐射带动的能力；同时提升宣传力度，提升社会力量对于乡村建设的投入。

（五）治理长效

脱贫攻坚的治理相对更加短视和局限性一些，主要是以消除绝对贫困为目标而实施的。而乡村振兴则是面对整体农村实施的策略，其中贫困村或者刚脱贫不久的乡村只是其中的一部分，因此乡村振兴战略在制定方面更加宏观和偏整体性一些。对于实施对象而言，脱贫攻坚是用精准扶贫的方式使得每个人都要摆脱贫困，视角更加微观一些；而乡村振兴更注重乡村整体的发展，而不仅仅是个人的发展。因此在与脱贫攻坚相衔接的过程中，应该在脱贫攻坚内容的基础上，站到更加宏观的角度进行多维内容的发展安排，在人的能力发展基础上，突出村集体力量的加强，村庄环境的整体提升，村落文化的保护等。

第一，干部队伍的衔接。脱贫攻坚在这些年的摸索和发展过程中逐渐建立起相对较完善的组织力量，也在脱贫过程中发挥了较大的作用，包括区域间的对口帮扶制度、扶贫组织机构的设立、驻村帮扶干部的安排以及各种衔接机制的设立等。因此在乡村振兴的实施中，可以良好衔接脱贫攻坚的组织机制，利用区域一对一对口交流合作振兴、驻村干部振兴、第一书记振兴等方式，形成乡村振兴战略的干部小组，提升乡村治理的领导能力，同时也节省重新建构组织带来的资源浪费。

第二，考核机制的衔接。脱贫攻坚在贫困地区退出考核中制定了较全面的考核指标体系，主要围绕“两不愁三保障”建立收入、健康、医疗、住房等多方面的考核，对贫困地区形成脱贫动力。因此在乡村振兴初期，应在退出基础上建立合理的阶段性考核指标体系，对刚脱贫的地区形成督促作用。

五、进一步对中国脱贫攻坚与乡村振兴相衔接的思考

第一，因地制宜，各地区制定符合当地发展特点的衔接机制。贫困地区和刚脱贫地区如何良好地衔接乡村振兴战略，最主要的就是明确化、清晰化地制定符合当地实情的短期过渡计划，在整个大的乡村振兴战略指导下，制定短期的（1—2 年）当地发展计划，使脱贫工作和乡村振兴之间形成过渡。以国家乡村振兴战略为指导，从产业发展类型、项目选择实施、发展模式、责任主体体系以及考核评估标准等多方面进行规划安排。

第二，激发农民自身动力，形成自发性的内生发展机制。从韩国的新村运动历程可以看到，20 世纪初的韩国曾经是整体发展水平较低的国家，农民生活也较为贫困，人口规模大、耕地面积小、生产总值低，与目前中国部分贫困地区相类似。因此激发农民的积极性是摆脱贫困走向振兴的关键，通过前期政府力量带动，通过提升基础设施、住房、环境等外在条件，旨在提升农民自身发展的积极性，进而形成自发性的农民自主振兴发展运动。

第三，切忌盲目开发，造成资源浪费。日本在实施农村振兴时曾颁布《综合保养地区整备法》，旨在开发乡村旅游，但是由于开发过度，造成大量的资源浪费和环境污染。因此针对目前中国现状，应适当开发，根据乡村自身情况选择性开发，避免盲目开发造成的资源浪费。尤其对于尚未脱贫或者刚刚脱贫不久的地区，经济基础本就薄弱，财力支撑力量单薄，因此要选取真正能为当地带来稳定收益的项目和资源进行开发，不能跟风搞热门项目，造成不必要的资源浪费和财力损失。

参考文献

[1] 豆书龙，叶敬忠. 振兴与脱贫攻坚的有机衔接及其机制构建［J］. 改革，2019（01）：19-29.

[2] Bebbington，A.，Dharmawan，L.，Fahmi，E.，& Guggenheim，S.（2006）. Local Capacity，Village Governance，and the Political Economy of Rural Development in Indonesia. World Development，34（11），1958 - 1976.

[3] Godfrey M . RURAL - URBAN MIGRATION IN A "LEWIS - MODEL" CONTEXT *［J］. The Manchester School，1979，47（3）：18.

[4] 冯勇，刘志颐，吴瑞成. 乡村振兴国际经验比较与启示——以日本、韩国、欧盟为例

［J］，世界农业，2019（01）：80–98.
［5］李思经，牛坤玉，钟钰．日本乡村振兴政策体系演变与借鉴［J］．世界农业，2018，475（11）：85–89.
［6］柳晓明，贾敬全．韩国新村运动实践及对我国乡村振兴战略的启示［J］．菏泽学院学报，2018（4）.
［7］中国农业银行三农政策与业务创新部课题组，发达国家推动乡村发展的经验借鉴［J］．宏观经济管理，2018（09）：69–77.
［8］王芳，孙庆刚，白增博．以绿色发展引领乡村振兴——来自日本的经验借鉴［J］．世界农业，2018.
［9］于开红，付宗平，李鑫．深度贫困地区的“两山困境”与乡村振兴［J］．农村经济，2018，431（09）：22–27.
［10］郭晓鸣，丁延武，张耀文．贫困地区乡村振兴的路径选择，基于四川省沐川县的样本分析［J］．当代县域经济，2018，061（12）：14–19.
［11］吕静．贫困地区走绿色发展乡村振兴之路的思考——以甘肃礼县为例［J］．甘肃农业，2018（17）.
［12］熊小林．聚焦乡村振兴战略 探究农业农村现代化方略——“乡村振兴战略研讨会”会议综述［J］．中国农村经济，2018.
［13］陈锡文：实施乡村振兴战略推进农业农村现代化，中国农村展望，2018年1月3日，http：//www.crnews.net/zt/nypplm/jcld/85041_20180114114412.html.
［14］温铁军．生态文明与比较视野下的乡村振兴战略［J］．上海大学学报（社会科学版），2018，35（1）：1–10.
［15］田菊会，乔亚杰，孟祥屾．精准扶贫背景下的乡村振兴战略研究［J］．经济研究参考，2018，No.2858（10）：67–71.
［16］李年俊．乡村振兴视域下云南贫困农村经济建设的困境和成因及路径选择［J］．红河学院学报，2018，v.16；No.163（03）：63–67.
［17］张薇．韩国新村运动研究［D］．长春：吉林大学，2014.
［18］解锁“乡村振兴”新思路，详细解析韩国“新村运动”经验，2018.05.07.http：//www.360doc.com/content/18/0507/17/3683866_751930169.shtml
［19］Bebbington，A.，Dharmawan，L.，Fahmi，E.，& Guggenheim，S.（2006）. Local Capacity，Village Governance，and the Political Economy of Rural Development in Indonesia. World Development，34（11），1958 – 1976.
［20］Bernard，T.，Collion，M. H.，de Janvry，A.，Rondot，P.，& Sadoulet，E.（2008）. Do Village Organizations Make a Difference in African Rural Development ? A Study for Senegal and Burkina Faso. World Development，36（11），2188 – 2204.
［21］Deavers，K. L.（2006）. Social Science Contributions to Rural Development Policy in the 1980s. American Journal of Agricultural Economics，62（5），1021.

[22] Edwards, C. (2006). The Political Economy of Rural Development: Theoretical Perspectives. American Journal of Agricultural Economics, 58 (5), 914.

[23] Gatto, M., Wollni, M., Asnawi, R., & Qaim, M. (2017). Oil Palm Boom, Contract Farming, and Rural Economic Development: Village-Level Evidence from Indonesia. World Development, 95, 127 - 140.

[24] Irwin, E. G., Isserman, A. M., Kilkenny, M., & Partridge, M. D. (2010). Acentury Of research on rural development and regional issues. American Journal of Agricultural Economics, 92 (2), 522 - 553.

[25] Lowe, P., Phillipson, J., Proctor, A., & Gkartzios, M. (2019). Expertise in rural development: A conceptual and empirical analysis. World Development, 116, 28 - 37.

[26] Orr, A. (2012). Why were So Many Social Scientists Wrong about the Green Revolution? Learning from Bangladesh. Journal of Development Studies, 48 (11), 1565 - 1586.

[27] Weber, B. A., Duncan, G. J., Whitener, L. A., American, S., Economics, A., Dec, P. I., … Whitener, L. A. (2001). Welfare Reform in Rural America: What Have We Learned? American Journal of Agricultural Economics, 83 (5), 1282 - 1292.

[28] Zhan, S. (2015). From Privatization to Deindustrialization: Implications of Chinese Rural Industry and the Ownership Debate Revisited. World Development, 74, 108 - 122.

第三节　国际视角下协调推进新型城镇化与乡村振兴的思考①②

改革开放以来，中国城市与乡村的发展经历了不断变迁、不断调试、不断“磨合”的历程，从最开始相对平行发展的“二元结构”关系到城乡要素不断交流产生交集的关系，到城市带动乡村发展的一体化模式，再到目前城乡融合发展的新局面，都顺应了中国乃至世界经济、社会、文化发展的必然要求，也是不同阶段社会结构演化的必然产物。现阶段中国面临着新型城镇化不断推进与乡村振兴战略刚刚起步的“夹缝期”，面临着乡村与城市均衡发展的双重任务，因此如何正确处理两者之间的发展关系、如何协调推进二者在经济社会及文化方面的综合发展水平是现阶段需要研究的主要问题。

一、新型城镇化与乡村振兴协调发展的相关研究

城市与乡村并没有一个明确的边界，城市人口与农村人口也并没有严格的界限，城市要素和农村要素之间并没有固定的屏障。因此，从发展属性来看城镇化与乡村发展之间并不存在对立的关系。同时，随着市场体系的逐渐完善，信息流通水平的不断提高，城市与乡村之间存在着更加密切复杂的联系。因此，要协调推动新型城镇化与乡村振兴，达到“在新型城镇化中振兴乡村，在振兴中促进新型城镇化”，首先要理清两者之间的逻辑关系。很多学者针对城镇化与乡村发展之间的关系做了不少研究，总体都认为乡村与城市的发展并不矛盾，尤其是随着现阶段社会资源的不断交融互动，城乡之间已经形成互促互利的共生关系。

（一）新型城镇化是中国城乡融合发展的基本条件，也是乡村振兴的有力依托

从工业革命的历史经验来看，大多数发达国家无疑都经历了或快或慢的

① 教育部哲学社会科学研究重大课题攻关项目：贫困治理效果评估机制研究，项目号：16JZD025.

② 课题基金：农业农村部软科学，“十四五”协调推进新型城镇化与乡村振兴战略研究，项目号：03200-221100071.

城镇化历程，结合中国目前发展现状，城镇化率还远远不及世界发达国家水平，城乡发展差距较大，农村劳动人口剩余规模较大，因此推进新型城镇化是现阶段发展的重要任务。新型城镇化的推进并不代表城镇的孤立发展，更不是与乡村相抑制的对立发展，相反，新型城镇化的推进是乡村发展的有力依托。秦旭慧和梁剑峰（2018）表示，城镇化与农村建设之间的关系是紧密而互动的，农村与城市的有机结合会使农村出现很多新的发展机会。[1]何仁伟（2018）从地理空间的角度出发，提出城乡融合是推进乡村振兴的必由之路，只有优化城乡空间布局，才可以畅通城乡资源，发挥城市向乡村的涓滴效应，才能真正推动乡村振兴。陈丽莎（2018）表示，新型城镇化的推进不仅可以为农业发展提供更大的市场机遇，同时还会通过城市经济发展反哺农村。[2]

因此可以看出，新型城镇化的推进并不会因此阻碍乡村振兴，相反会对乡村具有一定的带动和促进作用。新型城镇化通过自身产业规模、市场需求以及城市结构的完善和提升能带动、加大对周边农村经济发展的辐射力度，进而起到带动作用。同时，新型城镇化的推动也能进一步带动农村要素的流出，吸收更多农村剩余劳动力，从而达到促进乡村发展，助力乡村振兴的作用。

（二）乡村振兴与新型城镇化具有一定的耦合性

从发展目标来讲，无论是乡村振兴还是新型城镇化的推进，其重点都是要进一步达到现代化水平，因此在目标一致的前提下，两者之间必然存在总体思路上的一致性。李梦娜（2019）表示，新型城镇化与乡村振兴之间具有高度的耦合性，一方面新型城镇化为乡村振兴起到助推作用，另一方面，乡村振兴也有效缓解了新型城镇化过程中带来的城市拥挤及环境污染等问题。[3]叶超和陈明星（2008）提出，随着城乡发展关系的不断碰撞探索，城乡关系理论演变经历了一个合—分—合的过程，城乡关联发展已经成为共识。[4]徐维祥，李露和刘程军（2019）通过对乡村振兴与新型城镇化的耦合关系研究后提出依托式发展、吸收式发展、反哺式发展以及互惠式发展的协调发展路径。[5]新型城镇化通过促进农村劳动力就业、改善社会公共服务、完善社会保障制度等达到产业互动、城乡一体、生态宜居的可持续发展状态，城镇化的结果是城乡产业融合化，实现城镇化与农业现代化同步发展。乡村振兴同样是通过产业、生态、文化、治理以及生活水平等条件的改善达到农村整体发展水平的提升，从而化解与城市之间的不均衡关系，最终达到城乡融合。可以看出，新型城镇化与乡村振兴都是围绕着人来展开，通过经济、社会、生态等维度的考量最终又落到“人的美好生活”上，两者虽然侧重对象有别，但是在实施内容和达到目标上都有高度的重合。[6]

（三）新型城镇化与乡村振兴是绝对和相对的关系

新型城镇化和乡村振兴从整体而言是具有绝对性的，两者都是中国未来发展必须要推进的长远战略，不可能为了乡村的绝对发展而抑制新型城镇化的推进，更不能因为新型城镇化的迈进而忽略乡村振兴。但同时又需要注意的是，两者在发展过程中由于结构、功能以及侧重方向的不同，会造成相对差距的出现。韩俊（2009）在回顾中国城乡演变历程中指出，新中国成立以来，城乡关系经历了深刻变迁并取得了很大程度的改善，但是从城乡内部来看，城乡差距的任务仍然比较严峻，城乡处于整体发展但是内部仍有差距的状态。[7]蔡继明（2018）通过对城乡居民收入以及结构的分析得出，近年来虽然我国城乡居民收入差距在缩小，但很大程度依靠的是进城务工的农民工收入，而仅仅依靠农业的收入情况仍不乐观，真正的城乡差距问题仍然严峻。[8]因此可以说，新型城镇化与乡村振兴是绝对中的相对关系，两者都需要绝对的共同发展，但是又要在这种绝对关系中处理好发展水平差距的相对关系。

二、新型城镇化与乡村振兴协调发展的国际经验

从国际来看，尤其对于发达国家而言，目前中国所处的城镇化与乡村振兴并推进的阶段很多国家在发展过程中也同样经历过，因此在发展思路、政策制定、措施落实等方面都具有成熟的发展经验，这对中国目前协调推进乡村振兴和新型城镇化发展具有很强的借鉴作用。

（一）美国技术驱动下的城乡关系演变

美国的城镇化完成速度较快，早在 20 世纪 60 年代美国城镇化率就达到 85%，同时乡村与城市之间的收入差距也逐步缩小并出现逆转。到目前为止，在美国已经没有传统概念上的农村，城乡之间已可以享有公平均等的公共资

源和社会保障，生活水平和现代化程度也基本无差别。可以看出，美国在推进城镇化与乡村发展协同推进中取得较大成功，留下可参考经验。

一是，协调处理农工关系，推进农业市场化发展。美国的工业化完成时期较早，这也为其留有充分的时间和空间进行农业现代化发展。美国政府很早就制定了一系列的农业支持政策，到20世纪中期，农业固定资产投资比重都大于同期的农业增加值比重。[9] 1973年，美国政府颁布《农业与消费者保护法》，对农民进行直接的收入补贴。[10] 随后，1996年、2002年和2008年美国政府相继出台《联邦农业改善和改革法》《农业安全与农村投资法》和《食品、环保、能源法》，进一步调整补贴制度，从原来的直接价格补贴逐步转向更加灵活，更具市场性的脱钩补贴。在此基础上，又进一步提升农业保险保障力度，2012年制订农业收入保险保障计划，并再一次扩大保障范围；2014年，政府再一次强调农业市场化发展，同时进一步加大风险管理力度，制定价格损失保障和农业收入风险保障。可以看出，美国政府在处理农工关系时，对农业发展采取了直接保护到市场化推进的逐渐转化，保障方向也从价格的直接补贴逐步转移到市场风险保障上，政府的支撑从“前方”转到“后方”，这样的优势是大大增加了农业生产的灵活性，提升了农业的市场适应性和竞争力，有效缓解了农工之间差距。

二是，提升农村基础设施，打造宜居便利环境。首先，美国政府相当重视农村基础设施的建设。随着城镇化的推进，美国交通呈现逐渐扩散的特点，由城市之间再逐渐扩散到城镇与乡村之间，达到交通网的全覆盖。截至2014年，美国高速公路总里程约达到世界高速公路总里程的一半，并且高速公路网基本形成，覆盖了5万人口以上的全部城镇。其次，在农村生产生活环境打造上重视程度高。同中国一样，美国政府也是农村公共服务的主要供给者[11]，美国对住房建设、农村宽带、污水处理、商业活动以及医疗卫生等公共服务都有明确规定和措施。

三是，发挥产业聚集对城镇乡村的融合联结。产业聚集是推进城镇化的关键途径，同时更是促进城镇与乡村协同发展的有效手段。美国在推进城镇化过程中充分利用产业集聚，大大提升了当地的就业需求，有力推进外来劳动力的转移，促进城镇化的形成。同时，产业聚集的同时也会造成空间的蔓延，如“硅谷”在发展中，随着产业的扩大，发展空间逐渐向外延伸，由发源地 Santa ClaraCity 逐步向北湾两个核心城市旧金山与奥克兰进行延展，[12]

形成城乡多部门产业的空间延展合作关系。其核心就是通过科技产业的带动促进城乡之间的联动及阶梯发展，形成科技—地域—经济之间的内在互动。

当然，美国在较早阶段就实现了工业化，之所以能迅速且高质量地完成城镇化进程，并达到目前相对均等的城乡融合状态，也与其自身具有的先天发展条件以及本身的城乡结构体系有关，这种条件是中国乃至欧洲都无法相比的，因此在借鉴中也应当结合中国自身的城乡结构及发展条件，有所取舍。

（二）欧洲城乡发展的协同关系

欧洲由于长期较为均衡的发展，造成城市与城市之间，城市与乡村之间的发展差距不大. 根据 Chubarov 对全球城市的空间结构进行分类，得到欧洲的五类城市结构层次为 1–1–3–11–3，与其他区域相比欧洲表现出了相对均衡的城市层次结构，也反映了欧洲在城市建设以及城乡关系构建中凸显了协同发展的理念和逻辑。但是从历程来看，欧洲同样经历了城乡差距逐渐缩小的历程。

一是，原工业化带来的城镇化启蒙。16 世纪以来，欧洲农村出现很多小规模、家庭式、手工的工业形式，由于低廉的劳动力和生产成本，这种形式的工业生产在当时具有很强的影响力，也被称为原工业化。[13] 这为农村的城镇化以及后期的欧洲工业化发展奠定了基础。

二是，工业化发展带来的城镇化快速推进。18 世纪以来，欧洲工业化的兴起直接引起的就是高度集中的劳动力需求，这为农村城市化带来极大的促进作用，到十九世纪末左右，西欧的人口城镇化率基本达到 50% 以上，此阶段的城镇化也离不开政府的一系列政策支撑，如英国在 1975 年就制定了《迁移法》，放宽劳动者在不同地区居住生活的条件，1846 年在原基础上修订《迁移法》，进一步放宽劳动力转移的条件。这些政策为城镇化的推进提供了保障，同时，鉴于原工业化时期欧洲乡村的发展基础，城乡差距在这个时期并未形成较大差距，工业在城乡的分布也相对均衡。

三是，后工业化背景下的城乡一体化。20 世纪以来，欧洲城镇化仍然以多种形态推进。政府在这个时期也加大对城乡间的平衡发展，进一步提升农村地区的工业化水平。一是加大农村工业化的政策倾斜力度。如英国就在农村大力实施工业化发展，通过兴建工厂、吸收劳动力等方式提升工业化在农村的发展水平。法国也在城镇化过程中提出工业分散化、服务分散化等措施，进一步增强农村的发展后劲。二是通过农村运动提升农村整体的可持续发展能力。1980年以来为了进一步提升农村发展，英国成立了英格兰农村社区等多个农村社区支撑组织，通过政策、信息、技术等内容的支撑，旨在提升农村的可持续发展能力。1990年爱尔兰成立爱尔兰农村纽带非营利组织，对农村社区的发展能力以及一些社会问题进行服务调节。截至2005年，已有10个以上的欧洲国家相继建立了农村运动组织。[14]

（三）日本在城市化过程中的乡村推动

快速的工业化发展必然会导致城乡发展的不均衡，引起城乡差距进一步扩大，日本就是一个典型例子。20世纪40年代随着日本工业化的起步，伴随而来的就是逐渐增大的城乡差距，一直到20世纪60年代，城乡收入比值一直维持在3.13的极高水平。然而通过日本政府一系列的农业政策和一二产业的平衡推进举措，到1972年日本已经实现城乡收入零差距。

日本在农业人口转移方面完成的较好，在城镇化推进以及处理城镇化和乡村发展中形成了良好的经验。第二次世界大战以后，日本通过农地改革迅速的恢复了农业生产，紧接着通过快速的工业化进程带动大批农村人口城市化，极大地促进了城镇化的完成。[15]日本在剩余劳动力转移方面做了很多有效举措，归纳起来主要有几点：

一是，充分的法制保障。日本在1955年以后进入了约二十年的高速发展时期，但在日本快速工业化带动农村人口城镇化转型的过程中，并没有阻挡乡村振兴的步伐，在此期间日本政府颁布了大量的提升农业发展效率的法律，给当时农业发展营造一个公平、稳健的发展环境。1961年颁布《农业基本法》，其任务主要是改进农业结构，促进农业现代化，同时还颁布了相关法律，如《农振法》《农协法》《山区振兴法》，等等。除了农业发展法律保障外，对于农村居民以及农村特殊群体的社会保障也相当重视，颁布了《生活保护法》《儿童福利法》《残疾人福利法》《养老保险法》，等等。[16]

二是，大力推进农业转型升级。为了尽快促进农村人口的经济水平，日本政府在农业发展上下足功夫，投入了大力的人力、财力和物力。日本耕地面积少，属于“少量耕地养活大量人”的耕种环境，同时日本山地多且耕地分散，生产规模小，日本政府对此情况主要有几方面改进：一是调整农业结构，根据地区特性发展“一村一品”特色产业，满足居民农业需求的同时提升了农产品价格，增加了效益，同时又较好地利用了日本小块土地多的特征。二是提升农机配备，促进农业现代化水平提升。针对当地耕地特点，日本的农业机械化主要朝适用性强的方向发展，重点突出小型、轻便、高效等特点，并且根据水田、山地和土地等类型发展针对性强的农机设备，达到精而全的配套水平。

三是，工业化带动推进城乡“双赢”。日本战后的工业化的崛起为其城乡发展带来巨大的效益。首先，第二产业的推进为城市创造了大量的就业岗位，据统计，1961—1970 年，第二产业带来的就业岗位占所有新增岗位的 50%，可见工业带动下的劳动力就业成为当时日本发展的核心力量。其次，工业化的发展通过就业也大大拉动了周边的城镇和农村。一是工业发展所带来的空间延伸和辐射，由于城市资源和空间有限，逐渐难以匹配同期工业化发展的进程，因此很多工业企业逐渐会转向农村，形成了空间布局的重新调配。二是工业发展所带来的劳动力的带动。在规模不断壮大的工业进程中，随之而来的也有城市劳动力资源的紧缺问题，因此农村剩余劳动力自然而然被市场所吸收，提升了农村劳动力向多产业发展。

四是，大力完善农村服务体系进一步缩小差距。除了经济方面的推进，日本政府比较重视农村服务体系的建设。早在 1947 年日本就建立了农业协同组合（简称“农协”），其在农村社会发展过程中起到重要作用。除了基本的经济方面，农协可以为农民提供基本的农业技术职称、农产品加工销售等信息服务以及农业相关的金融服务，为农民在农业生产中起到一个保护网的作用，也大大降低了农业生产销售中的风险。

五是，在城镇化过程中对城市新型问题采取及时措施。随着城镇化的快速推进，城镇人口的膨胀必然会产生一系列新的问题，如城镇贫困、城市环境以及转移劳动力的教育培训等问题，因此，很多国家在面对此类问题时及时采取措施，避免城镇化带来的城市问题蔓延。如英国针对城市工人就业实施有针对性的教育培训，政府通过鼓励支持一些社会组织进行对工人的技术培训，如工人教育协会等组织，提升劳动力转移的整体水平，同时也为城镇化的顺利推进提供保障。

从上述国家的城镇化进程发展以及与乡村发展之间关系的处理过程中不难发现，两者在发展过程中不仅没有出现对立的态势，相反，两者之间存在一定的耦合关系。城镇化的促进一定程度促进了乡村要素的流动，提升了乡村公共设施的水平，带动乡村经济、社会和信息的发展。

（四）不同国家协调推进新型城镇化与乡村振兴的共性与区别

根据美国、欧洲以及日本在推进城镇化与乡村发展的措施和经验中可以看出，这些国家在城乡推进关系中都存在一定的共性，尤其在整体思路、政策方向以及实践举措上都存在着一定的共性和规律，但同时，由于不同国家的发展情况以及城乡结构各异，因此在具体实施中也有不同方向、内容的侧重。（见表 2-2）

表 2-2　协调推进城镇化与乡村发展的国际对比

国家（地区）	发展特点	主要推进措施	共同点	区别
美国	工业化完成时间较早	基础设施水平高产业聚集能力强	1. 法律体系的保障 2. 城乡融合的发展思路 3. 农业现代化的发展方向 4. 产业带动的发展模式 5. 剩余劳动力的转移	美国更强调市场发展环境的打造和夯实
欧洲	城乡发展相对均衡	农村工业的发展带动农村可持续发展		欧洲更注重均衡发展与可持续性
日本	工业化发展迅速	法治保障农村劳动力转移工业化带动		日本注重产业、人才等内在因素的发展

一是，法律保障是前提。从国际主要发达国家来看，由于工业化的发展总会带来城乡发展的初期不平衡，因此在这个阶段必须对农业发展进行较大力度的支撑，保障农业生产的公平环境以及农民的基本权益，因此就需要有相对完善的法律保障体系。从内容上看，法律的制定也主要是围绕两大块，一是农业效益，二是农民权益。在农业效益方面，首先是针对农业生产、土地以及农业结构改革等相关法律，主要是通过夯基础、调结构、提效益等基本政策让农业生产尽快适应经济发展大环境。其次，此基础上进一步强调农业的可持续发展，确保生产要素的持续供给，构建长效的资源循环系统，进一步增强农村生产和生活环境。

二是，城乡关系融合的发展思路一致。无论美国、欧洲还是日本，可以肯定的是它们都坚持走城乡融合的发展道路。由于城乡功能、结构的差异导致城乡发展存在先天的不均衡，农业承担着市场和自然的双重风险，加上农业的投资量高，回收期长、回报率低等特征，本身需要实质性的政策支撑，因此在城乡融合中很多国家都对农村发展给予较高的政策支持，无论是通过立法保护、政策细化还是措施支撑，美国、欧洲和日本都对农村农业发展投入了较大的人力、财力和物力，这是城乡关系融合发展中必须要树立的发展思路。

三是，农业现代化的发展方向相同。从国际主要发达国家的城乡发展经验来看，农业现代化是促进乡村振兴发展的必然方向，也是协调推进乡村振兴与新型城镇化的必经之路。美国依靠高质量、全覆盖的基础设施对农业现代化发展提供保障；欧洲通过大力推动农业工业化发展进程来提升农业的现代化发展升级转型；日本通过提升科技水平提升农机等设备的生产效率进而促进农业现代化的完成。可以看出，不论通过保障体系还是产业升级还是科技提升，其目标都是为了推动农业现代化。

四是，产业带动的发展是主要模式。在各国发展经验中可以看出，产业带动农村发展是各个国家促进城乡融合尤其是乡村多元化发展的主要模式。从美国、欧洲和日本三个国家或地区的发展来看，都基本采用了产业的乡村延伸和带动来促进城乡要素的交流以及乡村的振兴发展。美国通过新型产业的空间延伸，使得一些新型产业部门落地在乡镇，从而带动当地经济的发展；欧洲主要通过工业的乡镇发展来优化农村的产业结构，促进农业的工业化升级，进而带动农村发展；日本同样通过工业的带动以及工业发展所带来的较高的劳动力需求，使得农村剩余劳动力大幅度转移，进而达到促进农村发展的目的。可以看出，这些国家在面临农村发展问题时，并未“就农村来谈农村”，而是有意识地将城乡联动起来，通过主要产业的带动促进农村的发展，同时也增强了城乡之间的经济协同发展活力。

五是，剩余劳动力的转移是关键。随着农业规模化发展水平的提升，农业现代化的推进，农村劳动力剩余现象会越来越明显。因此，如何有效转移农村剩余劳动力是协调推进城镇化与乡村振兴的有力着眼点。根据美国、欧洲还有日本的历史经验，都发现其在劳动力转移方面“下足功夫”。美国通过工业化的强劲发展由大城市向周边城镇以及农村延伸，并新增一大批就业岗位，带动农村剩余劳动力转移；同样日本在工业化发展中通过工厂的城乡延伸以及对农村劳动资源的吸收转移较多的农村劳动力，大大提升农村人口向二三产业的转化。又如欧洲也同样通过一系列政策支撑在农村新建工厂，旨在减少城乡差距。

然而，这些国家由于自身发展的特殊性，因此在处理城乡关系发展，推进城镇化与乡村发展过程中根据自身的特点进行不同方面的侧重。

美国由于工业化完成较早，因此很早之前就已形成较为完善的工业发展体系，农村相对其他国家而言现代化发展程度较高，内生发展潜力也够足，因此在推进城镇化以及乡村发展过程中，美国政府更多侧重的是建立完善良好的基础设施体系与健康稳定的市场环境，通过完善城乡之间的交通、通信等基础设施的打通为农村发展提供更为便利的发展基础。同时，通过产业的城乡地域连接进一步打通城乡市场，提升乡村市场竞争的公平性。

欧洲则是借助农村具有的厚实的农业基础发展农业工业化转型，通过乡村工业的建立和扩张形成具有一定辐射效应的乡村产业圈，带动了一批农村劳动力就业。

日本由于工业化发展速度较快，城乡结构变化过快导致乡村发展滞后、城乡之间出现较大差距，因此日本在工业化的同时及时对农村农业发展进行“补救”，主要侧重在“内生动力”的培养和发展上，如农村劳动力的转移就业、特色农业的培育和农业的多元化融合、农业人员的专业技能培训，等等，通过制定精而细的政策措施，使农村农业发展“不脱轨、不掉队”，及时与快速的工业化和城镇化节奏衔接起来。

对比中国目前城乡发展现状，可以在这些发达国家的发展历程和经验中看到很多中国目前的“影子”，如日本在急剧增大的城乡差距背景下采取的农业结构调整、农村劳动力向三产转移的政策扶持，如欧洲推进中小城市和乡村协同发展的大力举措，等等。这都是目前中国正在进行而且未来一段时间将会持续推进的方向。但同时也需注意，未必所有的经验都符合中国国情并可借鉴，如美国与中国国情不同，基本没用传统农业，因此很多做法并不符合中国国情；还有日本在推进农业现代化过程中使用了大量的化肥，虽然大大提升了农业效率，但是从后来的发展来看，这样大范围高强度的化肥使用对环境造成了极大的污染，违背了绿色发展原则，也不能借鉴。

因此，必须根据中国目前的城乡发展关系，结合中国新型城镇化以及乡村振兴面临的核心任务和关键问题，找到符合自身情况并且适用的国际经验。

三、我国新型城镇化与乡村振兴战略协同发展状况及存在的问题

目前中国同时面临新型城镇化与乡村振兴的双重任务，无论是城市化进程、乡村发展，还是城乡关系都面临一定的困难和挑战。

（一）地区间公共服务水平不均衡，城乡差距大

一是公共服务在地区间呈现高度不均等现象，除了城乡之间、还包括东中西部之间以及农村和农村之间都存在一定的不均衡现象。尤其是深度贫困地区和刚脱贫的偏远地区，农村基本公共服务的供给明显不足，如看病难、看病贵，上学难、上学贵的难题依旧存在，因病致贫、因学致贫往往是农村陷入贫困无法发展的主要原因。二是城乡公共服务质量失衡。从目前来看，农村公共服务质量较城市而言相对较低，不仅因为农村与城市公共服务资金投入的差异，还存在农村后期维护以及管理不完善等一系列原因造成城乡公共服务总体质量出现失衡。三是中国长期以来的城乡户籍制度对教育、医疗等公共服务的限制，迫使很多青壮年劳动力单独进城，而子女和老人留守农村，严重影响农村集体经济的可持续发展，同时还引发留守儿童、留守老人等一系列社会问题。

（二）农村产业化水平发展滞后，可持续发展能力弱

一是特色产业优势不凸显，市场竞争力不强。对比日本“一村一品”发展经验，中国目前在特色产业上发展相对滞后，因地制宜产业规划不全面不具体；同时产业链发展不完善，应对市场风险的能力较弱，未形成系统性的特色产业生产 + 加工 + 销售的一体化模式；二是新型经营主体与农户的联结机制不健全。目前虽然全国新型经营主体规模和数量不断扩大，以龙头企业、专业合作社以及能人大户等为主的新型主体逐渐增多，但是与农户之间仍然存在联结机制不紧密、不深入的问题。很多时候仅停留在“买和卖”的层面上，合作与股份等内在联结关系尚不成熟。同时，经营主体对于农产品整体的规划、组织、销售等环节缺乏指导经验，对农户经济利益带动方面还有很大的发展空间。三是合作经济组织力量薄弱。与日本等发达国家相比，中国农村的合作经济组织力量较弱，对农民的带动作用十分有限。首先是未形成一体化的系统性管理制度。由于我国农村合作经济组织发展时间短，相关的法律制度不完善，关于组织具体的服务内容、范围和标准都没有具体的界定，造成在运营和管理上没有形成统一的系统化模式。其次是农村合作经济组织的人才带动力量有限。由于劳动力的大量转移，农村合作经济组织也面临人才缺乏的困境，缺乏有技术、有经验又有组织能力的优秀人才带动，在面临

重大问题、市场挑战以及风险评估时，农村合作经济组织仍然显得“势单力薄”。四是农业资源的产业融合度不高，多元化价值不凸显。目前农村农业产业融合发展层次仍不高，“农业 + 旅游”“农业 + 生态”等多业态发展模式不成熟；同时，由于利益联结机制的不健全，农户不能充分得到二三产业产生的“红利”，产业融合对农户的带动作用有待加强。

（三）中小城市新兴产业薄弱，对乡村的带动效应有限

与美国、日本等国家相比，目前中国中小城市发展力薄弱，产业支撑力量弱，发展后劲受限，对周边乡镇的带动能力弱，由此也引出城市与乡镇出现相对“割裂”状态，协同发展态势不明显。中国的大部分新兴产业都集中在大城市或核心区域，虽然中国沿海地区形成一定的产业集聚，对周边乡镇具有一定的带动作用，但是对于中西部而言，核心产业在小城镇的发展较弱，产业动力不足、后劲不强，与周围农村社区的产业联结更加薄弱，因此造成经济部门在区域间形成“断层”，农村和小城镇被“隔离”在新兴产业发展外而形成经济、人才和区域的多重困境。据统计，截至2017年，四川省的雅安、广元、达州、广安等地市的存贷比分别只有54%、51%、41%和40%，有近一半的当地资金被转移到外地使用，造成了当地金融资源大量外流，[17]依靠新兴产业对当地以及周边乡村的带动和融合作用小之甚小。

（四）城市结构性矛盾“浮出水面”

随着新型城镇化的推进，乡村人口的大规模流入，城市结构发生转变，城镇就业压力加大和农村富余劳动力向非农领域转移速度加快同时出现，城市低收入人口问题也逐渐凸显。截至2018年年底，中国城市失业率为3.8%，虽然较前几年来比重有所下降，但失业再就业人口数量为551万人，较去年同期相比也同样有所下降，表明随着整体经济下行和就业形势的压力，城市失业人口面临的再就业机遇也在“缩水”。同时，随着社会整体的转型升级，城市对于就业岗位的需求与劳动者技术水平之间出现矛盾。主要体现在技术型人才短缺与低技能劳动力剩余产生的城市结构性冲突，出现“有人无岗”和“有岗无人”这样的结构性矛盾，[18]无法有效推进城市升级，也无法对农村剩余劳动力有效吸收，无法充分“打通”城乡融合之路。

四、进一步协调推动中国新型城镇化与乡村振兴的启示建议

（一）健全乡村振兴法律和政策体系，保障城乡发展有机衔接和融合

要站到城乡融合的大格局来看乡村振兴，不仅仅要就乡村谈振兴，还要依靠城市来带动乡村，借助乡村推动城市，因此要进一步健全乡村振兴的相关法律和政策体系，进一步完善乡村产业选择和发展的相关政策，根据不同地区自然条件特征因地制宜发展特色产业，提升产业规划政策的指导作用。完善农村农业的生态可持续政策，对生态功能区、生态脆弱区以及自然灾害频发地区要加强农业发展的法律和政策约束，制定全面详细的生产标准和要求，保证生态环境的可持续发展。要加强农村人才队伍的政策支撑，首先建立健全乡村人才引进政策，提升农村人才力量储备；其次要完善农村当地人才培养体系，通过理论知识与实践技术的综合培养，挖掘一批当地的农民领头人。

（二）提升农村基础设施和公共服务水平，为乡村振兴提供基础条件

要实现城乡真正的互通和交流，就要从核心上提升农村的基础设施和公共服务水平，进一步健全城乡融合机制，促进乡村振兴的实施。一是提升农村交通物流、水利、机械等基本设施条件，为农业现代化发展打好基础；同时协调推进农业信息化基础水平，有效联结农村农业与城市市场的衔接进度和合作紧密度。二是以“人”为本，大力发展农村生活性公共服务水平。增强文化和基础教育公共服务，提升农村可持续发展能力；推进农村医疗服务的落实，加强农村医疗卫生相关设施以及医护人员的配备落实，完善农村医保制度和大病保险制度，尽快解决农村“看病难、看病贵”的困境。三是进一步完善农村社会保障体系建设，针对城镇化进程中产生的留守儿童、留守老人等群体构建针对性的社会保障制度，继续维持偏远地区、少数民族地区以及深度贫困地区的部分兜底保障制度，保护特殊群体和特殊地区的生活水平及需求。四是鼓励动员社会力量，通过构建政府与社会组织合作的关系，拓宽农村公共服务的渠道来源，为其注入新的社会力量。

（三）提升农村产业化水平，夯实乡村振兴的内生动力

一是大力发展农村特色产业，因地制宜探索“一村一品”产业模式。以

农业农村部审核认定的1922个中国一村一品示范村镇为参考，各地区应进一步合理规划，根据不同农村地区自身特点，选择适宜性强、增收效益高的农产品进行拓展。二是发展乡村旅游和休闲观光农业，推动一二三产业融合发展。充分发挥农村农业资源、旅游资源、生态资源以及文化资源的优势，以产业融合为依托，打造多业态的农村发展模式，提升农业发展的路径，带动乡村经济的多元化发展。三是完善新型经营主体与农户的联结机制，提升带动效应。积极探索“农业新型经营主体＋农户＋贫困户”的利益联结机制，通过优化龙头企业等主体的土地流转、资金融资、人才引进、经营管理等方面的政策，提升内部联结紧密度，提升经营主体对农户的经济带动，同时获取更多的就业机会，拓宽增收渠道。四是提升农业产业化科技力量支撑，进一步提升农业科研、推广和应用三者的结合紧密度，提升不同地区农业机械化的精细度，加强农业技术推广平台，推动农业绿色化发展，使农业产业化朝更高质量、更高效、更绿色的方向发展。

（四）推动农村劳动力转移升级，提升城市多元产业带动效应

随着产业之间的不断融合，农民已经逐渐从“种地”的原始定义向更多元化的综合体发展。首先，要进一步深化户籍制度的改革，进一步减弱户籍对于区域限制以及居民相关权益的影响，平行推进城镇与农村的双向户籍改革，[19]进一步推进教育、医疗、卫生、社会保障、公共服务等政策与户籍脱钩。其次，推动农村劳动力分层、分流的多态化转移。根据农村劳动力自身条件差异，有差异性地向县城、城镇和城市分层次地转移；在外向转移的同时，进一步提升内向型劳动力转移，通过优化农业结构提升内部劳动力的吸收，还可以进一步通过工厂、企业的乡村延伸带动农村劳动力就业，有效融合农业、生态、旅游等资源带动农村剩余劳动力的进一步吸收，达到农村劳动力的多元化发展。

（五）加强城市农民工培训，缓解新型城镇化结构性矛盾

首先，政府应加大城市积极就业政策力度，鼓励支撑劳动力向技术型岗位的转移，加强对于农民工的教育培训及相关补贴政策扶持，开展大规模、多类型、分层次的多样化职业技能培训，提升劳动力整体技能水平。其次，通过构建社会专业组织，对农民工进行针对性的专业培训，为政府减轻压力

的同时，也通过社会宣传提升农民工的信息获取渠道及参与积极性。再次，进一步加强职业技能鉴定与职业技能培训的联动性，进一步完善职业技能鉴定内容，既要体现农民工培训效果，又要切实考虑农民工自身的文化水平，真正达到鉴定的积极作用。

最后，政府应进一步加强农民工职业培训与工资的挂钩，体现职业培训投入与工资待遇的正向关系，提高农民工的自发培训动力。

（冯丹萌，农业农村部农村经济研究中心；孙鸣凤，中国农业出版社有限公司）

参考文献

［1］秦旭慧，梁剑峰．新时代城镇化与乡村振兴初探［J］．文化学刊，2018，96（10）：20–22.

［2］陈丽莎．论新型城镇化战略对实现乡村振兴战略的带动作用［J］．云南社会科学，2018，226（06）：103–108.

［3］李梦娜，新型城镇化与乡村振兴的战略耦合机制研究［J］，当代经济管理，2019（05）：10–15.

［4］叶超，陈明星．国外城乡关系理论演变及其启示［J］．中国人口·资源与环境，2008，18（1）：34–39.

［5］徐维祥，李露，刘程军．乡村振兴与新型城镇化的战略耦合——机理阐释及实现路径研究［J］．浙江工业大学学报（社会科学版），2019，18（01）：52–60.

［6］推进实施乡村振兴战略与城镇化程度提升是否矛盾 https：//www.jianshu.com/p/bb12cbac84df.

［7］韩俊．中国城乡关系演变60年：回顾与展望［J］．改革，2009（11）：5–14.

［8］蔡继明．如何处理好乡村振兴与城镇化的关系［J］．中国人大，2018，No.455（11）：27–28.

［9］付娜．发达国家城乡一体化经验对中国进一步城乡统筹发展的启示研究［J］．世界农业，2014（8）：47–53.

［10］朱俊峰，郑桂华．中国农业补贴政策的国际比较、存在问题及对策［J］．世界农业，2005（8）：4–7.

［11］刘会柏．美国农村公共服务供给特点、经验与启示［J］．人民论坛，2014（23）：235–237.

［12］范昊，景普秋．自由延展、城市区域与网络共生：欧美城乡关系演进动态及其比较［J］．城市发展研究，2018（6）：92–102.

［13］朱清海，陈钦庄．国外关于“欧洲农村家庭工业兴起的探讨”述评［J］．温州大学学报（社会科学版），2002（2）．

［14］赵静，冀晶娟．欧洲农村运动及其对我国农村治理创新的启示［J］．山东大学学报（哲学社会科学版），2017（2）．

［15］傅帅雄，戴美卉，吴磊．农业转移人口市民化的思考——基于日本经验的启示［J］．农业经济，2018，378（10）：74-76．

［16］马骁 荣思诗，缩小城乡收入差距的日本经验［J］．全球瞭望，2018（19）：87-88．

［17］刘立峰，我国西部中小城市发展难题与对策，中国经济时报，2018-09-11．https：//baijiahao.baidu.com/s？ id=1611237116417447629&wfr=spider&for=pc．

［18］就业结构性矛盾如何破解，经济日报，2019.02.03 http：//www.gov.cn/zhengce/ 2019-02/03/ content_5363549.htm．

［19］曹宗平，乡村振兴视角下我国户籍制度的双向改革研究．云南民族大学学报（哲学社会科学版），2019.04：97-102．

第三章　脱贫攻坚的实践探索

第一节　改革开放 40 多年中国减贫探索与示范

中国改革开放 40 多年所取得成就被称为是全球发展史上的奇迹，这种奇迹不仅明显特点是在中国人口规模巨大、区域差异性特别明显、自然社会经济发展极其脆弱的情况下取得的，更表现在中国综合实力显著增强的进程中，中国的减贫成效和在减贫实践中创新性的探索同样也是世界性奇迹，毫不夸张地说，中国 40 年减贫的成功经验已为世界各国所推崇，对此不容置疑。因此，系统回顾和总结中国改革开放 40 年的减贫成效、历程和经验，不仅对未来中国加快实现全面建成小康社会目标很有必要，对世界减贫发展和 2030 年可持续发展议程新目标推进也有重要的意义。

全面系统梳理改革开放 40 年的中国减贫艰难探索及创新历程就会发现，中国减贫经历 1978 年—1985 年、1986 年—1993 年、1994 年—2000 年和 2001—2010 年和 2010 年—2015 年 5 个阶段，循序推进、重点突破，脱贫攻坚的中国减贫治理体系逐步完善、治理能力逐步提升，不仅贫困人口明显下降，贫困人口受益面扩大、生活水平和质量不断提升，而且也展示了中国减贫过程中诸多创新探索和经验。

一、中国改革开放 40 多年的奇迹与贡献：减贫 7 亿多

中国改革开放 40 多年减贫成效及对世界减贫的贡献度排名世界前列，数据显示，与 1978 年相比较，假如按照 2300 元（2010 年不变价格）标准，2013 年我国贫困人口减少了 7 亿多，贫困发生率从 95% 左右下降到了 5.7%，也就是说目前中国农村贫困人口占比在 6% 以下，如此大比例、大规模的减贫成绩无疑是中国改革开放带来的惊人奇迹。同时，若按世界银行每天 1.25 美元（2005 年的购买力平价）的贫困标准，全球贫困人口从 1981 年到 2015 年共减少 11 亿之多，同期中国的贫困人口由 8.35 亿减少到 5575 万，减贫人数占到全世界减贫总人口的 93.3%，中国是提前实现了联合国千年发展目标中贫困人口减半目标的国家之一，对世界减贫目标实现的贡献最大，世界银行报告显示，“中国在如此短的时间里使如此多的人摆脱了贫困，对于全人类

来说这是史无前例的”评价就是很好的例证。40 年间 7 亿多人口脱离贫困，无论对中国还是世界，都可谓是全人类最伟大的“大逃亡”。[1] 如果从人类发展指数标准来衡量，同样如此。资料显示，中国人类发展指数从 1990 年的 0.502 上升到 2013 年的 0.719，指数上升高达 43%，高出同期全球人类发展指数上升速度 25.4 个百分点，已远超全球目前 0.702 的平均水平。可见无论从减贫规模和幅度，还是综合发展水平，中国无疑都是全球脱贫工作的模范案例，这与同样是世界上人口规模比较大的印度形成鲜明对照。资料显示，印度极贫人口占全球比重由 30 年前的 22% 上升为 2010 年的 33%，上升 11 个百分点，而中国正好相反。

中国减贫的奇迹并非仅仅对世界减贫的贡献，最根本也最具历史意义的是中国减贫所创造的奇迹。

二、40 多年中国减贫历程：艰难探索及创新

中国 40 多年减贫历程的艰难探索与创新，实际上也是中国改革开放 40 多年的重要缩影，减贫历程无不与改革步骤紧紧相扣，无不与中国社会经济整体发展步步紧跟，中国减贫历史，更是中国改革与社会经济发展的真实写照。如果将中国 40 多年减贫历程进行一个粗略勾勒的话，可将其分为以下几个重要阶段：

（一）1978—1985 年：农村率先的制度性变革带来减贫效应集中释放阶段

1978—1985 年是我国改革开放史上重要的八年，这八年可谓是我国经济改革开放从农村实现试点突破阶段，农村改革又是从最穷的贫困区域点燃的，而改革内容就是农村制度率先变革，是一次历史性制度革命性变革，更是我国减贫效应得到集中释放最明显阶段。这一阶段的农村改革主要表现在以下几个方面：第一，国家工作中心转移到经济建设的重大转变，最为标志性的就是农村家庭联产承包责任制变革试点推广和普遍推行。其中也经历了从 1979 年—1981 年的家庭联产承包责任制即包产到组的试验阶段。[2] 第二阶段为“包产到户”逐步放开阶段和包干到户阶段。1980 年国家出台《关于进一步加强和完善农业生产责任制的几个问题》规定，可以“包产到户”，也

可以“包干到户”。第三阶段即家庭联产承包责任制确立阶段。1992年《全国农村工作会议纪要》明确提出家庭联产承包责任制可以在全国范围内实施。第四阶段即农村家庭联产承包责任制全面实施和制度体系完善阶段。继1983年《当前农村经济政策的若干问题》和《中共中央关于一九八四年农村工作的通知》中提出了进一步稳定和完善联产承包责任制。通过四个阶段渐进式家庭联产承包责任制的推广实施，由松动到允许，再到确立，随后到推动完善，逐渐完成了家庭联产承包责任制在全国范围的全面实施。经过人民公社集体经营到家庭联产承包责任制，农民拥有使用和管理土地的权力，大大提升了生产积极性，促进了农村生产率，大大提升了农民收入，对农村减贫起到至关重要的作用。第二，提高农产品价格政策实施。在此阶段，改变长期实施工农产品“剪刀差”做法，中央政府大幅度提高了农产品收购价格，从而大大提高了农民的收入。1985年中共中央、国务院颁布的《关于进一步活跃农村经济的十项政策》，确定了扩大市场调节、促进农业生产的经济政策。第三，农村市场化制度改革。在农产品交易上逐渐建立起以市场化为导向的资源配置体制，从完全限制到鼓励农村劳动力进城务工、经商，促进农村整体收入水平，带动了农村减贫成效。第四，出台《关于帮助贫困地区改变面貌的通知》。这是新中国成立后第一次把扶贫工作作为国家特殊任务执行，这标志着政府在国家政策层面对消除贫困的重视。主要明确了扶贫理念和思想，由原先救济式的扶贫理念转变为增强地区内部发展的扶贫理念；进一步放宽政策，实行比一般地区更灵活、更开放的政策；减轻负担，给予优惠；搞活商品流通，加速商品周转；增加智力投资和加强领导，督促各项措施的落实六项专门的政策。在此期间，我国也开始实施了“以工代赈”和“三西”农业建设等专项扶贫政策。其中“三西”农业发展政策主要是针对甘肃河西、定西和宁夏西海固而进行专门的区域性扶贫政策，为后来的区域扶贫开发政策奠定了重要基础。

农村制度超前变革的减贫成效相当突出。可以看出，第一阶段我国主要是农村率先实行联产承包责任制变革和提高农产品价格等一系列措施，农民身份自由、农户家庭主体确立和农户财产权利明晰等的变革，大大调动了农民积极性和创造性，多年蕴藏在农村的生产力得到了超前性地集中释放，超前性就反映在农村率先改革带来的效应城市和工业企业尚未具备，这种优势再加上国家实施提高农产品收购价格等，使农业亩产量提高、非农产业有所松动，加上乡镇企业（社队企业）开始在发达地区农村出现并壮大，农产品流通和集市贸易开始逐渐放开，可以说，农村减贫效应得以集中释放，在短时期内农村经济有了大幅度提升，减贫效应强。资料显示，1984 年年底，我国农业生产总值达到 3214 亿元，与 1978 年相比提高 1.3 倍之多。其中农村人均粮食产量增长了 14%，棉花增长了 73.9%，油料增长了 176.4%，肉类增长了 87.8%，农民人均纯收入增长了 2.97 倍。[3] 根据估计，其中因农产品收购价格提升因素的收入占此阶段农民新增收入的 15.5%。同时，农村居民生活消费水平也有大幅度提高，1978—1985 年之间，农民家庭人均收入和消费分别增加了 264 元和 192 元。以上农村生产发展与收入、消费增长，直接拉动了贫困地区的经济发展，使农村贫困人口大幅度减少，据统计，这一阶段，农村贫困人口由 2.5 亿减少到 1.25 亿，仅仅 7 年时间，减去了一半贫困人口规模，农村贫困发生率从 33% 下降到 14.8%，下降幅度相当明显，贫困人口呈大幅度减少态势，与此同时，贫困人口分布范围逐渐减小。应当说，这是中国农村制度超前性变革带来的农村经济发展和减贫效应集中释放的历史性阶段，为未来扶贫开发带来了良好的开端，也为转型国家扶贫开发的制度变革提供了示范和参考。

（二）1986—1994 年：全面改革冲击下确立贫困县减贫新模式

经过 1978—1985 年这一阶段的农村优先减贫，农村改革成效显著，大大缓解了农村贫困。但是，市场化经济改革的推进也逐渐引起农村贫困的新问题，一方面，1986 年在连续的农业大丰收后，农业产量开始出现减产，农产品购销体制面临新的改革；另一方面，此时城市制度改革开始推进，国内工业企业承包制也开始实施，从而农民收入快速增长势头受到城市经济和工业企业快速增长的严重冲击，全面改革使农村发展失去其优先效应，农村经济增长对减贫的拉动作用日趋下降，与此同时，国内工业品价格上涨和消费品物价上涨，严重冲击了农村经济、农业发展和农户增收，加上全面开放后，原有的工农产品剪刀差依然存在，城乡二元社会经济结构仍未打破，城乡之间基础条件差距尚未彻底改变，城乡间、地区间和农户间收入差距进一步拉大，部分农村地区由于地理位置偏僻、自然环境较差、交通等基础设施落后等因素，差距更加拉大，贫困发生率和贫困程度进一步重现，更糟糕的是，贫困问题也从以前的普遍性模式开始出现分层、分块和分化，区域间发展不均衡进一步推进，更加复杂化。在此情况下，依靠整体性的制度变革和依赖经济增长拉动的扶贫模式效应已逐渐下降，扶贫脱贫面临着新瓶颈和新挑战。

扶贫脱贫政策重点。针对新形势下的问题和挑战，在此阶段，我国扶贫开发政策进行大幅度调整，从减贫思路理念和方式上进行全面改革，扶贫开发在目标性、系统性确立方面有了新的突破和创新，主要表现在以下几个方面：第一，建立专门政府扶贫机构，减贫工作规范化有序推进。1986 年 5 月 16 日，国家成立了国务院贫困地区经济开发领导小组，这标志了中国扶贫开发政府组织开始统筹全国扶贫开发和政策制定。第二，明确扶贫对象和重点——贫困县。贫困县经历了以下过程：1986 年，国家根据贫困程度确定了 331 个国家重点扶持贫困县，对照国家做法，各省区另确定 368 个省重点贫困县；到 1987 年，国务院《关于加强贫困地区经济开发工作的通知》中针对我国 18 个集中连片贫困带划定了 592 个国家重点贫困县，确立以县级行政单元为地域单元的扶贫标准，并对贫困县出台了一系列优惠政策，成立了专项资金，通过基础设施建设和特色产业培育等方式，增强贫困地区和贫困人口的内生发展能力。到了 1994 年，国务院制定《国家八七扶贫攻坚计划》时，进一步确定了国家级贫困县 592 个。这一阶段，我国扶贫政策主要呈现出两个特质：一是区域性，以县为单位，强调区域重点扶贫；二是组织性，通过建立国务院扶贫开发小组等反贫困组织，对扶贫对象、扶贫区域、扶贫机制、扶贫资金管理等方面进行科学、精确、有计划的安排和实施，对促进减贫成效具有重大意义。

减贫成效明显，但难度增大，减贫速度有所减缓。经过区域性、突出重点由“面”到“块”式的扶贫战略转换，尤其是确定了贫困县后，我国扶贫对象和重点进一步明确，贫困程度有所缓解。第一，经过 1986 年到 1994 年的扶贫攻坚，我国农村贫困人口由 1.25 亿减少到 8000 万人，平均每年减少 640 万人左右，贫困人口占农村人口的比例也从 14.8% 下降到 8.7%，下降近一半。同时，国家重点贫困县农民人均纯收入从 206 元提高到 484 元，此外，贫困人口的分布面积也大范围缩小，从全国各地大面积贫困状况缩小到 699 个县，其中国家重点扶贫县 331 个，这是这段时期我国减贫过程中产生的宏观成效。但是与前一阶段相比，我国减贫速度有所下降，这主要是因为农村减贫优先效应消失，中国政府重点实施沿海地区经济优先发展战略。第二，此阶段的扶贫对象主要针对未解决温饱问题的极度贫困人口，扶贫计划只覆盖了较少部分贫困地区和贫困人口，无法使所有贫困地区和贫困户从这项计划中受益。[4]第三，城市改革启动后对农村整体经济发展带来负面冲击，农村经济增速超常规增长开始趋缓，新旧贫困群体交织为一体，扶贫减贫面临的形势和环境更加复杂，减贫难度突然增加。

（三）1995—2000 年：非均衡新格局下的专项扶贫政策创新

1995—2000 年期间，有两个标志性事件，其一是邓小平南方讲话后，带动以上海浦东开发为核心的第二次改革在 1995 年已经全面推开并取得了明显成果，国民经济延续了前一阶段高速增长之势，农村经济发展也保持了持续增长动力。其二是在 1998 年亚洲金融风暴的影响下，为抑制物价上涨资产膨胀双重压力，国家采取了一系列刺激和拉动社会投资的政策，大规模连片区域贫困现象得到一定缓解，但是东中西部间差距不断扩大并呈现极度拉大之势，贫困类型和贫困成因也随之产生本质性转变。若干自然环境条件恶劣的贫困地区在全国贫困总人口中占据了相当比重，贫困不是由制度引致，而是在发展过程中“老少边穷”地区和自然环境极其恶劣地区的环境所致，贫困特征由区域连片式分布转向散点式分布这一新变化。

这一阶段扶贫政策主要针对贫困地区专项扶贫进行完善创新。首先，1994 年 3 月制定的《国家八七扶贫攻坚计划》计划用 7 年时间（从 1994 年到 2000 年）基本解决 8000 万贫困人口温饱问题。该计划标志着我国开始实施有计划、有目标、有组织的扶贫方针，是我国扶贫理念的重大转变，也是扶贫行动上的重要升级。其次，扶贫监测系统构建和实施，即在 1992 年国务院扶贫开发领导小组等出台《贫困县经济开发统计报表》基础上，1995 年根据国家统计局的计算确定了贫困标准，进而在 1997 年增加对贫困县农户抽样调查和对扶贫政策实施及减贫情况进行监测。其次，1996 年 9 月出台的《关于尽快解决农村贫困人口温饱问题的决定》制定了一系列专项扶贫开发重大政策措施，进一步增加扶贫投入和工作力度。再次，建立了东部 13 省与西部 10 个贫困省、自治区的东西协作帮扶扶贫模式，推动了区域间扶贫机制建立。最后，这一阶段扶贫开发的新变化是将特殊困难群体贫困人口纳入扶贫脱贫的重点。1998 年制定《残疾人扶贫攻坚计划》，把残疾人扶贫纳入国家扶贫脱贫整体规划中。与此同时，在此阶段，国内外机构开始参与到扶贫脱贫工作中，如针对不同贫困群体设立的“希望工程”“春蕾计划”等，再如“联合国开发计划署”“联合国难民署”“联合国人口基金”“联合国环境规划署”等机构采取在中国设立扶贫项目或者通过向中国扶贫减贫提供贷款资金等形式支持和参与中国减贫事业，为中国社会扶贫格局奠定了基础。

很显然，到2000年，我国扶贫开发的体系已初步形成，尤其是《“八七”减贫计划》制定，有力地促进了扶贫脱贫优先推进。资料显示，截至2000年底，农村绝对贫困人口从8000万人减少到3209万，农村贫困人口比例从8.7%下降到3.4%。经过改革开放初期到2000年二十多年的减贫奋斗，我国已经基本解决农村贫困人口温饱问题，《“八七”扶贫攻坚计划》中设定的战略目标已基本实现。

（四）2001—2010年：区域轮动到联动推进下的整村推进扶贫开发新模式

伴随着中国应对亚洲金融危机取得明显成效，进入21世纪后尤其是2003年后，中国经济进入新一轮增长周期，与此同时，进入了资源约束性强化矛盾逐渐凸显的多元发展时期。另一方面，继1999年开始进入跨世纪的中国西部大开发战略开始实施，到2003年振兴东北老工业基地规划和2005年后中部崛起战略实施，自此，从1978年开始实施扶贫非均衡发展战略进入到了均衡发展战略新阶段，并从区域轮动进入到了西部大开发、振兴东北大工业基地和中部崛起的区域联动新阶段，此时贫困特征也有了新变化，大面积的普遍贫困已经解决，但随着贫富差距拉大，取而代之的是部分地区贫困程度不断加深；同时，贫困也从收入性单维贫困转向贫困人口健康、教育和社会福利等方面需求日益凸显的多元贫困新形态；贫困分布也由区域性转变为更深一层的阶层性贫困的新特点。这些贫困新特征对新阶段我国扶贫开发工作提出了更高的挑战和要求。

针对进入新世纪我国贫困新特征，继完成国家“八七扶贫攻坚计划”后，2001年5月《中国农村扶贫开发纲要（2001—2010年）》出台，这是进入新世纪后指导中国扶贫开发的纲领性指导文件。新世纪初的10年里，中国扶贫开发的新变化主要特征是：第一，将取消的沿海发达地区所有国家级贫困县调整到中西部地区中。第二，扶贫工作重点与瞄准对象做了重大调整。即扶贫工作重点县放到西部地区，确定贫困村成为扶贫瞄准对象。第三，以村为单位进行综合开发和整村推进的参与式扶贫全面实施，更加注重科学技术、教育和医疗卫生事业在扶贫开发中的作用。第四，积极推进产业扶贫与“雨露计划”扶贫可持续性能力建设力度，积极开展生态移民和易地搬迁扶贫开展，小额信贷等金融扶贫试点也开始出现并发挥重要作用。第五，中国积极实施西部大开发、振兴东北老工业基地、中部崛起区域战略，2006 年开始新农村建设，2003 年开始全面取消农业税，2007 年开始实行农村义务教育阶段免费教育并建立农村最低生活保障制度，实行新型农村合作医疗制度等这些政策，对农村扶贫脱贫都起到了重要的积极推动作用。第六，以贫困村为单位，集中整合多方面多部门资金和资源，将农民建房、土地整理、宅基地整理复垦、基础设施配套、土地流转和农业产业化经营等农村发展项目方面给予统一规划，统一推进。但这一阶段扶贫开发的另外一个创新标志是整村推进扶贫过程中贫困户全程参与扶贫项目的选择、组织、实施和监督，从而大大提升了扶贫项目的针对性、可操作性和益贫性效率。

从这一阶段的扶贫成效来看，数据显示，2000—2010 年之间，全国农村贫困人口继续逐渐减少，由 9422 万下降到 2688 万，贫困人口减少 71.5%，近 2/3 贫困人口在这一阶段脱离贫困，农村贫困发生率从 10.2% 下降到 2.8%，下降 7.4 个百分点（见表 3–1）。

表 3–1　2000 年—2010 年贫困人口变化情况

年份	贫困线（元）	贫困人口（人）	贫困发生率（%）	减贫速度（%）
2000	865	9422	10.2	
2001	872	9030	9.8	4.2
2002	869	8645	9.2	4.3
2003	882	8517	9.1	1.5
2004	924	7587	8.1	10.9
2005	944	6432	6.8	15.22
2006	958	5698	6	11.41
2007	1067	4320	4.6	24.18
2008	1067	4007	4.2	7.25
2009	1196	3597	3.8	10.23
2010	1274	2688	2.8	25.27

数据来源：中国农村贫困监测报告

（五）2011—2018 年：连片开发新举措与精准扶贫方略的融合推进

伴随 2011 年到 2015 年的中国改革开放进入到四个全面深化改革新阶段，中国经济从 2013 年以来转入到了经济中高速增长，DGP 增速从 2011 的 9.5% 左右逐年下降到了 2015 年的 6.9%，外贸增长出现负数，投资增幅明显回落，这是中国经济的历史性新变化，预示着中国经济自此已经进入到了新的运行状态，尤其是带动经济增长的动力发生根本性转变，即从要素投资增长进入到了以创新和消费为动力的新阶段，建立以供给侧为核心的结构性改革开始实施，为此，2015 年国务院制定了的《国民经济社会经济发展第十三个五年规划》，提出了“创新、协调、绿色、开放、共享”的新发展理念。在区域发展基础上，全面布局“一带一路”新的战略思想，重点规划推进京津冀协同发展长三角经济带的区域发展战略规划。可以说，伴随中国改革进入了深水区，经济发展转入新常态，国家社会经济跨入为全面建成小康社会目标的谋划布局准备阶段之时，尽管面临的困难很大，但中国仍然将扶贫脱贫列入全面建成小康社会底线和补短板的最艰巨任务中，因此提出共建“丝绸之路经济带”和“21 世纪海上丝绸之路”，形成“一带一路”倡议新思想。

2011 年以后的中国扶贫开发特点主要体现在以下几个方面：第一，贫困标准提高到 2300 元新标准后，扶贫脱贫人口从 2000 年的 2600 多万扩大到 1.4 亿，这既反映了中国在经济实力增强后更加重视低收入群体尤其是贫困人口民生和发展问题，扶贫开发惠及贫困人口规模和区域扩大，将更多群体和区域纳入扶贫开发的范围内，增加了扶贫脱贫任务和规模，与之前的贫困标准提升相比，这次贫困标准提高的幅度最大，接近一倍。

第二，制定和出台《中国农村扶贫开发纲要（2011—2020）》，这是我国农村扶贫开发未来十年具有指引性的重要政策，标志着我国在上一阶段扶贫工作圆满完成后进入一个新的起点。此《纲要》把区域发展与扶贫攻坚进行充分结合，对扶贫理念、扶贫内容、扶贫方式以及扶贫对象进行新一轮的调整和改革，以 2020 年全面建成小康社会为目标，对我国贫困地区和贫困人口实施扶贫攻坚计划。

第三，在扶贫重点和扶贫方式上，由以“整村推荐”为核心的扶贫开发转向以集中连片特殊困难地区为主战场，即国家将六盘山区、秦巴山区、武陵山区、乌蒙山区、滇桂黔石漠化区、滇西边境山区、大兴安岭南麓山区、燕山—太行山区、吕梁山区、大别山区、罗霄山区等区域的连片特困地区和已明确实施特殊政策的西藏、四川藏区、新疆南疆三地州作为扶贫攻坚主战场。[5]

第四，2014 年开始实施《关于创新机制扎实推进农村扶贫开发工作的意见》，一方面，确立了扶贫开发六大机制的创新，包括改进贫困县考核机制和退出机制，取消 GDP 考核，将扶贫开发作为贫困地区贫困县考核核心和重点；创新精准扶贫精准脱贫机制即精准识别、精准帮扶、精准管理和精准考核；建立驻村帮扶机制，即在贫困村实施驻村干部制度；与此同时，还有社会扶贫机制、专项扶贫财政资金使用机制和金融扶贫机制等。另一方面，确立了十大重点工作，即交通、电、安全用水、特色产业扶贫、旅游扶贫、教育、医疗卫生、社会保障和文化扶贫和信息扶贫等。

第五，精准扶贫机制深化推进。在实施四个精准的基础上，2015 年开始在精准扶贫方略上对贫对象、扶贫方式和扶贫监管等内容进行深化，即按照"扶贫对象要精准、项目安排要精准、资金使用要精准、帮扶措施要精准、因村派人要精准、脱贫成效要精准"的"六个精准"分类施策，因村施策，提高扶贫脱贫精准性。

第六，《中共中央国务院关于打赢脱贫攻坚战的决定》中全面部署了 2020 年扶贫开发要以精准扶贫精准脱贫为基本方略及五大脱贫路径和脱贫攻坚工作机制。这一阶段还相继出台了《"十三五"时期易地扶贫搬迁工作方案》，制定了"贫困县考核机制""贫困退出机制"，实施精准扶贫的十项工程（职业教育培训工程、干部驻村工程、扶贫小额信贷工程、易地扶贫搬迁工程、电商扶贫工程、旅游扶贫工程、光伏扶贫工程、构树扶贫工程、致富带头人创业培训工程、龙头企业带动工程十项工程。[6] 可以说，这一阶段是改革开放 40 多年来我国扶贫脱贫改革创新力度最大的时期。

这一阶段扶贫脱贫效果相当明显，截至 2015 年，我国贫困人口共有 5575 万，比 2010 年的 16567 万人减少 10992 万人，贫困发生率为 5.7%，比 2010 年降低 11.5 个百分点。贫困人口生产生活条件也明显提高，文化、教育、卫生、饮水等生活指标都明显改善，据统计，截至 2014 年底，贫困地区农户使用照明电的比重达到 99.5%，饮水无困难的农户比重为 82.3%，贫困地区有文化活动室的行政村比例达到 81.5%，有卫生站（室）的行政村比重达 94.1%。[7] 同时，以连片特困地区为扶贫主战场的扶贫战略也取得了较好的成效，截至到2014年底，14个集中连片特困地区贫困人口减少为3518万，比2013年下降15%；贫困发生率为17.1%，下降2.9个百分点。此外，减贫成效的提高进一步推动全面建成小康社会的实现，其中，东部地区全面建成小康社会的实现程度为88%，中部地区为77.7%，西部地区为71.4%。[8] 2016—2018年是全面建成小康社会的关键期，伴随《关于加大脱贫攻坚力度支持革命老区开发建设的指导意见》《省级党委和政府扶贫开发工作成效考核办法》《关于建立贫困退出机制的意见》等政策的实施，按照全国各地制定的脱贫目标计划，有很大一部分地区提前完成脱贫任务；伴随《关于加大脱贫攻坚力度支持革命老区开发建设的指导意见》政策的落实，政府专门针对贫困问题严重、发展条件制约、减贫难度较大的老区进行倾斜扶持，加强对我国特殊群体的扶贫力度。

三、40多年中国减贫理论与实践：探索、创新和突破

从中国改革开放40年历程的轨迹中我们可粗略了解扶贫脱贫在不同阶段的理念、思路、重点等轮廓，事实上，中国40年艰难的减贫历程中取得的理论和实践有很多值得思考总结的地方，为此我们仅从以下几个大方面进行归纳。

（一）中国在贫困标准适时调整和多维贫困理论中的创新及实践应用

扶贫开发对象确定的基础就是贫困标准，对此理论界早就进行了研究和探索，无论是最低生活标准还是维持人类生存最低需求的营养需求标准，等等，都是从学术理论和实践应用两个方向进行研究，但笔者将就理论和实践应用两个角度来分析中国在贫困标准上的理论创新和实践探索。中国扶贫脱贫标准经历了多次调整，可以明显看出，中国贫困标准确定的理论基础还是以收入为核心的标准。

如果仔细分析中国贫困标准则有两个重大变化：其一，由单一收入贫困标准向收入消费相结合的综合标准转变。需要说明的是，中国贫困线标准有几次大的变化：第一，最早的贫困线是1984年国家统计局依照“在一定的时间、空间和社会发展阶段的条件下，维持人们的基本生存所必须消费的物品和服务的最低费用”来确定贫困标准，之后的1985年、1990年、1994年和1997年的农村贫困线依照全国农村住户调查分户资料测算制定。第二，1998年改用马丁法，计算并制定了高、低两条农村贫困线，自2000年后，变成绝

对贫困标准和低收入标准。第三，2009 年，我国取消了农村绝对贫困人口和低收入人口区别对待政策，绝对贫困线和低收入线两线合一，在 2007 年 1067 元低收入标准的基础上，根据 2008 年物价指数进行调整，并将贫困线标准提高到年人均 1196 元。第四，2010 年后以 2010 年不变价格计算得出每人每年 2300 元的标准，此次标准采取满足生存和健康基本需求及恩格尔系数并依照农村贫困人口生活消费价格指数逐年进行物价水平更新调整，因此，2010 年的 2300 元贫困标准，到 2015 年则是 2800 元（由专家计算为 2968 元）。此外，国家统计局将贫困线标准与物价上涨挂钩，在不测定贫困线的年份，采用农村居民消费价格指数进行调整。显然，中国贫困标准已经从以前单一收入标准逐渐增加了消费因素在内，并用物价指数来进行修正和调整（见表 3–2）。

表 3–2 1985—2015 年中国贫困线及贫困人口变化情况

年份	贫困线（元）	贫困人口（万）	年份	贫困线（%）	贫困人口（万）
1985	206	12500			
1986	213	13100	2001	872	9030
1987	227	12200	2002	869	8645
1988	236	9600	2003	882	8517
1989	259	10600	2004	924	7587
1990	300	8500	2005	944	6432
1991	304	9400	2006	958	5698
1992	317	8000	2007	1067	4320
1993	350	7500	2008	1067	4007
1994	440	7000	2009	1196	3597
1995	530	6500	2010	1274	2688
1996	580	5800	2011	2300	12238
1997	640	4962	2012	2536	9899
1998	635	4210	2013	2625	8249
1999	625	3412	2014	2736	7017
2000	865	9422	2015	2800	5575

数据来源：根据《中国农村贫困监测报告》整理

其二，多维贫困标准的创新实践和成功应用。2013 年以来，除了以上我国贫困线标准参考了收入和消费（恩格尔系数）及价格因素外，在实践中的多维贫困标准已经开始在很多贫困地区实施并成功应用，不断开创新方法、探索新途径，为我国多维减贫理论提供了有益的实践基础。表现在：第一，国家在制定《中国农村扶贫开发纲要（2010—2020）》和《关于打赢脱贫攻坚战的决定》脱贫目标时都将“两不愁三保障”作为标准，即不愁吃、不愁穿，义务教育、基本医疗和住房安全有保障，这一标准实际上就是一种多维贫困标准目标，从个人角度而言，“两不愁三保障”的目标体现了对于贫困的主观认识和衡量，由简单的收入等经济指标转变为经济、教育、健康、医疗、住房等多维指标；从社会制度而言，“三保障”的目标充分体现了给予贫困人口公平均等的享有权利的机会，避免由于地域、经济、民族、信息等原因造成的权利贫困。第二，我国在 2013 年开始实施的精准扶贫建档立卡在贫困识别中，就采取了多维贫困指标和村民参与评议公示投票等多维贫困确定组织方式，例如贵州省威宁县迤那镇在实践中总结出了“四看法”：一看房、二看粮、三看劳动力强不强、四看家中有没有读书郎，实际上就是采取了多项指标进行综合确定。贵州省习水县在实践过程中提出了精准扶贫动态评估方法，通过“看”“算”“访”“评”四个方面，每个方面赋予不同的权重，有正向指标也有逆向指标，有客观测算也有主观感受，在“评”的环节还采取一票否决制。甘肃省依据建档立卡确定的扶贫对象，分别制定了贫困县、贫困村、贫困户的 191712 脱贫目标，并进一步区分因灾、因病、因学和缺项目、缺资金、缺劳力、缺技术等不同致贫原因，找准贫困群众最期盼、经过努力可以解决的问题，准确掌握贫困村、贫困户的脱贫致富需求。可以看出，各地方在扶贫减贫工作实践中因地制宜，为多维减贫理论提供了开创性的实践探索经验。

多维贫困和多维减贫将不可阻挡地成为减贫实践的主要发展趋势，而多维贫困识别、测度则是制定多维减贫政策的前提与基础。我国虽然已经有部分地区在积极，探索和实施多维贫困和多维减贫相关政策，但是全国范围性的研究和实践中仍显滞后。此外，在研究实施多维贫困过程中应该注意：第一，多维贫困测度指数中的维度与指标选择，应科学全面并实现优势互补。第二，多维贫困测度实践要有可持续性即在一定阶段应保持相对稳定。第三，多维贫困测度应与贫困区域环境特点相适应。贫困作为全球一种普遍的社会现象有其内在的规律性，但不同地区、社区、群体普遍存在同时也有自身的特殊性。第四，多维贫困理论研究持续性深入推进。多维贫困已经在世界 40

多个国家广泛实践并进行研究，广泛吸收阿马蒂亚·森的最初理论创新时的可行能力观点生活质量指数 PQLI、人类发展指数 HDI（Human Development Index）、人类贫困指数 HPI（Human Poverty Index）甚至“牛津贫困与人类发展中心”的多维贫困指数 MPI（Multidimensional Poverty Index）和以社会福利为基础的 Watts 多维贫困指数等，北京师范大学中国扶贫研究中心提出“中国绿色减贫指数”等均是从多维贫困角度进行研究的。在具体测量方面，王小林（2009）采用 MPI 测量技术测量在中国家庭中的多维贫困；[9] 郭建宇和吴国宝（2012）通过调整多维贫困测量指标值和权重分析其对于多维贫困结果的影响；[10] 范晨辉，薛东前和马蓓蓓（2015）应用 Rasch 模型对中国多维贫困进行实证研究；[11] 王艳慧等（2013）在系统设计多维贫困识别指标体系及多维贫困测算算法流程的基础上，构建基于“双临界值”的“维度加总/分解”算法；[12] 张全红和周强（2014）以 MPI 指数为基准，结合 Alkire S. 和 Foster J. 提出的“双界线”法，通过分类统计个体或家户是否处于各指标临界值以下（小于临界值属于贫困人口，否则为非贫困人口）的方法判定为多维贫困者。[13]

（二）中国开发式扶贫理论与实践的成功范式

开发式扶贫是中国 40 年减贫实践探索中最重要的一项内容，并成为世界各国所认可的成功范式。开发式扶贫就是通过利用贫困地区自然资源，进行开发性生产建设，形成贫困地区和贫困农户的自我积累和发展能力以解决温饱、脱贫致富的扶贫方式。开发式扶贫与救济式扶贫相对应，它不是单纯救济式扶贫即输血性扶贫，而是一种造血式扶贫，是一种通过产业化发展培育、自我升级能力生成、发展能力培养等全面提升来进行的扶贫开发。开发式扶贫具有鲜明中国特色，这种特色主要体现在：第一，可持续产业培育、开发和成长和壮大，从而达到贫困人口实现就业保障、收入的可持续，没有产业发展，扶贫脱贫的返贫风险就很大，脱贫的长期效果就无法保障。第二，开发式扶贫注重贫困人口的自身能力发展，增加人力资本投入。减贫不是一项短暂、短效的行为，而是旨在从根本上提高贫困人口生活水平的措施，重视教育设施的投入，对贫困地区实施人力资源开发，是根本解决贫困的有效途径。改革开放初期我国没能重视人力资本投资，较少考虑到农村贫困地区和贫困人口人力资本积累水平的提高。随着贫困深度的不断加深，扶贫难度的不断增大，开发式扶贫体系需进一步加强人力资本投入，“治贫先治愚，扶贫先扶智”，通过从思想观念和教育的角度提升贫困人口内在发展思维，从而促使其彻底摆脱贫困，避免造成贫困“代际相传”的恶性循环。第三，开发式扶贫更加注重区域环境改善和致病因素的消除。实践证明，贫困往往与自然环境条件紧密相关，大多贫困人口都处在自然条件脆弱的偏远的山区、灾害多发区和交通落后、信息不畅和文化设施落后地区，据有关调研表明，贫困人口 80% 以上都分布在山区，贫困地区的灾害发生率多非贫困地区高出 5 倍以上，贫困地区往往与灾害地区相重合，贫困与灾害相叠加，因此扶贫脱贫的难度就很大。开发式扶贫只有通过对贫困地区环境条件的改善、约束性减弱和脆弱性消除才能真正实现脱贫。第四，开发式扶贫更加注重区域经济发展，通过区域经济发展带动贫困地区的农村经济发展，进而带动贫困户的经济发展。与此同时，开发式扶贫注重区域市场的开发，通过开发区域性市场，提升贫困户应对市场冲击，提升竞争力，提高收入水平，加快了扶贫脱贫的进程和效率。

（三）中国区域改革及开发战略在减贫中的成功运用

贫困也是区域经济发展的一种结果型状态，[14] 中国改革开放 40 多年的减贫实践探索中，区域开发改革与发展战略是不可或缺的重要组成部分。第一，20 世纪 80 年代中国率先在农村改革，从城乡区域角度来讲，属区域改革的范畴。事实证明，中国从 1978 年到 1985 年农村联产承包责任制改革成功的实践带动了 125 亿贫困人口的脱贫，其效果最明显，正是这次在农村的成功改革带来了贫困面减少和贫困程度减弱，从而带动了整个中国下一步的城市改革和工业企业改革快速推进。第二，从 1985 年开始的区域分均衡战略即东部沿海率先改革发展，让一部分区域和一部分人先富起来，最终走共同富裕的区域非均衡战略在中国同样获得成功。从 1980 年开始的广东深圳福建等地的改革从而带来了中国东部地区迅速摆脱贫困走向小康和富裕之路，以及后来的上海浦东开发带来长三角经济圈的全面振兴发展，东部贫困县全部取消后的贫困县转给西部地区，可见非均衡区域发展战略的减贫作用持续显现。第三，西部大开发贫困地区区域发展战略。当中国东部区域快速进入到了发达区域行列时，从 1999 年中国领导人提出西部大开发战略设想，到 2000 年《中共中央关于制定国民经济和社会发展第十个五年计划的建议》正式确定，再到2001年《中国国民经济和社会发展第十个五年计划纲要》具体安排实施，中国区域发展战略自此开始进入到了均衡发展的减贫战略新阶段，继2006年通过了《西部大开发“十一五”规划》和2012年批复《西部大开发“十二五”规划》后，西部大开发战略的影响效应和作用尤其是在减贫中的效应得到了明显体现。第四，2005年和2006年相继提出了振兴东北老工业基地和中部崛起的区域战略，尤其是中国崛起战略为平衡东、中、西均衡发展起到关键作用。中部省份湖北、湖南、河南、安徽、江西、山西等，无论是建设粮食生产基地、能源原材料基地、综合交通运输枢纽还是建设沿江城市带、大力推进农业现代化、新型工业化和新型城镇化，或者是城市集群建设等都成为减贫效应提升的助推器，资料显示，2000—2010年，中西部地区贫困发生率下降较快，十年间，中部地区由8.8%下降至2.5%，西部地区由20.6%下降至6.1%。第五，集中连片特困地区扶贫攻坚战的减贫效应相当明显。2011年《中国农村扶贫开发纲要（2011—2020年）》确定将武陵山区、乌蒙山区、滇桂黔石漠化区等全国11个区域的连片特困地区作为扶贫攻坚主战场，这是对以往扶贫开发战略的又一个创新，比20世纪80年代提出的18个贫困片区更加全面，“集中连片特殊困难地区”将革命老区、民族地区、边疆地区和贫困地区集于一体，以“区域发展带动扶贫开发，扶贫开发促进区域发展”扶贫思路将区域发展与扶贫开发有机结合起来。全国共有241个老区县，155个民族自治地区，267个少数民族县，147个老区县和42个边区县，这些地区集中了大部分的贫困人口，其中有超过全国50%的贫困人口就分布在少数民族地区，因此整合各类资源，着力解决瓶颈制约和突出矛盾，加快连片特困地区发展和脱贫致富步伐，突破了就扶贫而扶贫、扶贫开发互不关联的传统扶贫模式，具有较强的实践意义。2014年，国家统计局监测数据显示，片区减贫效果明显。2014年，全国十四个连片特困地区贫困人口3518万，比2013年下降623万，下降幅度达到15%，快于全国下降幅度14.94%，其中秦巴山片区和六盘山片区减贫幅度最高分别达到20.6%和20.5%，还有大别山片区、西藏区和滇桂黔石漠化片区均高于全国平均减贫水平。片区农村居民人均纯收入增速快于全国。2014年全国十四个连片特困地区农村居民人均纯收入比2013年增长12.9%，高于全国2014农村居民人均纯收入增长9.2%将近三点七个百分点，除了大兴安岭南麓山片区和吕梁山片区外，12个片区均高于全国平均增速，可见片区扶贫开发战略的效果及其明显。

综合以上可以看出，我国改革开放40多年的区域发展战略，无论是2000年前区域份均衡战略还是2000年以后的区域均衡发展战略，不管是区域轮动还是区域联动，在中国减贫发展中的作用是相当明显的。

（四）社会保障与扶贫开发相结合的减贫创新探索

中国减贫成就的取得是中国制度优势和政治优势的集中反映，是扶贫开发包括专项扶贫、行业扶贫和社会扶贫等与社会公共服务和社会保障制度政策共同作用的结果。开发式扶贫在推动减贫事业中起到了中流砥柱作用，但是开发式扶贫并不能解决贫困问题的全部。相反，促进扶贫与社会保障的有效衔接，实现社会保障与扶贫开发相结合，是中国改革开放40多年来减贫的重要创新。尤其是在积极推进社会保障与扶贫开发相衔接和农村最低生活保障制度标准线与贫困线“二线合一”方面进行了有益探索，取得了良好效果，并成为十三五期间我国实现贫困人口全部脱贫和贫困县全部摘帽的兜底底线扶贫保障，与此同时，我国农村养老保险制度的快速实施，在贫困地区的减贫作用中是相当明显的。

农村低保兜底制度与扶贫制度，中国早在2009年年初就提出“坚持开发式扶贫方针，制定农村低保与扶贫开发有效衔接办法”，并提出具体衔接思路，随后，全国部分省份开始落实两项制度衔接试点工作。同年，国务院开始在部分地区农村建立“新农保”试点，逐步完善农村社会保障制度，也一定程度上将反贫困对象扩大至老年群体。2010年5月，国务院转发了扶贫办、民政部、财政部、统计局和中国残联等《关于做好农村最低生活保障和扶贫开发政策有效衔接扩大试点工作意见》，提出了目标、基本原则和试点范围，提出了标准和对象以及程序衔接、政策衔接和管理衔接，并提出了保障措施，从试点效果来看，两项衔接对扶贫脱贫的作用明显，也创造了很多创新的模式和经验。数据显示，到2015年第一季度我国农村低保人数为5160万，为农村贫困家庭提供经济保障和生活扶持方面发挥了重要作用。尽管中国财政收入增幅下降，但2014年中央财政安排的农村低保补助资金即达582.6亿元，进一步加大两项制度实施和衔接的力度，让发展成果更多更公平地惠及农村最困难群体（见表3–3）。

表 3-3　近年来全国农村低保情况

年份	农村居民最低生活保障人数	女性	老年人	未成年人	残疾人	农村最低生活保障家庭数	农村最低生活保障累计支出	人均支出水平
单位	（人）	（人）	（人）	（人）	（人）	（户）	（万元）	（元）
2015 第一节度	51602057	18277082	20668474	5705991	4440558	29323821	2027989.9	130.74
2014 第四季度	52090272	18172613	20644562	5782457	4440506	29391589	7933205.6	125.29
2014 第一季度	53490519	18568060	20793891	6063602	4662720	29324262	1829470.6	113.86
2013 第四季度	53820810	18452438	20753123	6143685	4619871	29249299	7135784.5	111.37
2013 第一季度	53398124	17907827	20145207	6301505	4600961	28250133	1627641.1	101.60
2012 第四季度	53409239	17881829	20172059	6398359	4527858	28096324	6903796.1	109.19
2012 第一季度	52663102	17209596	19553835	6544203	4661668	26925120	1908338.2	120.46
2011 第四季度	53134893	16826952	19318069	6921059	4829672	26626182	6069088.2	96.40

数据来源：中华人民共和国民政部网站

在最低生活保障与减贫相结合，实施低保线与贫困线“两线合一”方面，中国各地进行的改革试点有一定借鉴意义。例如江苏省 2015 年苏北地区最低低保标准将提高到每月 335 元、全年 4000 元，远高于全国平均标准。目前江苏已经有 39 个县（市、区）实现了城乡低保标准并轨，实现了救助金社会发放。贵州省 2015 年制订《贵州省城乡低保减量提标方案》，通过城乡低保减量提标，确保城乡低保标准、保障范围与全面小康社会建设进程相适应，与扶贫攻坚进程相适应，到 2020 年，农村低保标准与扶贫标准实现“两线合一”，达到 6200 元（1000 美元），贵州全省农村低保保障人数减至 213 万；城市低保平均标准达到 747 元 / 月，保障人数减至 40 万。贵州省凤冈县从 2015 年起，通过实施农村居民最低生活保障标准与农村困难群众扶贫标准“两线合一”，确保 2020 年凤冈县农村低保标准与扶贫标准实现“两线合一”达到 6200 元，提高到扶贫标准线，实行“两线合一”。

农村最低保障制度是中国实现 2020 年贫困人口全部脱贫的兜底性政策保障，也是中国减贫政策与制度的一个创新探索，目前正在试点实施中，但更多的经验和模式有待于实践创新中不断总结积累。

（五）社会扶贫下的大扶贫格局形成探索模式

社会扶贫是中国特色扶贫开发道路的重要组成部分，也是改革开放 40 年来中国扶贫开发实践创新探索的重要内容。有人将中国扶贫开发道路的总体构架可以概括为“三位一体”的大扶贫格局，即专项扶贫、行业扶贫与社会扶贫相结合。其中，社会扶贫的力量对扶贫开发事业的重要性在新世纪不断增强。社会扶贫从广义上讲，是政府专职机构扶贫工作以外，所有扶贫工作的总称，包括定点扶贫、协作扶贫、国际扶贫、社会组织扶贫等多项内容。

为什么要有社会扶贫力量积极介入呢？主要原因就是中国贫困人口规模大且分布分散，结构复杂，需要动员社会力量，而且中国区域差异大，贫困多维性和致病因素多元化，表现多样化，需要多主体合作推进。与此同时，由于瞄准对象变化，精确度提高，需要社会力量参与，加之贫困特殊性和扶贫开发的艰难性也决定了扶贫社会参与扶贫的必要性等。实际上，社会扶贫的根本性原因就是中国的社会主义制度决定了扶贫脱贫是全社会共同的责任，对此，可能会有不同的看法，但是我们认为，扶贫脱贫就是社会主义本质决定的国家职责和使命，是全社会共同的责任，这主要是因为消除贫困，改善民生，实现共同富裕，是社会主义本质的要求，[15]这与全面深化改革总体目标是一致的。中国自 1949 年以来社会主义建设发展历史，从本质上说就是消除贫困改善民生实现共同富裕的历史，无论是 1949 年到 1978 年减贫道路探索阶段，还是 20 世纪 80 年代中期开始启动的有计划有组织大规模的《国家八七扶贫攻坚计划（1994—2000 年）》，以及《中国农村扶贫开发纲要（2001—2010 年）》和《中国农村扶贫开发纲要（2011—2020 年）》，扶贫开发一直伴随着中国社会主义建设和市场经济体制改革的全过程。因此，中国从很早就开始开展了多种方式的多元化社会扶贫方式，主要方式有：定点扶贫、东西协作、军队和武警部队扶贫、各类人民团体、社会组织、民营企业和公众参与扶贫等。第一，定点扶贫。国家确定的定点帮扶单位主要包括中央和国家机关各部门各单位、人民团体、参照公务员法管理的事业单位、国有大型骨干企业、国有控股金融机构、各民主党派中央及全国工商联、国家重点科研院校等，定点帮扶对象为重点县，截至到 2012 年年底，参与定点扶贫的中央单位达到 310 个，定点扶贫实现了对 592 个重点县的全覆盖。第二，东西扶贫协作。这项政策自 1996 年开始部署，主要是安排东部 15 个经济较发达省、市与西部11个省（区、市）开展东西扶贫协作工作。东西扶贫协作形式主要有政府援助、企业合作、社会帮扶、人才支持为主等。第三，军队和武警部队扶贫。这是最具中国特色的独特社会扶贫方式，体现了国家的政治和制度优势。据统计，2001至2010年间，在全国47个扶贫开发工作重点县，215个乡镇、1470个贫困村开展定点扶贫；建立扶贫联系点2.6万个，支援新农村建设联系点2500个，帮助210万贫困群众脱贫。第四，各类人民团体、社会组织、民营企业和广大公众积极参与扶贫开发。针对特殊困难地区和群众脱贫致富的不同需求，通过定点帮扶、结对帮扶、实施专项扶贫工程、参与具体扶贫活动等多种形式，按照公益事业志愿者活动。民营企业则通过履行社会责任即捐助资金、招聘劳力、建立产业和培训基地等多种方式参与扶贫开发。

随着我国社会建设不断取得成就，社会组织在扶贫开发工作中扮演着越来越重要的角色。20世纪80年代中期，已经有一些社会组织活跃于反贫困的领域中，20世纪90年代在“八七扶贫攻坚计划”的推动下，国内外的非政府组织开展了广泛而深入的扶贫活动，据统计，1993—2000年间，社会组织所动员的资源约合人民币500亿元，占社会扶贫资金投入总量的28%。新世纪以来，各类社会组织通过直接的资源投放、经验分享、政策倡导等方式，积极推动着我国的反贫困事业发展。从《中国农村扶贫开发新进展白皮书》中对社会扶贫工作的介绍可以看出，在过去的十余年间，中国的社会扶贫领域获得了快速的发展，已经成为拉动贫困地区发展和扶贫开发工作的重要引擎之一。然而，也必须承认，社会扶贫领域的潜能释放得还很不充分，在扶贫开发工作的新阶段，需要通过持续的体制和机制创新，释放社会扶贫领域的潜能。中国社会扶贫的潜力是很大的，伴随中国社会扶贫的深入推进，社会扶贫在整体扶贫中的作用将越来越大，参与扶贫脱贫的方式也更加多样化。

（六）从绿色、生态和低碳减贫创新理念到中国行动

尽管中国经济发展尚未跨入世界最发达国家之列，但中国改革开放40多年的增速和减贫成效却使中国成为世界减贫贡献最大国家之一，在这一过程中，中国减贫并未完全照搬发达国家工业化减贫之路，而是在工业化发展中及时转向了绿色发展和绿色减贫，这是中国减贫理论和实践创新中非常值得庆幸之事。不难看出，我国绿色发展道路经历了一个不断进化、创新的历程，

从“十一五”规划突出了绿色发展的思路，绿色发展指标被列为约束性指标，到“十二五”绿色发展理念进一步强化并明确了绿色发展的激励约束机制，进而到2015年十八届五中全会再次强调绿色发展理念，提出要实现“十三五”时期发展目标，破解发展难题，强化发展优势，必须牢固树立并切实贯彻“创新、协调、绿色、开放、共享”五大理念，绿色发展理念居于五大理念核心位置。伴随中国绿色发展理念的升华，中国减贫也无不渗透了绿色发展理念，进而推进了绿色减贫的理念创新和绿色减贫的中国行动。绿色减贫契合了中国新常态下供给侧结构调整为核心的绿色生态低碳扶贫创新动力的培育成长，绿色减贫是以多维贫困理论为基础，以保护生态环境为侧重点，以长期减少贫困人口为目标，通过生态、低碳、节能等绿色途径而构建的新型可持续扶贫机制。绿色扶贫是在保护贫困地区生态环境的前提下，合理开发利用自然资源，通过建立参与式的绿色扶贫机制，使更多的农民掌握致富技能，促进地区绿色低碳经济和可持续发展，进而帮助生态脆弱地区贫困人群脱贫致富的一种新的扶贫方式。[16]绿色减贫是生态文明建设中减贫方式的创新，是一种符合生态文明发展、实现绿色增长和发展新方式的减贫新理念，是把生态文明与反贫困有机结合起来的减贫新战略。[17]其“绿色”不仅仅代表生态环境保护，还代表了一种以资源保护为导向的内源式扶贫路径。由此可见，绿色扶贫具有多元化的内涵和不同层次的内容，理论界对此研究的成果也充分证明了这一点。实施绿色扶贫，改善区域环境气候，是保护扶贫成果，经济社会可持续发展的要求。[18]这主要是因为贫困问题与生态环境恶化有较强的相关性。[19]实证研究表明，绿色扶贫是能实现这些地区可持续发展的战略思想，也是西部贫困地区发展的必选之路。[20]集中连片特困地区研究也同样如此。[21]

绿色减贫是生态保护脱贫新路径，绿色减贫是包容性增长的扶贫脱贫新方式，是可持续性最强的共享发展模式，同样也是中国开展国际扶贫合作的重要路径，未来5年中国将对发展中国家提供100个减贫项目、100个农业合作项目、100个促贸援助项目、100个生态保护和应对气候变化项目、100所医院和诊所、100所学校和职业培训中心六大方面的项目支持，其中减贫和生态作为两大支持项目内容，体现了中国未来减贫和环境保护在对外合作上的新举措。国务院扶贫办主任刘永富在生态文明贵阳国际论坛2015年年会“生态文明与开放式扶贫”论坛上表示，中国正在实施的移民搬迁扶贫、光伏产业扶贫、旅游扶贫三项扶贫工程成为中国“绿色”扶贫重要支柱。事实上，2014年以来，我国的绿色减贫在实践中取得了长足进步和发展，也积累了一定的经验和创新模式。中国绿色减贫从创新理念到中国行动的具体模式主要有以下几种方式：其一，易地搬迁扶贫——区域发展与绿色减贫相融新路径。易地搬迁是中国扶贫开发品牌之一，是我国扶贫开发过程中，将区域发展和绿色减贫相结合的最重要经验模式之一，被国家“十三五”规划确定为实现2020年全部脱贫“五个一批”重要路径之一。截至2015年，国家累计安排易地扶贫搬迁中央补助投资363亿元，搬迁贫困群众680万余人。其中，2001—2010年，安排中央补助投资132亿元，搬迁贫困群众286万余人；“十二五”以来，共安排中央预算内补助投资231亿元，搬迁贫困群众394万人，在扶贫减贫中起到了重要作用。其二，旅游扶贫——绿色减贫在生态保护的创新。旅游扶贫是连接生态保护与减贫的有效桥梁，是绿色减贫创新的最有效途径。国务院扶贫办与国家旅游局合作，启动贫困村旅游扶贫工程。资料显示，2014年全国乡村旅游特色村超过10万个，接待的游客达到12亿人次，约占全国旅游接待总数的1/3，乡村旅游的营业收入达到3200亿元，同比增长15%，带动3300万的农民受益。旅游扶贫在未来的绿色扶贫中将居于主导性位置，伴随交通等基础设施的不断改善，山绿水清空气新鲜景观好的贫困地区，将是健康中国最理想之胜地，也是绿色发展和绿色减贫的重要模式之一。其三，“互联网＋扶贫”——绿色减贫信息时代的新运用。“互联网＋扶贫”是我国扶贫脱贫的新突破和新运用，利用互联网解决扶贫实施中的信息障碍，增强贫困地区和非贫困地区间的信息流通，提高贫困人口的公平性。例如贵州省利用国家大数据建设试点的机遇，开发并运用于扶贫脱贫管理的“扶贫云”，就是通过互联网手段和技术，构建了贵州扶贫脱贫的大数据新平台，并以此实现扶贫脱贫高效率的扶贫供给需求对接、扶贫脱贫动态信息管理的现代化、即时化。其四，光伏扶贫——绿色减贫路径新探索。光伏扶贫是有效利用光伏发电产业对贫困地区、贫困人口进行精准扶贫的新型扶贫模式。从全国总体来看，光伏扶贫是绿色减贫新途径，通过对贫困家庭安装屋顶光伏电站等形式促进贫困户增收，有利于人民群众生活方式的变革，开辟了贫困人口增收新渠道，达到绿色减贫效果。

（七）构建了内源发展与外源拉动的扶贫机制不断完善的扶贫治理体系

改革创新扶贫开发新机制，构建扶贫开发治理体系，一直是中国政府扶贫脱贫的追求和目标任务。一般来说，法律、制度和政策体系是扶贫开发治理体系的基本框架，而要达到法律、制度和政策体系的有效推进和实施，还取决于建立扶贫开发新机制来保障，改革开放40年的扶贫开发创新实践的一个重要成效就是建立了符合中国特色的扶贫开发治理体系和扶贫脱贫有效机制，业已初步形成的双层扶贫动力机制，即扶贫开发治理的内源推动机制和扶贫开发治理的外源拉动机制。国家制定的《关于创新机制扎实推进农村扶贫开发工作的意见》明确提出了完善和创新贫困县考核机制、精准扶贫机制、驻村帮扶机制、社会扶贫机制、专项财政扶贫资金使用机制和金融扶贫机制即“六大机制”建设，实际上就是对改革40年扶贫治理体系建设中完善和创新扶贫机制的总结。

一是，内源推动机制。[22]内源推动机制是指为了激发贫困内部源动力而建立的多元动力机制，这种动力主要来源于三方面的推动力，一是构建内部管理约束及激励机制，主要通过考核机制和方式转变来实现；二是构建扶贫效率提升机制，主要是通过精准扶贫来实现；三是扶贫治理方式创新推动机制，主要是通过驻村帮扶来实现。在内源推动机制中，以精准扶贫形成内源推动力的核心，提升扶贫治理效率；以考核机制为引领，正确引导扶贫开发治理方向，并形成有效的管理约束和激励机制；扶贫治理方式即帮扶机制的推动力则是内源动力机制的催化剂和助推器。三种机制动力形成合力，从而就可成为推动扶贫治理内源的强大发动机。由此可以看出，精准扶贫是扶贫开发治理的内在效率提升机制，实现贫困治理精准定位，瞄准贫困对象，提高扶贫治理的精确度。考核机制，是扶贫治理内部管理约束和激励机制，可以起到引导和把握扶贫开发新动向，强化贫困地区扶贫治理力度，将贫困地区重点和中心集中到扶贫开发治理中，形成扶贫开发治理的集聚力。驻村帮扶机制，是贫困治理方式创新机制，目的在于使国家强农惠农富农政策落实程度更高，加强干部贫困治理能力，使得扶贫治理方针政策更具针对性，同时形成良好的互动反馈机制。

二是，外源拉动机制。扶贫开发治理的外源拉动机制主要由国家宏观财政政策拉动机制、国家宏观金融政策服务拉动机制和多元合作拉动机制构成，即形成财政劳动力、金融拉动力和市场拉动力。宏观财政政策拉动机制是通过改革财政专项扶贫资金管理来实现，即一方面，通过增加专项扶贫资金支出，提高扶贫力度；另一方面，通过财政专项扶贫资金管理，提高宏观财政政策实施准度和精度，提升扶贫资金使用效果。金融政策拉动机制是通过金融服务来实现的，即通过加大对贫困的地区宏观金融服务力度；发挥金融服务功能和金融导向作用，通过创新适合贫困地区的金融品种、方式和工具，形成金融拉动力；多元合作拉动机制是通过创新社会参与来实现，即通过建立和完善广泛动员社会各方面力量参与扶贫开发制度，形成大扶贫治理体系。打破传统的只由扶贫开发部门负责的治贫机制，多方合作拓宽扶贫资金来源的多样性、保障资金投入的充足性，形成政府、社会、市场以及公民的合作互补关系，发挥各自所长，弥补各自缺陷，形成各尽其责、协同作战的良性格局，拉动全社会扶贫大局势形成。

从以上分析可以看出，扶贫开发治理机制贯穿扶贫开发治理的方方面面，内源推动机制重在提升扶贫开发治理机制内部运行效率，通过内部管理约束评估、提升贫困治理方法和效率等，达到内部要素最佳配置；而外源拉动机制则较多的是通过外部宏观经济政策和多方合作改善内部治理环境，实现内外联动，共同促进国家扶贫开发顺利推进。目前我国扶贫实践中的精准扶贫精准脱贫方略从本质上说就是国家扶贫治理体系中内源推动和外源拉动双层扶贫机制的重要且核心内容，无论是精准识别、精准帮扶、精准管理和精准考核的“四精准”还是对象精准、项目精准、资金使用精准、帮扶措施精准、因村派人精准、脱贫成效精准的“六精准”都是国际扶贫治理体系建设中精准扶贫机制的内容。

四、40 多年中国减贫经验启示和展望

40 多年的中国减贫历程可谓在艰难困苦中创新探索，实属不易，从贫困人口多达 95% 以上的大面积贫困状态减少到五千多万贫困人口，在取得辉煌成绩的同时，也为世界积累了属于中国自己的宝贵经验，为未来世界共同面对消除贫困这一永恒主题，为中国努力实现 2020 年后的中国扶贫新征程新阶段起到基石般的作用。

（一）经验和启示

第一，中国探索了大国实施减贫的独特做法积累了经验。中国是世界上最大的发展中国家，也是世界上人口最多的国家。2014 年我国总人口为 13.68 亿，而截至 2014 年年底，我国贫困人口数量为 7017 万，占总人口的 5.13%，若将我国贫困人口数量置于全球视野之下，大致相当于俄罗斯总人口的一半，与土耳其总人口相近，两倍于摩洛哥总人口。大国扶贫与小国扶贫间有着很多区别，中国在探索大国扶贫脱贫中的历程和艰难探索足以说明，扶贫开发中必须做到：其一，国家自上而下、有组织有层次地实施反贫困战略，并将反贫困纳入国家发展规划，使得反贫困制度化。大国贫困人口多，减贫任务重，因此，仅仅依靠地方政府力量是不够的。从中国改革开放 40 年的减贫历程可以看出，中国在每一个阶段都制定了阶段性的国家扶贫规划政策重点和具体实施行动。除以上中央层面的政策以外，各省、市在结合省情、市情的基础上出台了更为具体和针对性的政策。换言之，我国扶贫开发工作形成了以中央政府为主导、地方各级政府直接领导并实施反贫困举措的自上而下模式，在政府主导下将扶贫开发工作有组织、有计划、有步骤。其二，分区域开展扶贫攻坚，实施区域差异化扶贫开发战略。鉴于我国区域经济和收入发展不平衡的实际情况，我国先后实施了西部大开发、振兴东北老工业基地和中部崛起等大型区域性发展战略，以及通过划定连片特困地区的形式开展针对性扶贫攻坚。其三，实施少数民族地区扶贫攻坚。少数民族贫困问题关系到民族团结、社会稳定以及经济的可持续发展。改革开放 40 年来，中国高度重视少数民族扶贫脱贫问题，如在划定 14 个集中连片特殊困难地区中，西藏片区、南疆三地州片区、滇西边境片区、四省藏区、滇桂黔石漠化片区等主要瞄准的对象就是少数民族地区，另外，国家民委部门负责民族问题。解决好民族扶贫脱贫问题是中国的重要经验。资料显示，2014 年民族八省区农村贫困人口为 2205 万，较 2013 年减少 357 万，民族八省区农村贫困人口占乡村人口的比重为 14.7%，占全国农村贫困人口的 31.4%。[23] 从数据来看，少数民族贫困人口减贫虽已取得较大成绩。

第二，中国开创了转轨国家的减贫实践的新模式。改革开放 40 多年，中国成功地实现了由计划经济向社会主义市场经济体制转轨，40 多年来的减贫历程就是在这种转轨中实现的，从而为转轨中的国家减贫实践提供了创新模式借鉴。主要体现在以下三个方面：其一，从计划经济到市场经济的转型，由政府主导式扶贫开发转向全社会共同参与的扶贫开发模式。从形成了政府、社会和市场相结合的大扶贫格局。其二，从传统经济增长转向现代经济增长，更加注重经济增长质量，由提升贫困人口物质生活条件向物质与精神文化并举的扶贫开发模式。扶贫脱贫并不是简单的收入问题，是人的生存发展权利和能力培育、提升的过程，更是区域发展与环境改善中人与自然和谐的过程，人类发展面临的任务除了解决温饱的物质和健康生活以外，更重要的是精神思想文化的进步和知识能力的提升，才能从根本上阻断贫困代际传递。其三，从城乡二元结构向城乡一体化转型，由传统工业化转向绿色、可持续发展从而实现共同富裕的扶贫开发模式。转轨的实质是完成资源从计划体制向预期的市场体制流动，并在流动的过程中使旧体制顺利瓦解，使新体制的框架和相关规则顺利建立和完善起来。[24] 中国改革开放 40 多年扶贫减贫最重要经验之一就是破除城乡二元结构，消除农业与工业、农民与市民间不平等的二元社会经济隔离制度。取消农业税、打破城乡户籍制度、城乡社会保障制度和公共服务如教育、医疗卫生健康等均等化改革，等等，这些都为农村减贫效应起到了巨大促进作用。

第三，中国积累了国际减贫合作与交流的新方式。中国在不断完善扶贫机制的同时，通过培训、项目交流等方式积极开展国际减贫合作与交流，有效利用国际扶贫力量提升国内减贫成效，并积极输出“中国经验”，为国际减贫贡献了中国力量，形成一种互动、共赢的国际减贫合作交流新范式。其一，通过国际金融机构提升减贫成效。中国通过与世界银行、亚洲开发银行等国际金融机构的合作，大幅提升了减贫成效。1978 年以来，中国与世行、亚行在大减贫领域进行了很多行之有效的合作，尤其是在扶贫资金支持、扶贫理念、扶贫资金管理、减贫行动计划制定、发展经济、保护环境、灾害治理、基础设施建设等方面的合作，加快了扶贫脱贫步伐。其二，加强区域合作，推进国家减贫合作，输出中国经验，促进全球减贫。中国政府注重与发展中国家在减贫领域开展交流与合作，尤其注重与东盟、中非、拉美等地区的扶贫交流与合作，如已为“东亚减贫合作倡议”提供资金，开展乡村减贫推进计划，建立东亚减贫合作示范点与湄公河国家开展减贫合作示范项目、为南南合作援助基金。中国政府与联合国开发计划部署等国际组织于 2005 年专门成立中国国际扶贫中心，以消除世界贫困为目标，从国际减贫的角度出发，通过专职从事减贫研究、培训、交流和合作促进中国与世界各国的减贫交流与合作。到目前为止，中国国际扶贫中心已为91个国家中高级官员举办几十期农村发展、扶贫经验、减贫能力、灾后重建等方面培训，对于部分有需要的国家或地区，我国通过出送减贫专家、提供政策咨询、开展减贫培训、减贫试点等方式与其进行直接的减贫交流，分享我国减贫的经验和成果，使减贫真正无国界，拉近各国之间的距离。其三，制定和推动国际减贫政策。在国际减贫政策支持方面，我国制定了许多以国际减贫为动向的政策，积极投身于国际减贫之中。总体看来，中国扶贫开发的成功离不开国际合作，纵观改革开放40多年，中国减贫道路也是借助于国际学习、结合中国实际创新摸索出来的，与此同时，又积极与世界各国分享与交流，在减贫道路中积累的中国经验。

（二）未来展望：扶贫脱贫历史责任、任重道远

中国改革开放40年减贫取得了世界公认的成就，探索创新了适合中国特色的减贫道路，为世界各国减贫提供了中国经验，但中国到2020年实现贫困地区全部脱贫、贫困县全部摘帽的任务依然艰巨，待2020年完成历史使命后的中国减贫则需要注入新的历史目标。

第一，“十三五”是中国减贫重要历史机遇。中国目前还有5575万贫困人口，按照国家十三五规划确定的目标“到2020年，要在现有标准下，实现贫困地区贫困人口全部脱贫，贫困县全部摘帽，解决区域性整体贫困问题”，为此，国家制定加快实施“打赢脱贫攻坚战的决定”的各项制度政策和措施安排，因此，“十三五”期间的中国减贫是扶贫脱贫进入到历史机遇期，战略机遇期，更是实现中国农村扶贫开发纲要制定目标的攻坚期和决战期，也是最后阶段。扶贫脱贫必将形成政府、社会、市场协同发展大扶贫格局的快速发展壮大阶段，我国扶贫开发将会进入到一个社会各方面力量积极参与，各种社会资源共同整合，形成政府、市场、社会协同推进的大扶贫开发格局，这是“十三五”期间我国扶贫开发最显著的变化。“十三五”期间，我国扶贫开发改革创新目标是探索中国特色扶贫开发道路，积极完善扶贫治理体系和提升扶贫治理能力现代化，努力构建内源发展机制与外源拉动机制相结合的扶贫脱贫有效机制，积极从单纯外源拉动为重点向培育内源发展机制为重点方向转变，要实现从“输血”到“造血”功能的转化，进入从“造血”到

“造好血”提升的快速推进阶段。

第二，2020 年后中国减贫重点将转向消除和减少相对贫困新阶段。伴随我国经济水平的不断提升、社会发展不断加速，2020 年完成“现行标准下的贫困人口全部脱贫”目标后，不是说没有了贫困，而是我国的贫困结构发生了变化。也就是说，即使到 2020 年达到全面脱贫的目标时，这种脱贫也仅是在现有标准即 2010 年 2300 元（不变价格）下的脱贫，也只是初步解决了绝对贫困问题，与 2015 年世界银行提出的每天 1.9 美元新贫困标准比较，还有一定距离。事实上，绝对贫困问题的基本解决，并不意味着贫困完全消除，贫困问题始终是人类面临的任务和挑战，中国的减贫之路也不会有终结。解决贫困问题将是一个长期的过程，一个国家、一个区域，无论发展处于哪个阶段都存在贫困问题，只是随着不同发展背景下对贫困有不同的诠释，可以预测 2020 年后，我国绝对贫困人口的数量和比率将明显下降，而相对贫困人口的数量和比率却会迅速上升，我国也将经历贫困结构转化的过程，我国扶贫减贫重点也将转向相对贫困方面。

第三，减贫仍是世界各国未来发展面临的共同主题，需共享共担。伴随联合国 2015 年千年目标的完成，2015 年 9 月，联合国 193 个会员国一致通过了 2030 年可持续发展议程，并于 2016 年 1 月 1 日正式启动，议程包含经济、社会、环境三大维度共 17 个可持续发展目标，其中首要目标就是“在世界各地消除一切形式的贫穷”，包括在世界所有人口中消除极端贫穷、生活贫困的各年龄段男女和儿童比例至少减半、执行适合本国国情的全民社会保护制度、确保所有男女，特别是穷人和弱势者，享有平等权利等内容，各国需根据自己国情，对在自己国家里绝对和相对贫困的人口予以帮扶。可见贫困并不是落后国家或某一地区单独的责任，贫困遍布任何地区、任何国家、任何角落，再富有的地区都存在贫困和弱势群体，再富有的国家也同样需要减贫，消灭贫困是全世界各国都必须承担的共同任务。

参考文献

[1] Angus，Deaton，崔传刚，译.逃离不平等——健康、财富及不平等的起源.中信出版社，2014：206.

[2] 张磊.中国扶贫开发政策演变（1949—2005 年）.中国财政经济出版社，2007：65.

[3] 中共江苏省委党史工作办公室，江苏省中共党史学会. 总结经验继往开来纪念中国共产党成立 90 周年理论研讨会论文集. 中共党史出版社，2011：367.
[4] C Riskin: Chinese Rural Poverty: Marginalized or Dispersed [J]. American Economic Review, 1994, 84 (2)：281-84.
[5] 中共中央，国务院. 中国农村扶贫开发纲要（2011—2020 年）.2012-07-10.http://www.gov.cn/gongbao/content/2011/content_2020905.htm.
[6] 我国将实施精准扶贫十项工程，新华网，2014-12-15.http://news.xinhuanet.com/politics/2014-12/25/c_127333512.htm.
[7] 国家统计局住户调查办公室.2015 中国农村贫困监测报告. 中国统计出版社，2015：127.
[8] 国家统计局. 全面建成小康社会进程统计监测报告（2001）. 新华网，2011-12-21，http://www.stats.gov.cn/ztjc/ztfx/fxbg/201112/t20111219_16151.html.
[9] 王小林，Alkire S. 中国多维贫困测量：估计和政策含义. 中国农村经济，2009（12）：4—10.
[10] 郭建宇，吴国宝. 基于不同指标及权重选择的多维贫困测量——以山西省贫困县为例. 中国农村经济，2012（2）：12—20.
[11] 范晨辉，薛东前，马蓓蓓.Rasch 模型在多维贫困测度中的应用，统计与决策.2015（6）：81—83.
[12] 王艳慧，钱乐毅，段福洲. 县级多维贫困度量及其空间分布格局研究——以连片特困区扶贫重点县为例. 地理科学，2013（12）:1489—1497.
[13] 张全，周强. 中国多维贫困的测度及分解：1989—2009 年. 数量经济技术经济研究，2014（6）：88—101.
[14] 李雨停，丁四保，王荣成. 我国贫困区域发展问题研究. 经济问题探索，2009（7）：132—139.
[15] 刘永富. 打赢全面建成小康社会的扶贫攻坚战. 人民日报，2014-04-09.
[16] 戴旭宏. 绿色扶贫：中西部地区现阶段财政支持政策的必然选择——基于四川财政政策支持的视角. 农村经济，2012（12）：60—63.
[17] 张琦. 中国绿色减贫指数报告 2014 年. 经济日报出版社，2015：5—10.
[18] 葛宏，吴宝晶，欧阳放. 绿色扶贫是环境与经济的双赢选择. 经济问题探索，2001（10）：37—40.
[19] 刘爱玲，宋子良. 可持续发展——西部贫困地区脱贫的必然选择. 理论月刊，2001（5）：43—45.
[20] 刘可文，刘艳强，刘桂菊. 绿色发展理念与西部贫困地区发展. 云南地理环境研究，2005（7）：54—57.
[21] 郑长德. 基于包容性绿色发展视域的集中连片特困民族地区减贫政策研究. 中南民族大学学报（人文社会科学版），2016（1）：115—121.

[22] 张琦、黄承伟，等. 完善扶贫脱贫机制研究. 经济科学出版社，2015.
[23] 国家民委.2014年少数民族地区农村贫困监测果.http://www.seac.gov.cn/art/2015/4/15/art_31_225897.html.
[24] 吕炜. 转轨时期的经济增长原理. 经济社会体制比较（双月刊），2004（3）：1—21.

第二节　贫困地区脱贫摘帽有关问题研究

打赢脱贫攻坚战，决胜全面建成小康社会，这是党中央、国务院的重大战略部署。在过去几年里，我国贫困地区脱贫工作成效显著，贫困人口大幅度下降，深度贫困地区发展迅速，贫困县贫困村大规模摘帽实现脱贫。围绕着贫困地区脱贫摘帽，部分地区出现了扶贫工作力度减弱，对巩固扶贫成果不够重视的问题，针对这一情况，调研组深入贫困地区，对于当地脱贫摘帽有关情况进行调查了解，现将有关情况汇报如下。

一、贫困地区脱贫摘帽工作部署和完成情况

根据中共中央、国务院日前发布的《关于打赢脱贫攻坚战三年行动的指导意见》要求，到2020年我国确保贫困县全部摘帽，解决区域性整体贫困。根据工作部署要求，到2017年，脱贫摘帽125个贫困县，到2018年完成280个贫困县的摘帽任务，832个贫困县有一半的县完成摘帽任务。离目标日期仅剩两年，还有约400个县需要退出，国务院扶贫办主任刘永富在国务院新闻办公室举行的新闻发布会上表示，预计2019年完成300多贫困县摘帽，2020年完成最后的几十个贫困县摘帽，到2020年年底全部完成任务。

自2015年11月29日《中共中央　国务院关于打赢脱贫攻坚战的决定》拉开中国脱贫攻坚战略部署后，我国脱贫攻坚取得了显著成就，贫困县脱贫摘帽成效突出。我国贫困人口从2012年的9899万减少到2018年的1660万，6年时间减少了8000多万，6年平均每年减贫1300多万。东部9省市已有8个省市没有国家标准下的贫困人口，分别为北京、天津、上海、江苏、浙江、广东、福建、山东。从贫困县脱贫摘帽情况来看，2016年实际摘帽28个县，2017年摘帽125个县，2018年摘帽280个县，有一半数量的贫困县完成摘帽。全国12.8万个贫困村，2017年年底脱贫6万个，到2018年年底贫困村退出80%。

在国家精准扶贫战略指导下，各地积极落实脱贫攻坚工作，取得显著成效。四川凉山州截至2018年年底脱贫1454个贫困村，减贫65.94万人，甘肃

省临夏回族自治州11.22万人脱贫“摘帽”，160个村庄退出贫困村序列，贫困发生率下降到8.97%。[①]云南迪庆州脱贫4753户17794人。农业农村部定点扶贫的湖南湘西州累计减少贫困村878个，减少贫困人口65万，贫困发生率由2012年的38.1%下降到2018年的5%以下。湖北恩施州共有8个贫困县，截至到2018年年底共脱贫89万人，还剩20万贫困人口，有579个贫困村脱贫出列，贫困发生率由30.6%下降至5.83%。

农业农村部定点扶贫县也如期实现脱贫任务。湖南省龙山县2014年至2017年，全县累计脱贫17742户74710人、退出贫困村67个，贫困发生率降至9.04%。2018年脱贫22910人、退出贫困村81个，贫困发生率降至4.54%。湖北来凤县截至2018年年底，累计出列46个重点贫困村，累计脱贫20378户72717人，留存375户1151人，贫困发生率下降至0.41%（见表3–4）。

表3–4 湖南省龙山县和来凤县脱贫情况

		累计脱贫		贫困村退出（个）	贫困发生率（%）
		（户）	（个）		
湖南龙山县	2014–2017年	17742	74710	67	9.04
	2018年	22910		81	4.54
湖北来凤县	2018年	20378	72717	46	0.41

大兴安岭南麓片区的黑龙江富裕县从2014年至2017年脱贫退出11071户、26587人，2018年6月通过国家第三方贫困县退出专项评估，贫困发生率从16.1%降至0.63%。依安县截至到2018年年末，建档贫困人口为11187户24250人，其中已脱贫9323户21004人，未脱贫1864户3246人，全县贫困发生率降至0.80%，54个贫困村已于2017年年末全部脱贫摘帽。龙江县截至到2018年年末全县27个贫困村已脱贫出列26个；4718户10209名建档立卡贫困人口中，已脱贫3206户6698人，未脱贫1512户3511人，贫困发生率降至0.71%（见表3–5）。

① 甘肃临夏回族自治州发布精准扶贫“成绩单”：逾11万人脱贫“摘帽”，中国小康网，2019年3月26日，http：//news.chinaxiaokang.com/shehuipindao/shehui/20190326/651460.html.

表 3-5　黑龙江省富裕县、依安县和龙江县脱贫情况

		累计脱贫		贫困村退出（个）	贫困发生率（%）
		（户）	（个）		
黑龙江富裕县	2014–2017 年	11071	26587		
	2018 年			46（全部退出）	0.63
黑龙江依安县	2018 年	9323	21004	54（2017 年末全部退出）	0.80
黑龙江龙江县	2018 年	3206	6698	26（剩余 1 个）	0.71

环京津 28 个贫困县中，河北省怀安县 2018 年全县退出贫困村 64 个，退出贫困人口 6157 户 12131 人，已脱贫 14672 户 27288 人、未脱贫 6063 户 10714 人，贫困发生率由 2017 年年底的 11% 降至 5%（见表 3-6）。

表 3-6　河北省怀安县脱贫情况

		累计脱贫		贫困村退出（个）	贫困发生率（%）
		（户）	（个）		
河北省怀安县	2018 年	614672	27288	64	5%

“三区三州”深度贫困地区脱贫摘帽效果明显，2018 年共减少贫困人口 134 万，贫困发生率下降了 6.4 个百分点，降幅比西部地区平均水平高 3.3 个百分点，高于全国平均水平 5 个百分点。中西部地区 169 个深度贫困县 2018 年贫困人口大幅减少，共有 460 万贫困人口脱贫。①

二、脱贫摘帽有关工作落实执行情况（程序、流程及巩固期的情况）

国家在贫困地区脱贫摘帽工作部署中，主要有以下几方面做法：

第一，按照“两不愁三保障”标准，在义务教育、基本医疗、住房安全和安全饮水四个方面在全国进行摸底清理，寻找问题进行针对性施测，建档立卡，记在账上，逐项逐人逐户地对账销号。

第二，聚焦深度贫困地区，特别是“三区三州”。2017 年年底，贫困人

① 深度贫困地区脱贫攻坚效果明显，经济日报，2019 年 2 月 21 日，http://www.gov.cn/zhengce/2019-02/21/content_5367356.htm.

口 3 万以上的县 110 个，贫困发生率在 10% 以上的有 98 个，盯着这些地区加大投入、加大帮扶，落实实施方案；强化对“三区三州”等深度贫困地区的精准支持，强化对老年人、残疾人、重病患者等群体的精准帮扶。

第三，强化驻村帮扶。按照中共中央办公厅、国务院办公厅印发的《关于加强贫困村驻村工作队选派管理工作的指导意见》，以省为单位加强督查，以县为单位开展考核，加强对驻村干部的关心支持，激发积极性，确保驻村工作实效。

第四，坚持问题导向，对中央巡视组发现的问题，考核评估发现的问题，以及各个方面包括媒体监督发现的问题进行认真整改。

同时，各个地方也按照国家整体脱贫摘帽指导意见严格安排工作部署。

第一，加强主体责任，提升帮扶成效。完善主体责任体系，进一步增强脱贫摘帽成效。如黑龙江富裕县成立脱贫攻坚作战指挥部，通过机构、人员、业务、目标和干劲五个融合，统筹研究重大政策和重大事项；在乡级每个乡镇安排 2 名县级领导包扶，配齐 2 名扶贫专干。在所有行政村下派副职任“第一书记”的基础上，下派 90 个县直各单位“一把手”担任驻村工作队总领队。按照“一帮五”标准，从各单位挑选 2356 名业务骨干，每月不少于 4 次进村入户结对帮扶。在社会组织非公企业和“两代表一委员”等开展定点帮扶。黑龙江依安县也在第一书记、驻村工作队和帮扶责任人“三支队伍”上加大力度，从选人、下派、培训、管理和督查方面层层把关，做好组织保障工作。甘肃广河县坚持党政“一把手”负总责和三级书记抓扶贫的领导责任制，层层签订责任书，实行县级干部包乡抓村制度，县委常委和县级领导干部带头包抓贫困程度最深的乡村，发挥牵头抓总作用。同时坚持脱贫攻坚“一季一攻势、一月一推进、一周一调度”，县委、县政府每季度开展一次攻坚行动；县脱贫攻坚领导小组每月召开一次推进会议；每周召开一次脱贫攻坚调度会；建立常态化的督查巡查制度，成立 9 个由县“四大家”主要负责人和县委常委带队的督查组，每月开展一次专项督查。

第二，因地制宜，提升产业扶贫带动模式。各个地方按照中央“六个精准”和“五个一批”的总体要求，根据当地特有条件和特色，大力发展产业扶贫脱贫。

黑龙江省富裕县在产业扶贫方面，探索“政府 + 合作社（企业）+ 村集体 + 贫困户”资产收益扶贫模式，整合涉农资金 3.03 亿元，集中投向粮食仓储、奶牛养殖、光伏发电、生猪养殖等项目，出台小型稳定规模经营政策，推进盐碱地改造和“旱改水”，实现亩效益增加的同时，贫困户个人和村集体双受益；同时出台“以奖代补”政策，激发贫困户内生动力，实现长久稳定脱贫。为避免“一分了之”，让有劳动能力的贫困户通过劳动获得收益，在资金收益分配上，2018年实现1800万元的效益，对低保贫困户按800元标准定额分配，结余资金定额补助村集体，由村集体针对有劳动能力的贫困户，开发公益岗位、开展小型公益事业、进行临时救助等。在劳转上，对培训合格、就业1个月以上的县内贫困劳动力，给予每人每年500元的培训补助，用小钱靠实收入调动他们的积极性。

黑龙江省依安县在产业扶贫方面，主要根据当地特有产业重点发展“半亩园、一亩种薯、百只鹅、千袋菌＋乡村自有特色产业”等产业扶贫工程。在“半亩园”产业扶贫项目中，主要通过依安博源有限公司、开荒人家庭农场等龙头企业为牵动来实现增收，打造“电商＋贫困户”“龙头企业＋贫困户”“同盟者商会＋贫困户”“驻村工作队或包扶干部＋贫困户”等“半亩园”发展模式；在“一亩种薯”上，主要以春城马铃薯、洪亮马铃薯等具有试管繁育能力的合作社为牵动实现增收；“百只鹅”项目上，主要通过建立“合作社＋贫困户”利益联结模式，贫困户通过以资入股方式入股大鹅养殖和食用菌合作社，政府同时积极引进应用新的科研成果，重点抓好高效饲料配方、优质牧草种植、玉米地养殖、鲜嫩秸秆加工饲喂等实用技术的推广与应用；在“千袋菌”上，通过加强技术指导服务，对食用菌栽培合作社、大户和发展庭院栽植的贫困户免费提供技术服务等提升产品质量。在“乡村自有产业”基础上，重点鼓励支持乡村两级组织、新型经营主体领办扶贫农场或合作社，吸纳没有劳动能力、缺少技术的贫困户以地入股，吸纳没有土地的贫困户以资入股，保底分红，二次分红，带动增收。

甘肃省广河县依托当地的皮革、毛纺、商贸三大特色产业，着力抓粮改饲助推养殖业增加群众收入。一是实施基础母畜示范工程。主要通过两种模式实施。一方面，政府采取统一品种、统一采购、统一防疫、统一服务的方式，群众选出代表考察选牛、商议价格、购买拉运，并逐村召开村民知情大会，一牛一价、公开公正。另一方面，通过精准产业扶持资金的投入实现。通过以奖代补自主购买，对未脱贫户每户落实2万元产业扶持资金，扶持贫困户发展基础母畜产业，同时，政府在贫困户购买基础母牛、专业技术咨询以及后期管理监督方面都全程进行帮助。二是大力推广粮改饲。坚持把粮改饲作为贫困户脱贫增收的基础性产业，以沿川5个乡镇、基础母畜示范村为重点，在广河县范围内大规模进行粮改饲工作。三是就业扶贫。制定和实施加强转移就业工作的15条意见，在东南沿海地区建立了19个稳定的劳务基地，在广河籍务工人员相对集中的长三角、珠三角地区设立了2个劳务工作站，向5个300人以上的企业派驻协管员，为贫困户外出务工创造条件。同时，对稳定就业的贫困户实施不同程度的奖补。四是，电商扶贫。广河县是甘肃省首批电商示范县，立足产业优势，出台扶持电商扶贫车间的七条措施，采取“前店后厂、延伸到村、覆盖到户”的模式设立扶贫车间，认真落实“四不一补”奖补政策，电子商务与传统优势产业融合发展模式被列为甘肃省电商发展三大模式之一。

甘肃省东乡县根据当地的牛羊产业和种植业两大产业，积极发挥政府主管能用性，制定《东乡县羊产业精准扶贫三年行动实施方案》《东乡县牛产业精准扶贫三年行动实施方案》，在牛羊产业扶贫上主要采取“155”工程对贫困户进行奖补措施，对每户先安排产业发展启动资金1万元，当年脱贫后每户奖补生产资金0.5万元，第二年再补助持续稳定发展资金0.5万元；同时对于扩大规模牛存栏达5头以上或者羊存栏达30只的，政府给予奖补资金6000元。在种植业扶贫上主要通过马铃薯产业和旱作农业推广及粮改饲两方面进行，一是大力实施脱毒马铃薯良种推广项目，同时，引进甘肃某公司落地东乡县，帮助带动马铃薯良种化生产。二是因地制宜，在21个山旱区乡镇实施了33万亩“全膜玉米产业扶贫”工程，每年推广种植全膜玉米33万亩，平均亩产670公斤左右，有效保障了群众稳粮增收。

第三，切实改善贫困群众的生产生活条件。各个地方在促进贫困户增收的基础上，按照“两不愁三保障”的脱贫目标，在住房、饮水、居住环境、医疗、教育、兜底保障等方面努力改善当地贫困人口的生产生活条件。

黑龙江富裕县在住房保障上，对建档立卡贫困户、低保户、分散供养五保户、贫困残疾人家庭等4类重点对象，确定了采取新建、修缮加固、购买安全房、租赁4种改造方式进行改造，同时对新建和购买的每户补助2.8万元，建设幸福大院每户补助3.7万元，修缮加固的户均补助1.8万元，租赁的每年补助1000元。在通硬化路上，全县达标的村由2014年以前只有83个增加到90个，通乡通村率实现100%，客车通达率100%，好路率达到90%以上，获得首批“四好”农村路全国示范县；在饮水安全上，投入6817.5万元，新安自来水1.69万户，安装小型净水器2264户，全县所有农村人口都吃上了安全水、放心水、干净水。在通广播电视上，投入4324万元，加大建设力度，达标的村由2014年以前的83个增加到90个。在通宽带上，投入3580万元，开展贫困村信息化建设，全县达标的村由2014年以前的78个变为90个。在教育扶贫上，通过“助、免、贷、改”综合措施，在“助”上，对幼儿园、小学、初中、特教学校、普通高中、职业高中及上大学的富裕籍建档立卡贫困学生，按照1000–5000元不等的标准，进行“一条龙”资助；在“免”上，对义务教育建档立卡贫困学生免收教科书费和学杂费；在贷上，对应（往）届贫困大学生提供生源地助学贷款；在“改”上，将学生课间加餐改为食堂供应午餐，每天4元钱营养费全部补到学生的饭菜上，为每个贫困家庭年均减少用餐支出800元。在医疗保障上，我县为每个贫困人口、低保、五保户个人缴费部分全额补贴，参合率达到了100%，同时建立和完善三道保障防线，努力减少医疗费用支出。

黑龙江依安县投入7434.8万元，统筹实施农村饮水安全工程166处，实现农村人口自来水工程全覆盖；组建5个危房改造工作组，继续采取三轮鉴定、五种筹资办法、七种安置方式，改造危房10819户，实现“能改尽改、能享尽享”。在教育扶贫上，巩固“一对一”帮扶成效，加大资金投入，实现教育均衡发展，落实各项教育扶贫政策，确保义务教育不落一人。在医疗方面，在稳定基本医疗、大病补偿、医疗保险兜底等原有政策基础上，全县167个乡村院所已与齐市第一医院建立了“医联体”远程会诊平台，破解了“看病难、看病贵”难题。在兜底保障上，建立数据互通、资源共享信息平台，对符合兜底保障条件的贫困户应纳尽纳、应保尽保。在改善村屯人居环境上，推进“六改”工程（改路、改水、改厕、改灶、改墙、改圈），集中整治“五乱”现象（柴草乱放、粪土乱堆、垃圾乱倒、污水乱泼、畜禽乱跑），扎实开展“六化”（净化、硬化、绿化、美化、香化、亮化）工作，确保达到乡镇、村、屯、户“四个干净”，群众满意度大幅提升。

甘肃省广河县在解决住房安全问题上，累计投资1.2亿元，实施农村危旧房改造5185户，其中投资2580万元，对326户无能力自建户兜底改造。在公路修建方面，累计投资9.1亿多元，硬化农村道路1700多公里，全县通村、通社道路硬化率达100%，通户道路硬化率达95%以上。在解决安全饮水问题上，开工建设总投资2.09亿元的和广两县水源保障工程，县上配套实施总投资6480万元的巩固提升工程；在解决公共服务上，累计投入资金2.25亿元，新建改造薄弱学校27所、幼儿园46所、村卫生室25所、村级活动场所48个、文化广场44个，贫困村实现了村村有标准化小学、有幼儿园、有卫生室、有活动场所、有文化广场。在医疗保障方面，大力推进健康扶贫工程，全面落实先诊疗后付费、一站式结算、住院免交押金、医疗救助等保障政策，贫困户新农合参保率达100%。在易地扶贫搬迁方面，2016年以来，投资8.56亿元，实施易地搬迁2820户、14828人，其中依托县城、中心集镇和经济园区通过楼房安置的方式搬迁山区贫困群众2449户、12877人，通过插花式安置的方式搬迁371户、1951人。

第四，增强党建力量，提升脱贫摘帽积极性。各个地方政府在脱贫摘帽实施过程中，进一步通过加强党建活动来提升基层党员干部的积极性和自我约束能力，增强贫困户自我脱贫的自发性，提升脱贫摘帽的内生动力。

黑龙江富裕县坚持以党建引领脱贫攻坚，通过创新建立“345”驻村工作机制，组建扶贫工作党支部，为村里打造一支永不离开的工作队。“345”工作机制即，包乡到村的县级领导每月驻村不少于三天三夜，乡镇党政正职和驻村总领队原则上每周驻村不少于4天3夜，其他驻村干部每周驻村不少于5天4夜。县级领导是“指挥员”，研究解决脱贫攻坚重要问题，实施重点突破；驻村干部是“战斗员”，围绕“两不愁、三保障”等脱贫标准逐户走访，做到“三有”：心中有情，脚下有路，手中有招，组建扶贫党支部，严格落实乡镇党委、驻村工作队、帮扶责任人三级领导关系，在每个村成立扶贫党支部，由驻村工作队总领队任支部书记统一指挥；帮助规范村级组织党内政治生活，借助“三会一课”“主题党日”等平台，分享工作经验，传授工作方法，指导党建工作，培养村级班子，选优育强“带头人”，打造永不走的工作队。

黑龙江依安县开展“12345”党建引领促巩固提升。一是挂好党员“一块牌子”活动，推行新兴镇党委在平胜村召开“屯组座谈”的成功做法，全县3766名农村党员在自家庭院挂上“党员示范户”牌子，不断强化党员“四个意识”，督促农村党员在脱贫攻坚中唱主角、挑大梁，着力解决影响群众生产生活的实际问题。二是推动“志智双扶”文化扶贫。三是抓好“三支队伍”建设。坚持政治标准选用优秀干部，着力建强驻村工作队、第一书记、帮扶责任人“三支队伍”，及时轮换和调整一批党员干部，加强日常监管，创新教育培训方式，激发帮扶热情，提升帮扶质效，督促任务落实。四是推进“四领四创”行动。深入推进乡镇党委领航创产业、村支部领路创品业、农村党员领头创实业、新型经营主体和经纪人领跑创家业，实现村级集体增收、农民收入增加，促脱贫攻坚、促乡村振兴“双增双促”目标。五是组织“五星新农家”评选。两年来，依安县已表彰奖励3660户五星新农家，积极营造“懒惰致贫可耻、奋斗创造幸福，向贫困宣战、向幸福出发”的浓厚氛围，提振了贫困户致富精气神，激发了脱贫内生动力。

甘肃省广河县坚持把作风建设贯穿脱贫攻坚全过程，深入实施抓党建促脱贫三年行动计划，着力解决基层干部作风问题和贫困村党组织软弱涣散问题，为打赢脱贫攻坚战提供有力保障。一是成立由县“四大家”主要负责人任组长，分管副书记任副组长，各常委、副县长、人大、政协分管领导和乡镇部门负责人为成员的整改落实工作领导小组，扎实推进整改工作；坚持举一反三，制定下发整改实施方案，逐一建立责任清单、整改清单、任务清单，由各常委牵头，逐条抓好整改落实。二是建强贫困村党组织。以农村党支部标准化建设为抓手，集中整顿软弱涣散村党组织，配齐配强村党支部书记。2016年以来，累计整顿软弱涣散村班子43个，在全县102个村都派驻第一书记，将44名大学生村官调整到贫困村任职；培养党组织脱贫致富带头人42名，党员脱贫致富带头人346名。三是深入开展扶贫领域作风问题专项治理。持续深化“两查两保”专项行动，定期不定期开展明查暗访和专项督查，大力整治扶贫领域腐败和作风问题。2016年以来，纪检监察机关查处扶贫领域违规违纪问题52件，处理68人。

三、贫困地区脱贫摘帽中遇到的主要问题

虽然近几年贫困地区脱贫攻坚效果显著，近50%的贫困县达到脱贫摘帽的要求，但是在调研过程中，也发现其中存在的一些问题和瓶颈，影响脱贫摘帽的工作进程和成效。

（一）贫困地区摘帽后驻村工作队撤离速度过快，脱贫地区较难适应

刚刚脱贫的地区由于各方面条件都处在脱贫临界标准，基础设施、产业发展、教育、医疗以及公共服务等方面的现阶段水平以及对未来的发展规划都处于不完善、不稳定阶段，因此虽然脱贫摘帽了，但是仍不属于稳定脱贫阶段，存在一定的返贫风险，因此对于外界（政府）的需求仍很高。而脱贫

摘帽后驻村工作队一旦撤离，会使刚处于脱贫阶段的地区短时间内较难适应，无论今后进一步的发展实施方向还是农民间的交流协调等方面都缺乏过渡期和缓冲期，对未来工作的进一步推进形成了潜在障碍。

（二）脱贫工作考核压力大

虽然脱贫攻坚建立了责任体系、政策体系、投入体系、监督体系、考核评估体系，较为完备的顶层制度设计为工作推动提供了有效保障，但是在调研中发现，实际操作过程中高频率的考核地方人力和财力都带来较大的压力。如黑龙江富裕县自2017年3月至今，已迎接国家省市各类督查、检查、考核、巡视、评估等共计21次，少则一两天，多则2个月之久，而且有时检查相互交叉，目前基层一年需要拿出一半以上的时间迎接检查；据黑龙江依安县统计，2018年1—12月上级检查共计30次，支出共14.22万元，可见高频率的督查考核对于基层而言压力巨大：一是大量时间用于接待考核严重影响了基层扶贫工作的正常进行；二是督查考核带来的财力支出也为当地政府带来较大的经济压力。

（三）地区之间的发展不平衡导致对政策的需求不一

由于不同贫困地区发展条件本身存在差异性，因此在对于扶贫政策的需求上也存在不同，因此造成政策在区域间形成的需求不平衡状态。比如对驻村干部帮扶政策而言，有的地区需求较大，而且要求能够长期实行，像湖南等地的贫困地区，基础条件相对较差，扶贫发展效率也相对较低，自我发展能力弱，因此对于政府扶贫干部的依赖性较大，在调研过程中提出干部帮扶机制不能停的政策需求；然而像黑龙江等基础条件相对较好的贫困地区，脱贫效率高，自我发展能力强，对于地方政府干部的依赖性随实践而逐步减少，需求逐渐降低，因此地区间的发展差异造成对于帮扶机制的需求也呈现多样化现象。

通过对调研数据的整理发现，调研对象中处于贫困村的人数210人，非贫困村的人数有206人。在对于基础设施的满意程度来看，根据“明显改善”“有所改善”和“没有改善”“变差了”分别为1、2、3、4四个分值综合统计（分值越低改善程度越好），从农田基础设施等共9个基础设施相关指标分别来看，在大部分指标中，非贫困村人口对于基础设施的得分平均值比贫困地区高，表示非贫困村在很多基础设施改善程度上比贫困村薄弱，如农田基础设施、电力设施、道路交通、通信设施、住房条件、上学条件、农村医疗条件。可以看出，除了农村水利设施和公共厕所两个指标外，其余指标贫困村均比非贫困村发展得好（从农户主观感受角度），贫困地区与非贫困地区的不均衡发展态势开始凸显（见表 3–7）。

表 3–7　贫困村与非贫困村农户对于基础设施满意度比较

	贫困村居民（人）				非贫困村居民（人）			
指标	平均值	明显改善	有所改善	没有改善	平均值	明显改善	有所改善	没有改善
农田基础设施	1.48	131	59	19	1.53	118	66	22
农村水利设施	1.51	130	56	21	1.49	125	61	20
电力设施	1.30	161	38	9	1.38	139	56	11
道路交通	1.18	175	33	2	1.30	151	50	4
通信设施	1.26	167	32	11	1.29	150	53	3
住房条件	1.32	158	37	15	1.35	143	54	9
上学条件	1.53	134	52	13	1.54	122	69	7
农村医疗条件	1.28	155	44	6	1.32	144	59	3
公共厕所	2.06	74	59	72	1.78	98	61	44

在对基础设施改善情况选择的人数统计中，也同样可以看出除了“公共厕所”一项，其余指标中选择“明显改善”的贫困村居民人数均明显高于非贫困村居民。可以看出，非贫困村在基础设施改善方面的满意度并没有贫困村高，除了造成基础设施的不平衡现象外，也容易造成村与村之间居民的主观不平衡，影响村、乡、县的整体发展。

（四）深度贫困地区受市场制约较大，农业产业发展机制不完善

贫困县脱贫摘帽虽然成效显著，但只是初步解决了区域性整体贫困；“三区三州”深度贫困地区有的地方生产生活条件甚至还是“一步跨千年”。目前来看，剩下的贫困村很多在深度贫困地区，由于地理位置、自然条件、科技水平较为落后，对当地市场需求考虑不充分，因此受市场制约大，农业产业发展存在很多瓶颈。由于深度贫困地区缺乏上一层次的统筹规划、分类指导和合理布局，出现了地区间产业同质化、区域内产业规模盲目扩大的问题，导致特色不再突出，地区比较优势未能得到充分发挥。地方政府为了加快产

业发展，往往依赖政府行政手段推动和选择见效快的项目，而忽略了市场体系建设和科技支撑。目前，深度贫困地区农产品市场体系还不健全，存在标准化、信息化程度不高、市场流通不畅等问题。大多数农民的生产仍带有一定的盲目性，农产品销售方式依赖于传统渠道——个体商贩。农产品市场体系不健全导致市场信息传递机制不畅，供求信息不能进行有效传递，农产品的多重价值等不能完全实现转化，优质不优价问题还比较普遍。

四、干部群众对脱贫摘帽的看法和意见

此次调研通过与干部群众和脱贫摘帽贫困县贫困户两个群体进行交流，了解其对于脱贫摘帽的看法和意见。

首先从干部角度来看，主要有以下几方面内容：

一是充分肯定脱贫攻坚的指导思想和主要做法。首先，脱贫攻坚是中央政府对贫困农村地区的高度重视，是对农民切身生活的关心。其次，脱贫攻坚的政策制定和措施实施真正从农民需求出发，从住房、产业发展、教育医疗、社会保障等方面综合考虑，真正实现了贫困人口脱贫。同时，脱贫工作还注重农民专业知识技术的培养，旨在提升农民的内生动力，对今后脱贫后发展提供了有力保障。

二是地区间、村与村间和群体间存在不平衡现象。在调研过程中干部们普遍反映由于贫困村政策资金等资源政策倾斜大，导致一些边缘村发展滞后所形成的不平衡现象。干部们表示“由于涉农资金整合集中向贫困村投入，挤占了原本可用于普通村的资金，导致一些边缘村的基础设施建设滞后，对比差异巨大”，并提出相应建议，表示“要统筹贫困户与边缘贫困户的帮扶工作，防止扶贫资源、发展机会与边缘贫困户隔绝，造成贫困户与非贫困户的不平衡”。整体来看，贫困县摘帽过程中，出现区域之间的不平衡、村与村的不平衡、人与人的不平衡。首先，在脱贫过程中，由于区域之间的贫困县发展程度各异，因此对于政策的需求也高低不一。其次，在村与村之间，对于一些地区贫困村与非贫困村差异本身不大，然而贫困村享受的待遇和政策倾斜远大于非贫困村，非贫困村因享受不到扶贫政策，导致基础设施等条件反而落后于贫困地区，造成发展支撑的不均衡。第三，在贫困村中，最容易忽略的群体是处于贫困标准临界线的“边缘人”，既没有享受到扶贫相关政策，又缺乏自主发展能力，因此很容易与其他群体形成不平衡发展状态。

三是评估考核频率高，基层干部压力大。从调研中了解到，贫困县贫困村普遍存在考核、检查、评估次数多的问题，给基层干部群众造成较大的压力。黑龙江依安县2018年上级检查共计30次，其中7月一个月时间里有20天都在接待检查，对当地扶贫工作带来较大的干扰。同时过多的检查也会增加当地政府的经济支出，据统计，2018年依安县接待检查的总人数高达197人，对当地政府的人力财力都造成极大的浪费。在对富裕县的调研中，县、乡、村的干部们反映“监督考核中存在的突出问题是过频过度问题，产生了一些负面效果。一是使基层干部产生了不被信任的感觉。二是使基层政府和干部疲于应付，把过多的时间和精力用于应付迎接督查考核，影响了正常精准脱贫工作的开展和为群众办实事的效果。依安县干部反映“过多过频的检查容易造成基层干部疲于迎评迎检，无法将精力集中到为群众解难事办实事做好事上来”。

从贫困县贫困户角度来看，对脱贫摘帽的诉求主要有如下几点：

一是贫困户整体对目前的生活状态、对贫困政策的实施和成效都表示了较高的满意度。通过对调研群体的问卷调查中发现，贫困人口对目前的生活状态都表现出很高的主观满意度，以不同年龄层分类来看，青年人（小于45岁）对于目前生活选择“十分满意”和“比较满意”的人数占其群体总数比例为82.08%，中年人（45~60岁）占比为84.44%，老年人占比为93.22%，可见绝大部分人口对目前生活都比较满意（见表3-8）。

表3-8 不同年龄层的主观满意程度

		青年人（<45岁）		中年人（45-60岁）		老年人（>60岁）	
		人数	占比	人数	占比	人数	占比
对生活水平满意程度	十分满意	46	43.40%	67	49.63%	110	62.15%
	比较满意	41	38.68%	47	34.81%	55	31.07%
	一般	15	14.15%	15	11.11%	9	5.08%
	比较不满意	3	2.83%	5	3.70%	1	0.56%
	非常不满意	1	0.94%	1	0.74%	2	1.13%

同时，对扶贫成效的整体评价较高。无论青年人、中年人还是老年人，对目前扶贫政策的了解程度、对扶贫政策的公平性和满意程度都较高。从表3-9中可以看出，在对扶贫政策的了解方面，青年人和中年人选择“比较清

楚”和“十分清楚”的占比均超过 80%，老年人占比也达到 77.71%；在扶贫政策的公平性方面，三个群体选择“非常公平”和“比较公平”的人数占比均高于 89%，满意程度非常高；在对于扶贫政策的满意度方面，三个群体选择“十分满意”和“非常满意”的人数占比均高于 92%，说明绝大多数人口对于扶贫工作都给予高度的肯定。

表 3–9 不同年龄层对于扶贫政策的满意程度

		青年人（<45 岁）		中年人（45—60 岁）		老年人（>60 岁）	
		人数	占比	人数	占比	人数	占比
是否知晓扶贫政策	十分清楚	35	50.00%	79	44.63%	79	45.14%
	比较清楚	25	35.71%	66	37.29%	57	32.57%
	一般	4	5.71%	14	7.91%	19	32.57%
	较不清楚	5	7.14%	15	8.47%	14	8.00%
	非常不清楚	1	1.43%	3	1.69%	6	3.43%
是否体现公平	非常公平	103	58.57%	41	58.19%	111	63.43%
	比较公平	60	31.43%	22	33.90%	47	26.86%
	一般	12	10.00%	7	6.78%	9	5.14%
	比较不公平	1	0.00%	0	0.56%	7	4.00%
	非常不公平	1	0.00%	0	0.56%	1	0.57%
对扶贫政策是否满意	十分满意	44	62.86%	69	63.89%	137	76.97%
	比较满意	22	31.43%	33	30.56%	30	16.85%
	一般	3	4.29%	5	4.63%	7	3.93%
	比较不满意	1	1.43%	1	0.93%	4	2.25%
	非常不满意	0	0.00%	0	0.00%	0	0.00%

二是子女教育问题。“扶贫先扶智”是中国扶贫的重要理论支撑之一，教育扶贫是提升贫困地区内生动力的关键，也是决定贫困地区脱贫进入乡村振兴的有力连接点。从调研过程中可以了解到，目前贫困户对于子女教育的诉求较高，很多贫困地区子女多，上学费用较高，对于贫困家庭而言，经济压力过大导致无法脱贫。同时，较高的教育费用使很多贫困家庭的孩子早早辍学无法继续接受教育，因而失去很多就业机会，从而提高代际贫困的风险，形成恶性循环。通过对 207 户建档立卡户的调查数据得出，教育负担在致贫原因中排在第 4 位，11.59% 的贫困户存在因学致贫。同时，通过对不同类型

家庭的受教育水平测算得到，未脱贫户的家庭平均受教育水平低于已脱贫户，低收入农户的家庭平均受教育水平低于中高收入农户，建档立卡户的家庭平均受教育水平低于非建档立卡户，且具有统计显著性。可以看出，教育成本高、教育资源不均等等原因带来的压力是影响一个贫困家庭无法支撑子女继续上学的主要因素，同时贫困家庭的子女教育问题是影响其是否能脱贫的内在关键因素。同时，在数据中也可以发现，虽然已脱贫户的平均家庭受教育水平高于未脱贫户，但是总体还是低于低收入农户和中高收入农户以及总体水平，可以看出，脱贫农户虽然目前摆脱贫困，但是从教育水平来看仍然较为薄弱，发展潜力仍然受限，不容乐观（见表 3–10）。

表 3–10　农户样本家庭平均受教育水平

农户类型	三省汇总	黑龙江	湖北	湖南
全体农户	1.61	1.57	1.63	1.68
未脱贫户	1.29	1.44	1.26	1.27
已脱贫户	1.49	1.48	1.48	1.52
低收入农户	1.65	1.53	1.85	1.81
中高收入农户	1.83	1.72	1.86	2.02
A. 建档立卡户	1.46	1.48	1.46	1.44
B. 非建档立卡户	1.76	1.64	1.86	1.96
A 和 B 均值之差	−0.30***	−0.16*	−0.40***	−0.52***

说明：受教育水平数值化处理是 1= 小学及以下，2= 初中，3= 高中或中专，4= 大专及以上；“***”“*”分别表示均值之差在 1%、10% 的统计水平上显著异于 0。

三是老年贫困问题。老年群体是脱贫攻坚中的相对弱势群体，也是最容易被忽略的群体。老年贫困户的很大一部分已经通过社会兜底等方式实现了脱贫，但老年人的精神贫困问题得到的关注还远远不够。据清华大学的调查，从 2002—2011 年，中国 70~74 岁的农村老人自杀率一直在提高，在 2011 年达到每 10 万人 41.7 例，是世界平均水平的四倍到五倍。① 有研究者认为，“当前农村居家养老建设滞后和家庭养老乏力所带来的最为恶劣的后果，是严重

① 何勇：农村老人自杀率攀高背后的保障真空［EB/OL］. 人民网，2014–08–01（2016–05–22），http：//opinion. people. com. cn/n/2014/0801/c159301–25382792. html.

的农村老年人自杀问题”。[①]随着农村空心化等社会现象出现，造成大量的农村空巢老人，留守老人数量逐年增加。根据民政部数据，中国农村留守老年人口约4000万，占农村老年人的37%。[②]贫困地区经济条件落后，劳动力转移力度大，空巢老人问题在贫困地区显得更为突出。由于经济供给不足、生活缺乏照料，导致贫困地区空巢老人生活质量普遍较差，加上长期面临家庭和子女交流及生活的缺失，空巢老人普遍面临精神缺乏慰藉的问题，贫困地区老年人的精神贫困需要引起关注。目前，针对贫困地区帮扶措施中对老年群体的针对性较弱，各省份实施的帮扶措施主要集中在技能培训、技术扶持、资金扶持、劳务介绍、教育救助、移民搬迁、医疗救助、危房改造等几个具体方面，其中适用于农村贫困老年群体的帮扶政策并不多，发挥作用最大的可能还要算其中的医疗救助方面，[③]然而医疗救助的实施只是更多对老年人基本身体状况提供保障，针对老年人精神状态的救助和改善仍然较为缺乏。在对于黑龙江、湖南和湖北的调研中，青年人、中年人以及老年人整体对于扶贫政策的公平满意度较高，但是相比而言，老年群体不满意的比例相对高于其他群体，数据显示，在“扶贫政策是否体现公平”的问题中，选择比较不公平的老年群体所占比例达到4%，而其他两个群体对此项的选择均未超过1%，说明扶贫政策对于老年人的针对性上还需要进一步考量（见表3–11）。

表3–11　不同年龄层对于政策公平度的满意程度

		青年人（<45岁）		中年人（45—60岁）		老年人（>60岁）	
		人数（人）	所占比例（%）	人数（人）	所占比例（%）	人数（人）	所占比例（%）
扶贫政策是否体现公平	非常公平	103	58.57%	41	58.19%	111	63.43%
	比较公平	60	31.43%	22	33.90%	47	26.86%
	一般	12	10.00%	7	6.78%	9	5.14%
	比较不公平	1	0.00%	0	0.56%	7	4.00%
	非常不公平	1	0.00%	0	0.56%	1	0.57%

① 阎晓涵.晚年何以幸福：农村空巢老人养老困境及其治理［J］.理论探讨（02）.

② 习近平为何如此重视人口老龄化?

③ 王惠颖，魏云娜.农村贫困老年群体养老困境及出路［J］.河北农机，2019年03期.

五、脱贫摘帽贫困县的政策需求和建议

根据目前脱贫摘帽存在的一些客观问题，结合基层群众和贫困户的看法和需求，提出以下建议。

一是资金整合下放，突出地方政府和基层的自主权。进一步提升扶贫资金整合的下放，避免资金分散化、碎片化现象，提升扶贫资金的利用率。首先，明确下放项目的范围，凡使用财政性资金，对技术要求不高、不危害公共安全、受惠对象直接、村民可直接组织实施的小型公共项目，都可下放到村级组织实施。其次，进一步提升地方政府和基层的自主权，上级部门不干涉下放项目的具体实施、不干涉项目资金的规范使用、不干涉属于基层的具体管理事物。最后，加强组织协调和管理，逐步建立和完善整合资金的运行和管理机制，要按照“统一规划、统一施工、统一标准、统一检查以及统一估算”的方法进行管理，同时设计资金的部门有责任对资金使用过程进行监督，提升资金的使用率。

二是提升贫困县的公共服务，完善产业扶贫、医疗、教育等方面机制。进一步缩小贫困县与其他地区的社会保障差距，在医疗、卫生、教育等方面为贫困县的贫困人口提供保障，这也是产业扶贫的重要支撑。首先，建立健全贫困县医疗保险和医疗救助制度，对因病致贫或返贫的贫困人口要及时救助，新农合和大病保险政策要向深度贫困地区倾斜，把贫困人口纳入重特大疾病救助范围，在贫困县优先推进健康扶贫工程等。其次，强化和加快发展贫困县的教育事业，把加快发展教育作为从源头上阻断贫困代际传递的根本措施，实施教育扶贫工程。科学布局农村义务教育学校，保障学生就近上学，加大控辍保学力度，用行政和法律的手段，双管齐下，坚决杜绝辍学现象；提升贫困县尤其是深度贫困地区教育基础设施条件，保障贫困县学生入学率；提高中小学教学水平，加大贫困县师资力量建设，加大对乡村教师的引进、培训和补助力度；普及高中教育；对贫困县贫困家庭子女考上大学的要给予重点支持；大力发展现代职业教育，引导和鼓励贫困群众学技术、用技术，提升贫困群众技术增收能力；提高贫困乡村基础教育水平，精准对接贫困乡村贫困人口教育最薄弱领域，落实多元扶持与资助政策，提升贫困人口发展能力，实现教育脱贫。最后，完善贫困县贫困村社会保障制度。完善农村养老保障制度，加强社会力量对于深度贫困地区的扶持力度；强化深度贫困地

区兜底保障制度，明确救助范围和对象，针对无地无劳动能力农民建立最低生活保障制度；继续发挥好五保供养等社会救助制度的作用，针对现行救助体系标准较低，效果有限等问题，整合好民政、医疗、慈善、保险等政策资源，健全社会救助体系，兜住民生的“底线”。此外，应进一步注重贫困地区的结构扶贫，注重老年群体的精神扶贫，注重从文化参与等方面提升老年群体尤其是空巢老人的社会参与度，进而提升贫困老年群体的精神生活。

三是进一步完善贫困县脱贫摘帽的市场机制。首先，要健全农村扶贫的市场机制，让市场主体能够按照市场规则参与到农村扶贫中，让市场资源（包括扶贫资源）能够按市场规则在农村扶贫市场中流动。其次，要按市场机制运作扶贫资源，尤其在扶贫产业的选择上要充分考虑市场需求、生产风险以及市场风险，扶贫资金的使用上要考虑短期、中期、长期效益，金融扶贫的放款上要充分结合贫困户的真实需求，强调扶贫的真实成效。最后，扶贫资源的扶贫绩效要以可持续发展为指导，充分考虑扶贫资源在市场机制中的长效性，尽量避免短期效应，防止贫困地区脱贫摘帽后出现返贫。

四是根据地区发展特点适时调整帮扶干部队伍体系。根据地区发展需求实行差异性的政策调整，对于刚刚脱贫摘帽的地区适时巩固脱贫摘帽责任体系，维持“五级书记”“第一书记”以及驻村干部等政策的延续性，巩固脱贫地区的发展后劲，同时通过广泛听取群众和基层干部意见，对政策需求较高的贫困地区或脱贫地区可以相应地延长帮扶干部队伍的巩固期；而对于发展条件较好的脱贫地区可以减轻帮扶队伍的投入力量，节省基层干部队伍的人力财力。此外，进一步完善帮扶干部的奖励机制，根据扶贫绩效和日常帮扶工作的多少制定相应的奖励机制，提升帮扶干部的积极性，缓解其经济和心理压力，保证帮扶机制的可持续性，为乡村振兴战略打下基础。

第三节　深度贫困地区农业产业扶贫的几个问题

改革开放40多年以来，中国扶贫开发取得举世瞩目的成就，为中国减贫工作乃至全球减贫事业做出不可估量的贡献。随着扶贫进程的不断推进，部分地区和人群脱贫难度大的问题凸显，成为扶贫工作中的“硬骨头”，直接影响我国精准扶贫精准脱贫总体目标的实现。这些区域生态环境条件差、基础设施落后、经济社会发展缓慢，相对于一般贫困地区，其自然条件、经济发展、社会文明、公共服务、民生水平等方面的状态更差，既是贫中之贫、困中之困，也是减贫的难中之难、坚中之坚，也被称为深度贫困地区。2017年6月23日，习近平总书记在深度贫困地区脱贫攻坚座谈会上提出推进深度贫困地区脱贫攻坚工作的意见，部署了扶贫攻坚关键阶段的工作，将深度贫困地区的扶贫攻坚列为重中之重。[1]从国家宏观层面看，深度贫困主要涉及“三区”“三州”和三类人群。根据《中共中央　国务院关于支持深度贫困地区脱贫攻坚的实施意见》，结合当前扶贫实际情况，深度贫困地区的具体范围包括：西藏、四省藏区、南疆四地州和四川凉山州、云南怒江州、甘肃临夏州，以及贫困发生率超过18%的贫困县。在精准扶贫理念的引领下和整体扶贫政策的带动下，目前深度贫困地区结合自身发展特点，积极探索，初步形成一些农业产业扶贫模式，但农业产业扶贫仍存在问题，需要探索有效的机制和辅以配套性政策。

一、深度贫困地区农业产业扶贫模式

近年来深度贫困地区农业产业发展迅速，为地区经济注入活力，为农民增收创造了条件，成效初显，形成了一些农业产业扶贫模式，总结起来，有以下五种农业产业扶贫模式：

（一）特色农业产业扶贫模式

我国深度贫困地区多位于边远山区和边缘地区，农业品种资源较为独特，生物多样性明显，具有发展特色农业的天然优势。例如云南怒江州有中药材资源356种，全国76个药材资源重点保护品种中怒江州境内就有51种；

怒江特有的独龙牛、高黎贡山猪、乌骨绵羊、绒毛鸡已被列入《国家畜禽遗传资源品种保护名录》，其境内有野生鱼类58种。[2] 西藏和四省藏区主要的特色农产品有青稞、牦牛、藏羊、藏猪等；凉山州有马铃薯、苦荞、花椒、冷水鱼，干热河谷地区有甜樱桃、脐橙等。发展特色农业、优化农业结构、提升农业竞争力是深度贫困地区转变农业发展方式和推进产业化水平的有效途径，也是深度贫困地区的扶贫新路径。2012年以来，我国特色产业带动脱贫人口数量呈逐年上升趋势，截至2017年年底，共带动1861万人脱贫，脱贫贡献率从2012年的53.3%提高到2017年的59.5%。[3] 目前深度贫困地区根据自身农业优势，注重特色农业发展，提升农产品质量，初步形成具有当地特色的农产品品牌。怒江州重点培育打造怒江草果、老窝火腿、怒江重楼等一系列怒江特色优势农产品品牌。南疆四地州到2016年年底有28个名牌产品，277个无公害农产品，44个绿色认证产品，96个有机农产品，22个地理标志农产品。西藏已认定无公害农产品105个、绿色食品35个、有机食品23个、国家地理标志农产品8个。截至到2017年，四川凉山州新创建有机农产品1个、国家地理标志保护产品4个、绿色食品25个、无公害农产品52个。[4] 凉山州获准统一使用"大凉山"特色农产品品牌标识和包装的产品达到1386个。那些有劳动能力的贫困户通过参与特色农产品生产经营，获得农业经营收益或劳务收入，生产品牌特色农产品的贫困户还可以获得品牌增值收益。

（二）农业 + 乡村旅游 + 生态 + 文化融合发展的产业扶贫模式

部分深度贫困地区依托生态资源、农业资源和人文资源，将农业、生态、文化、旅游有效结合，形成"农业 + 乡村旅游 + 生态 + 文化"的融合发展模式，盘活深度贫困地区的资源，激发新动能，打造新业态，化资源优势为经济优势，形成具有内在可持续发展能力的扶贫脱贫模式，促进贫困人口增收脱贫。西藏以特色农业为依托的生态农业旅游产业不断发展，形成"农业 + 旅游 + 生态"新产业发展模式，2012—2016年，西藏自治区接待旅游人数从1058.39万人次增长到2315.94万人次，增长118.82%，旅游总收入从126.48亿元增长到330.75亿元，增长161.51%。[5] 甘肃省临夏州大力推进旅游业发展，实施生态农业与旅游的有机融合，发展旅游产业链，为贫困人口带来更多的经济效应和商业机遇。临夏市以花为媒介发展"旅游 +"扶贫模式，开展了牡丹苗木培育、规模种植、精深加工等技术示范，牡丹文化长廊核心景区与回族民俗生活展示体验区等民俗文化宣传，牡丹盆栽、牡丹主题服装饰品、家纺等旅游衍生品销售，以及传统小吃特色厨艺大赛等特色休闲体验，形成生态 + 农业 + 文化的多元产业互动互融新业态。[6] 云南怒江森林覆盖率达75.31%，全州 58.3% 的国土面积属于自然保护区，傈僳族、白族、怒族、普米族、独龙族等少数民族文化底蕴浓厚，“农业 + 乡村旅游 + 生态 + 文化”成为怒江州扶贫脱贫的重要发展路径。[7]

（三）“互联网 + 农业”的扶贫模式

“互联网 + 农业”的扶贫模式主要通过优化重构农产品流通模式，促进生产方式、产业模式与经营手段的创新，提升生产、经营、管理、服务等农业产业链环节的效率，为农业发展开辟新路径，也是贫困地区扶贫脱贫的新型模式。目前，以智能手机为核心的移动互联技术在农村快速普及，为农业服务业和传统农业生产模式的更新换代创造了条件。近年来我国农村电子商务发展迅猛，交易量持续增长，已成为农村转变经济发展方式、优化产业结构、促进商贸流通、带动创新就业、增加农民收入的重要动力。贫困地区利用互联网技术，整合农资、农业技术、市场信息、金融信贷等大数据资源，形成数据生产与交易管理体系，通过电商平台为深度贫困地区农产品销售打开市场，提升农产品市场竞争力，达到脱贫目标。2013 年以来，甘肃省陇南市积极发展农产品电子商务，把优势资源与市场紧密对接，推动产业扶贫取得新成效。截至到 2017 年年底，全市有网店 12700 多家，微店 7800 多个，销售收入 75 亿多元，通过电商扶贫带动贫困人口 15 万余人，电商扶贫对贫困群众的人均收入贡献额达到 650 元。[8] 自 2014 年国家启动电子商务进农村综合示范工作以来，西藏全区先后建立了 9 个国家电子商务进农村综合示范县，通过探索“互联网 + 旅游 + 农特产品”运营模式，从“产业扶贫、创业扶贫、就业扶贫”三大策略着手，构建“互联网 + 精准扶贫”的扶贫格局。通过推动农畜产品、特色手工艺品触网销售，提高商品化率和电子商务交易比率，提高农畜产品附加值，带动农牧业增收。[9] 青海省深入推进 14 个深度贫困县电子商务进村示范县工程，积极开展“三体系三工程”建设，构建县域电商生态圈，扩大电子商务在农业农村的应用，推动电商与农村一二三产业深度融合，促进农畜产品上行，重点打造县乡村三级电子商务服务体系、县乡村物流配送体系、农产品供应链及农村电商营销体系，以及农产品上行工程、电子商务人才培养工程。[10] 2016 年 11 月 13 日，国务院发布《关于促进电商精准扶贫的指导意见》，将电商扶贫纳入脱贫攻坚总体部署和工作体系，实施电商扶贫工程，推动互联网创新成果与扶贫工作深度融合。[11] 2018 年 1 月 29 日，中国扶贫基金会发布针对深度贫困地区的“深度优鲜”电商扶贫计划，计划用 3 年时间内覆盖全国 334 个深度贫困县，包括四川在内的西南地区是先行区域。到 2018 年年底，四川省将基本实现深度贫困县所有贫困村通光纤宽带，农村电商基本覆盖有条件的深度贫困县，建成 43 个深度贫困县电商扶贫馆，深度贫困县实现农村电子商务交易额 90 亿元左右，农村产品和服务网络销售 10 亿元左右，年均增长率 20%，培训建档立卡贫困户电子商务应用 2 万人次。[12]

（四）农业生态扶贫模式

生态环境开发受限的深度贫困地区，脱贫潜力较小，自我发展能力较低，一般性的扶贫模式局限性大，产生的效益有限。习近平指出：“农业生态环境是最公平的公共产品、最普惠的民生福祉，所有人都有享用的权利和保护的义务”。[13] 在具备条件的深度贫困地区，开展农业生态扶贫，实现生态保护建设与脱贫攻坚有机结合，既可以恢复和保护生态，也可以让贫困人群共享生态文明建设成果。目前，我国深度贫困地区有 4465 万公顷林地、2074 万公顷湿地。[14] 根据 2018 年 1 月 18 日国家发展改革委、国家林业和草原局、财政部、水利部、农业农村部、国务院扶贫办共同制定的《生态扶贫工作方案》，到 2020 年，我国将力争组建 1.2 万个生态建设扶贫专业合作社，吸纳 10 万贫困人口参与生态工程建设，新增生态管护员岗位 40 万个，通过大力发展生态产业，带动约 1500 万贫困人口增收，其中提出，通过参与工程建设获取劳务报酬、生态公益性岗位得到稳定的工资性收入、生态产业发展增加经营性收入和财产性收入、生态保护补偿等政策增加转移性收入等方式，增加贫困人口收入。鉴于深度贫困地区同时是生态建设的重点地区，在这些地区推行生态扶贫模式对精准脱贫工作无疑有着重要的推动力。云南省怒江傈僳族自治州贡山独龙族怒族自治县森林覆盖率达 80.5%，全县有建档立卡贫困户 3679 户，人均收入只有 1300 元。实施生态护林员政策后，当地选聘 2520

名贫困人口担任生态护林员，覆盖全县 51% 建档立卡户，2017 年全县生态脱贫贡献率已高达 52.1%。[14]“十二五”期间，西藏农牧民年人均可支配收入的 10% 来自草原生态补奖政策，特别是大部分牧业县草奖资金占牧户可支配收入的 60% 以上，草原生态补奖政策在农牧民增收方面发挥了重要作用。[15]

（五）资产收益扶贫模式

为使一些劳动能力弱或无劳动能力的贫困户分享产业扶贫的成果，深度贫困地区可以积极探索资产收益扶贫方式。一是采取入股分红模式，鼓励贫困户以资金入股农民专业合作社，确保贫困户分红底线、按股分红。二是将财政专项扶贫资金、产业发展扶持资金、社会帮扶资金等投入当地发展前景较好的专业合作社、农业龙头企业等各类经济主体形成的资产中，以优先股的形式量化给深度贫困地区的贫困人口。南疆墨玉县将扶贫资金折股量化，每户贫困户以 1.6 万元的资金入股，相当于在多胎肉羊扩繁基地托养 10 只羊羔，每年按照年收益的 10% 获取定期分红，3 年之后，贫困户可以领回属于自己的 10 只羊。[16]三是支持深度贫困地区的农村集体经济组织依法使用农村集体建设用地或以土地使用权入股、联营等方式与其他单位或个人共同兴办企业，发展贫困地区新产业新业态，一方面增加贫困户股权收益；另一方面确保贫困村有稳定的村集体收益，实现资源变资产、资金变股金。四是探索建立“飞地经济”模式，在不改变资金用途的情况下，通过折股量化资产收益增加贫困户收入。

二、深度贫困地区农业产业扶贫需要防范和解决的问题

受自然、历史以及经济等条件制约，深度贫困地区农业产业整体上仍处于较低的发展水平，农业产业扶贫面临的问题和挑战仍然较多，产业扶贫任务艰巨。从深度贫困地区农业产业发展的自身条件和外部环境来看，问题体现为以下方面：

（一）自然条件恶劣，生态脆弱

脆弱的自然生态条件是造成深度贫困地区农业经济不发达的基本原因。深度贫困地区多处在地理位置偏远、山大沟深、自然灾害频繁的区域，长期以来产业发展和扶贫脱贫障碍重重。一些高寒山区积温较低，对农业生产的

要求较高，一些干旱地区缺水少雨，甚至生存用水都很缺乏；一些地方生态脆弱，大面积被划入禁止开发区，不适合发展产业；还有些地区灾害频繁，一次自然灾害就可能造成大量人口返贫。四川省凉山州地形地貌复杂、独特，灾害种类多、受灾范围广，干旱、洪涝、低温、暴风雨、冰雹、冰雪等灾害频发。据凉山州统计，干旱灾害发生率在 50%~60% 之间。云南怒江州属于自然生态较差地区，被列入《我国生态脆弱区保护规划纲要》西南山地农牧交错生态脆弱区，当地农业发展受限。新疆有 2.9 万人生活在生态保护区边缘，占总人口的 1.79%；有 4.65 万人居住在高寒山区、沙漠腹地等自然环境恶劣的偏远地区，占贫困人口的 2.87%；有 0.83 万人居住在边境地区，占贫困人口的 0.51%。南疆和田地区属干旱荒漠性气候，绿洲面积仅占国土面积的 3.7%，年均降水量只有 35 毫米，年均蒸发量高达 2480 毫米，每年浮尘天气 220 天以上；夏季洪涝，秋冬干旱，春季缺水；喀什 57% 的国土面积是山地，23% 是沙漠戈壁，森林覆盖率仅 4.9%，气候干旱，风沙天数多，土地荒漠化、沙化、盐碱化趋势严重；192 个山区边境贫困村地处高寒、缺氧地区，地震、洪水、泥石流等自然灾害频发。深度贫困地区水资源短缺、耕地有限、气候环境恶劣等制约因素，导致这些地区的农业发展缓慢，以土地为生计的农村人口增收困难。

（二）农业农村基础设施落后，公共服务薄弱

现代农业发展依赖于完善的基础设施。[17]深度贫困地区普遍存在水、电、路、通信严重落后的问题。[18]由于地理位置偏僻，地形复杂，施工期短，造成深度贫困地区很多基础设施项目落地难、实施难、完工难，而且基础设施建设成本高、维护成本高且受益面较小。如四川甘孜州海拔较高、山势陡峭、河流湍急，自然环境异常艰苦，极端天气频发；大多数地区施工期只有半年，客观影响脱贫攻坚工作的推进，也因地方财力有限，农业农村基础设施建设投入长期欠账，造成深度贫困地区农业靠天吃饭，缺乏抵御自然灾害的能力，单位产出率低、生产力水平低。

一方面，深度贫困地区农户经营规模小而散，农业粗放经营，产业化和组织化程度低，信息化滞后，抵御和化解市场风险能力脆弱，竞争力不强；另一方面，深度贫困地区基层农技推广队伍体系不健全，推广经费不足，推广机制创新能力弱，政府在农业社会化服务方面投入不足，对产业的扶持存

在不足。基础设施相对落后和公共服务薄弱，造成深度贫困地区对现代农业、信息化、市场化所需科学技术的占有严重不足，农产品生产经营成本较高，农业与其他产业的融合发展滞后。

（三）扶贫产业选择存在同质化，凸显市场体系建设薄弱和科技支撑不足

近些年，在精准扶贫政策的推动下，深度贫困地区大多选择特色种养业、特色林果业等产业作为切入点进行扶贫开发，由于对当地自然条件、市场需求、技术水平考虑不充分，又缺乏上一层次的统筹规划、分类指导和合理布局，出现了地区间产业同质化、区域内产业规模盲目扩大的问题，导致特色不再突出，地区比较优势未能得到充分发挥。地方政府为了加快产业发展，往往依赖政府行政手段推动和选择见效快的项目，而忽略了市场体系建设和科技支撑。

目前，深度贫困地区农产品市场体系还不健全，存在标准化、信息化程度不高、市场流通不畅等问题。大多数农民的生产仍带有一定的盲目性，农产品销售方式依赖于传统渠道——个体商贩。农产品市场体系不健全导致市场信息传递机制不畅，供求信息不能进行有效传递，生态绿色的农产品内在的独特价值、生态环境价值等不能完全实现转化，优质不优价问题还比较普遍。

由于缺乏科技支撑和产业化水平低，深度贫困地区许多草本、木本粮油作物和养殖业、林果业资源无法充分开发利用，多数农产品以单一原料和初级产品生产为主，附加值低，深度、系列化开发的产品少，缺乏具有市场竞争力的知名品牌，低价值农产品一多，市场就容易饱和，造成卖出难。另一方面，受地域、信息、市场等环境因素的限制，消费者欢迎的生态绿色的特色农产品苦于找不到买家。

（四）新型经营主体与贫困户的利益联结机制不完善

目前，深度贫困地区农业产业扶贫已取得明显成效，但产业发展和扶贫脱贫并没有较好地相融。一些深度贫困地区产业发展的主体是新型经营主体，发展成果和利益大多为新型经营主体持有，贫困人口参与度和获益相对低，对部分贫困人口的实质带动作用不显著。主要原因有以下三点，一是深度贫

困地区新型经营主体数量少且规模小，农产品附加值和科技含量低，具备市场竞争力的品牌少，产业带动力不强，松散的市场联结方式仍占主导地位，与贫困户的利益联结关系不紧密。二是在产业发展中忽视利益联结机制构建。一些地方鼓励贫困户将唯一的资源——土地流转给龙头企业等新型经营主体以换取土地流转收入，但贫困户不能充分参与到生产经营中去，无法从产业发展中获得新的技能和持续利益，有一些贫困户失去了土地使用权后也失去了原有的经济资源，贫困人口从产业发展中获得的保障较弱。三是农民专业合作社发展缓慢，合作社的分配机制设计上存在重资本轻劳动、重股权轻交易量等问题，合作社的"益贫"作用发挥远远不够。

（五）贫困人口受教育水平低，思想观念保守

深度贫困地区地处偏远、信息滞后、教育资源缺乏，造成人口受教育水平低、信息获取渠道少。凉山州 11 个贫困县办学条件指标达标率不足 5%，学龄人口基数大（全州 0—17 周岁人口达 155 万、在校学生 110.6 万），但当前仅能满足"有学上"，师资力量薄弱（需新增中小学专任教师 6000 名）。四川省藏区藏族社会发育程度低，农牧民平均受教育年限仅 6.4 年，比全省平均低 1.8 年，有相当比例的群众不懂汉语、不识汉字，长期处于落后状态，影响了贫困人口的发展能力，他们一般思想观念保守，主观脱贫意识不强，对现状认识不清，对整个环境的发展认识不清，内生脱贫能力弱，居民整体素质不高，信息获取能力差，生产方式落后。

三、构建深度贫困地区农业产业发展与扶贫脱贫相融合的综合发展机制

在各级政府部门和社会各界的支持下，深度贫困地区农业产业扶贫取得了一些成绩，在实践中总结了一些好的值得推广的模式，但也面临自然生态、人的观念素质、公共政策供给、市场体系建设等因素的制约。要破除这些制约因素，需要构建农业产业发展与扶贫脱贫相融合的综合发展机制，即由脱贫致富内在动力机制和市场拉动与政府推动并行的外在动力机制、多元主体带动机制和公共政策支撑保障机制。

（一）构建脱贫致富内外两大动力机制

在农业产业发展中，挖掘深度贫困地区内在的农业资源优势，找准方向，激发深度贫困地区渴望脱贫致富的内在动力，依靠市场和政府两种外部力量，提升内在发展能力，是产业扶贫的动力机制。深度贫困地区与其他地区发展差距大，脱贫致富的渴望也极其强烈，这种美好愿望是农业产业扶贫的重要内在动力，需要充分重视和加以引导。习近平总书记讲："扶贫要同扶智、扶志结合起来。智和志就是内力、内因。""没有脱贫志向，再多扶贫资金也只能管一时、不能管长久。"[19]目前，的确有一些贫困人口存在"等靠要"思想，还有的贫困人口精神状态萎靡、感到致富无望，得过且过。除了自然条件、疾病健康、受教育水平等因素外，社会环境因素和习俗文化因素对贫困地区和贫困人口的影响不容忽视，要破除贫困赖以生存的精神土壤，激发贫困人口对美好生活的向往，需要做大量深入细致的工作，构建脱贫致富的内在动力机制需要对贫困户进行精准研究，分类施策。一是深入了解贫困户家庭结构、贫困人口年龄结构、婚姻状况、健康状况等，因病致贫和因老致贫的要给予兜底保障，解除贫困户后顾之忧，对因家庭经济困难出现的大龄"失婚"贫困人口，[20]要加大扶志和扶智的力度，改变其"一个人吃饱全家不饿"的心理状态，灌输"脱单先脱贫"的思想。二是加大宣传力度，移风易俗，继续树立"劳动致富""劳动光荣"的良好社会氛围。习近平总书记说："贫穷不是不可改变的宿命""要鼓励个人努力工作、勤劳致富，要创造和维护机会公平、规则公平的社会环境，让每个人通过努力都有成功机会。"[21]三是加大教育和培训力度，提高贫困人口发展农业生产和务工经商的技能，提高贫困人口自我发展能力。

在外部动力方面，一是要用市场需求拉力来引导深度贫困地区的农业产业发展。目前，随着城乡经济的发展，我国消费结构升级，消费者对生态绿色农产品的需求十分强烈，要利用好深度贫困地区的生态资源来发展生态农业，要重视品牌建设、通过提升农产品质量和品牌效应来推动深度贫困地区农产品提质增效；要延长和完善农业产业链，有效连接一二三产业，提升产业融合力量；要加快培育贫困地区发展新动能，如电商扶贫等。二是要用政府推动来增强深度贫困地区农业产业的竞争力。政府要积极引导，加大对深度贫困地区农业产业发展的支持力度，在农业农村基础设施建设、标准化建设、市场渠道建设、品牌建设、农民组织和社会化服务等方面给予切实的支持，要创造良好的外部环境，鼓励农民建立自己的农民专业合作组织，建立信息技术交流平台，进行市场拓展和品牌建立，增强农业抗风险能力，实现自我服务和长足发展。

（二）产业扶贫多元主体带动机制

深度贫困地区面临的屏障之一是缺乏与外界市场打通的中坚力量，即带动力量。应积极培育龙头企业、合作社、家庭农场和专业大户等新型经营主体，加快不同主体对深度贫困地区的扶贫脱贫带动强度，拓展产业多种功能，促进一二三产业融合，扩宽贫困户就业增收渠道。一是完善产业主体培育。目前产业扶贫带动主体主要有：龙头企业、专业大户、家庭农场和农民专业合作社。龙头企业是贫困地区带动扶贫脱贫的主力军，它们与贫困户签订产销合同，向农户提供种苗、饲料及技术培训等，解决贫困户农产品销售问题，保障其稳定增收；它们通过引进新品种、新技术、新信息等提升农产品品质，提升贫困户技术水平和专业化生产能力；它们在农产品生产、加工和销售过程中吸纳贫困人口就业，提升贫困人口就业机会。专业大户带动、家庭农场带动主要是通过推广新品种、培训新技术为贫困人口提供新的生产模式，提升生产效益。农民专业合作社通过联结小农户和大市场，帮助贫困户提升技术水平、找准产业，增强了贫困户的市场竞争力，并通过按交易量或交易额分红对贫困户给予二次返还。整体上，新型经营主体通过示范带动，对缩小深度贫困地区贫困户在信息、技术、观念等方面的差距具有积极作用，为深度贫困地区贫困人口提供就业机遇和产业发展渠道，对深度贫困地区的扶贫带动作用显著。二是构建完善的产业扶贫带动机制。对“龙头企业＋农户”“龙头企业＋合作社＋农户”和“合作社＋农户”等模式，要进行规范化引导，鼓励引导龙头企业、合作社、专业大户、家庭农场和贫困户之间形成紧密的利益联结机制，探索建立“风险共担、利益均沾”、稳定持久的利益联结机制，使贫困人口在整个扶贫机制中真正实现参与和获益，提升农业产业发展与扶贫脱贫机制的联结程度，使农业产业发展真正惠及于贫困人口。

（三）产业扶贫公共政策支撑保障机制

完善的政策保障机制是深度贫困地区农业产业扶贫发挥作用的重要支撑。

公共政策支撑机制主要包括产业政策支撑、资金支撑、科技支撑和人才支撑四方面。

1. 产业政策和投入保障机制。产业政策支撑是深度贫困地区产业扶贫的先决条件。一是要制定完善深度贫困地区产业精准扶贫规划。要根据深度贫困地区资源特点、结合市场需求，找准适合当地发展的产业项目，以可持续发展为目标，完善特色产业规划布局，制定长期产业扶贫规划。二是对不同深度贫困地区实行差异化的政策支持。根据各地发展特征实施具体产业发展政策；建立规范良好的农业产业发展环境，制定激励政策，让利于农，鼓励企业进行产业化经营投入；完善农业农村基础设施建设和生态环境建设；完善市场体系建设，包括农产品市场、技术市场、劳动力市场等；加大政府资金投入，加强对深度贫困地区投资建基地、联合兴办加工、产销对接、技能培训、提供就业岗位等方面的政策倾斜，为深度贫困地区产业扶贫发展运作提供较强的“起步力量”。三是进一步增强对龙头企业、合作社、专业大户、家庭农场等新型经营主体的政策支撑，提升其带动作用。

2. 科技支撑机制。农业科技是产业扶贫的有力支撑。在深度贫困地区，构建农业科技平台，加强农业科研单位的合作和交流；加强深度贫困地区农业种质资源保护和研究，加强对深度贫困地区生物多样性和外来物种影响的研究；完善农业科技推广服务，提升农业新技术的应用和普及程度；提升深度贫困地区农业科技培训体系，通过多种形式开展农民科技文化培训。

3. 人才保障机制。人才是深度贫困地区产业扶贫的主体力量。要在深度贫困地区制定特殊的人才政策，鼓励区域外的各类人才投身到深度贫困地区的脱贫攻坚的战场上来；要加大对本土各类人才的培养，使之“走出去”并“回得来”，为人才提供施展才华的空间和环境；要提升新型经营主体的经营管理能力，提高产业扶贫效率；要加大技术培训和“新型农民”培养力度，提升深度贫困地区应对大市场的能力，增强脱贫信念、提振信心。

4. 社会保障机制。进一步缩小深度贫困地区与其他地区的社会保障差距，在医疗、卫生、教育等方面为深度贫困地区的贫困人口提供保障，这也是产业扶贫的重要支撑。主要包括：一是建立健全深度贫困地区医疗保险和医疗救助制度，对因病致贫或返贫的贫困人口要及时救助，新农合和大病保险政策要向深度贫困地区倾斜，把贫困人口纳入重特大疾病救助范围。在深度贫困地区优先推进健康扶贫工程等。二是强化和加快发展深度贫困地区的教育事业。提升深度贫困地区教育基础设施条件，保障深度贫困地区学生入学率；提高学前教育质量，大力发展公办幼儿园；提高中小学教学水平，加大深度贫困地区师资力量建设，加大对乡村教师的引进、培训和补助力度；普及高中教育；增强职业教育培训，依靠东西协作带动深度贫困地区职业教育扶贫工作；对深度贫困地区贫困家庭子女考上大学的要给予重点支持。三是完善深度贫困地区农村社会保障制度。包括：完善农村养老保障制度，加强社会力量对于深度贫困地区的扶持力度；强化深度贫困地区兜底保障制度，明确救助范围和对象，针对无地无劳动能力农民建立最低生活保障制度；继续发挥好五保供养等社会救助制度的作用。四是完善农村公共文化设施，提升文化产品和服务水平，培育文化人才队伍，促进深度贫困地区文化建设。

（冯丹萌，农业农村部农村经济研究中心；陈洁，农业农村部农村经济研究中心）

参考文献

[1] 习近平在深度贫困地区脱贫攻坚座谈会上的讲话. 新华网. http://www.xinhuanet.com/politics/2017-08/31/c_1121579559.htm.
[2] 云南省农业厅，编，张玉明. 高原特色农业现代化探索实践与模式创新. 云南出版集团 / 云南人民出版社，2016：353-354.
[3] 夯实“互联网 +”基础，带动特色产业扶贫. 农业农村部，发展计划动态专刊，2018-05-10.
[4] 凉山州农业产业简况（2017 年）. 凉山彝族自治区农牧局，2018-09-19. http://www.lsz.gov.cn/nmj/tscy/6287316/index.html.
[5] 西藏自治区 2016 年国民经济和社会发展统计公报. 中国统计信息网，2018-07-26. http://www.tjcn.org/tjgb/26xz/35679_2.html.
[6] 牡丹月里来——临夏市以花为媒发展旅游业纪实. 搜狐网，2017-04-02. http://www.sohu.com/a/137054877_383689.
[7] 李寿华. 种树兴果 盘活山林. 中国绿色时报，2018-08-13.
[8] 产业扶贫可以怎么搞？十大机制创新典型来揭晓. 新华网，2018-10-28. http://www.xinhuanet.com/politics/2018-10/18/c_1123574807.htm.

[9] 乘势而上，开创西藏“互联网+精准扶贫”新局面. 搜狐网，2018-06-22. http://www.sohu.com/a/237157889_114967.

[10] 青海：鏖战高原深贫著华章. 农民日报，2018-11-20. http://szb.farmer.com.cn/nmrb/html/2018-11/20/nw.D110000nmrb_20181120_1-04.htm?div=1.

[11] 关于促进电商精准扶贫的指导意见. 权威解读，2017-10-19. http://www.zuinow.com/n3743065.html.

[12] 四川省深度贫困县脱贫攻坚电商扶贫攻坚专项2018年度实施方案. 四川省商务厅，2018-04-08. http://www.sccom.gov.cn/zcwj/-/articles/3568385.shtml.

[13] 绿水青山就是金山银山——关于大力推进生态文明建设. 人民网，2014-07-11. http://opinion.people.com.cn/n/2014/0711/c1003-25271026.html.

[14] 生态扶贫这样干！全国政协常委刘东生：深度贫困地区脱贫潜力在山希望在林. http://www.sohu.com/a/238829198_116897.

[15] 西藏百亿元“草奖政策”绿了草原 鼓了钱袋. 新华网. http://tibet.news.cn/jujiao/20170106/3610261_c.html.

[16] 南疆四地州按下脱贫攻坚快进键. 农民日报，2018-09-20，转引自新疆兴农网. https://www.xjxnw.gov.cn/c/2018-09-20/1400314.shtml.

[17] 马小丽. 四川凉山农业产业化发展现状及对策[J]. 安徽农业科学，2011，39(36).

[18] 李小云，左婷，深度贫困地区脱贫攻坚：挑战与对策. 中国社会科学网-中国社会科学报. http://ex.cssn.cn/zx/bwyc/201802/t20180206_3841126.shtml.

[19] 中共中央党史和文献研究院，编. 习近平扶贫论述摘编. 中央文献出版社，2018年：141.

[20] 国家卫生与计划生育委员会. 中国家庭发展报告2015，中国人口出版社，2016年.

[21] 中共中央党史和文献研究院，编. 习近平扶贫论述摘编. 中央文献出版社，2018：132—135.

第四章　绿色减贫典型案例总结

第一节　丹州街道“四大招”　招招促脱贫赢战役

丹州街道办事处地处宜川县城乡接合部，地理呈“两沟、三川、四条塬”，总面积282.92平方公里，辖19个行政村，82个村民小组，4个社区居委会，34个居民小组，共17964户50145人，其中农村人口5344户16255人。现有贫困村8个，经核实，系统内贫困户1018户2669人，其中享受政策贫困户392户1059人，脱贫户188户552人，在册贫困户204户507人，贫困户中产业扶贫对象235户781人，兜底扶贫对象156户278人。

按照县委、县政府关于开展脱贫攻坚工作要求，丹州街道办立足街道实际，坚持“问题导向、先锋引领、精准发力、实干为民”的工作思路，以解决贫困群众“两不愁、三保障”为目标，以“八个一批”助力脱贫为抓手，结合贫困群众致贫原因和丹州“塬果、川菜、林畜、城商”的产业布局规划，采取“一村一策一单位，一户一法一干部”的帮扶机制，推行“三联双诺”精准脱贫模式，逐步建立起“能脱贫不返贫”长效机制，力争在2018年实现贫困村全部摘帽，贫困户同步小康。

第一，基础设施方面：丹州街道办规划实施水电路桥和房屋改造、绿化、亮化、硬化等基础设施建设项目118个，投资规模约4000万元，目前已经完成投资近2000万元，新增硬化面积5200平方米，改造屋顶143户，新修生产桥2座，实施安全饮水8处，新建浇灌工程1处，平整土地1100亩，新建卫生室5处，为贫困村脱贫致富打下了坚实的基础。二是加快易地移民搬迁和危房改造。全办落实易地移民搬迁共89户283人。其中进城安置30户107人，中心村安置26户81人，敬老院安置2户2人；自然村分散安置31户93人，同步避灾安置37户112人。目前，王湾安置点主体建设已基本完工，预计10月底前全部入住；三角、和平沟、李家沟、岔口滩、李家沟的分散安置也在不断完善中。

第二，产业结构方面：丹州的贫困户主要集中在川道和城区，丹州街道找准了贫困的根源是缺乏长期致富产业的主要矛盾，坚持“授人以鱼，不如授人以渔”的原则，制定了《丹州街道产业发展2017—2020年规划》和《丹州街道 2017 年产业发展计划》，各包扶干部也针对贫困户实际制定了切实可行的帮扶计划、规划，签定了“一户一策”计划表 235 份，将产业结构调整作为脱贫攻坚的主攻方向，引导贫困村进行自我“造血”、自我发展。一是四个分区定思路。按照“塬果、川菜、林畜、城商”的产业总布局，科学谋划，精心策划，全力打造以圪崂、北斗为主体的现代苹果产业区、以南川为主体的生态休闲农业旅游区、以双龙电子商务中心为主体的“互联网 +”电商区、以南窑综合服务中心为主体的劳动力市场服务区，使不同情况的贫困村、不同类型的贫困户都有了脱贫的主战场。二是长短结合兴产业。坚持“短期脱贫、长期致富”的产业调整思路，在川道大力发展大棚蔬菜、畜禽蜜蜂养殖等短平快产业和油用牡丹、休闲娱乐、雪桃等长期致富产业，目前已在王湾、和平、三角、高湾等村新建瓜菜弓棚 178 座，发展特色养殖 43 户，种植红高粱 225 亩，栽植油用牡丹 403 亩，研究确定入股分红企业 3 家，建成扶贫基地 3 个，辐射带动贫困户 104 户。三是三联模式解难题。为解决贫困村项目争取难、贫困户产业转型起步难、剩余劳力就业难等问题，探索推行了“一包双诺三联四实现”精准扶贫模式，采取“户企联合、户社联合、户户联合”的办法，建成了高湾户社联合弓棚基地、三角户企联合养殖基地、甘义沟户企联合牡丹基地、王湾村休闲旅游脱贫示范基地，贫困群众以土地入股、贷款入股、资产入股、劳力入股等方式参与了联合，拥有了稳定的致富产业。四是非公拉动增效益。积极发挥非公企业在精准扶贫中拉动投资、增加就业、示范带动的特殊作用，新建五里坪豆制品加工厂 1 个，新增非公企业 35 家，12 户规上企业与贫困村建立了帮扶关系，为贫困群众提供就业岗位 80 多个，援助物资 2 万余元，截至目前有 90% 以上的贫困户已经通过产业转型率先脱贫，相信在不远的将来丹州大地一定会呈现出“果香满塬”“瓜菜满川”“猪羊满圈”“土鸡满坡”“蜜蜂满天”的生动画面。

第三，工作推进机制方面：为了进一步夯实责任，加快脱贫攻坚工作步伐，经街道党委、办事处研究决定，成立了 1 个脱贫攻坚综合办公室，配备了 6 名专职扶贫干部，8 个扶贫专项办公室，以配强“主力军”选优“攻坚队”为抓手，组建起了以包片领导、驻村工作队、第一书记、基层干部为主力的“四支队伍”，形成了人人抓脱贫、处处有责任的工作格局；坚持党政领导负主责，主管领导负全责，包片领导负要责的脱贫攻坚推进机制，实行驻村工作队包扶贫困村、党员干部包扶贫困户“一包双诺”脱贫责任制，出台了《丹州街道三项机制考核细则》《丹州街道村干部脱贫攻坚绩效奖惩制度》《丹州街道第一书记考核管理办法》《丹州街道驻村联户管理制度》等考核机制，成立了丹州街道专项督查组，采取突击检查、随机抽查等形式，督查驻村帮扶情况，对违反工作纪律、工作不力情况追责问效，确保了“四支队伍”凝心聚力促脱贫。

第四，模式创新实施方面：丹州紧紧围绕抓党建促脱贫这一主题，把发展壮大村集体经济和全域旅游带动作为脱贫攻坚的主攻方向，充分发挥基层党组织的引领作用和旅游带动牵引作用，鼓励农村基层党组织采取支部领办企业、支部与非公企业联建等形式，建设、孵化一批产业扶贫基地，发展壮大村集体经济，让政策资金释放出最大红利。南窑社区选择了发展壮大村集体经济，由支部领办股份制企业，盘活政策资源，将“资源变资产、资金变股金、农民变股民”，形成了“集体注资、政策增资、社会吸资”融资模式，开启了“支部＋企业＋村民＋入股分红”的脱贫攻坚模式。目前，公司已经与34户贫困户签订了入股分红协议，并颁发了股权证书；集体注资方式正在核查资产，征集村民意见阶段。王湾村则紧抓全域旅游示范县创建机遇，依托优越的地理、区位、生态优势，研究确立了“产业转型谋发展、旅游带动促增收”的工作思路，“政府搭台、企业唱戏、干部服务、群众受益”的工作机制，通过企业联建经营、产品统管统销、合作受益比例分成、贷款入股保底分红、就近就地务工增收的办法，探索推行了“支部＋公司＋农户”的产业扶贫、公司化运作模式，以王湾脱贫示范基地为典型，对建档立卡贫困户给予扶贫贴息贷款持资入股的合作方式，打造了集生态休闲采摘、牡丹高粱观光、度假垂钓餐饮、自然风光体验、红色革命教育为一体的王湾村生态旅游与脱贫致富相互促进、共同发展的示范基地，初步实现了“一人一亩花、一户一棚菜、一村一品牌”的目标。

第二节　集义镇：创新扶贫方式，坚定脱贫步伐

集义镇位于宜川县东南部52公里处。全镇土地总面积762平方公里，森林覆盖率85%以上，辖14个行政村106个自然村，共3980户11990人，目前建档立卡贫困户1498户3778人，2017年落实政策户936户2259人。全镇耕地面积23281亩，人均耕地1.9亩，主导产业以核桃、花椒为主，新型产业油牡丹、羊子、蜜蜂。自扶贫工作开展以来，在县委、县政府的正确领导下，集义创新机制，在精准施策上出实招、在精准推进上下实功、在精准落地上见实效的工作要求，以坚定的决心、有力的措施、扎实的作风锁定脱贫攻坚和整村脱贫的工作目标，不断推进，取得了脱贫工作的新成效。

根据不断变化的新形势和扶贫开发面临的新情况，集义镇创新扶贫开发方式，采取因户制宜的帮扶措施，使不同致贫原因的贫困户合理享受到政府和社会给予的扶贫资源，从而使脱贫步伐更坚实、更协调。

集义镇山大沟深，群众大都以花椒、核桃为主，虽然这两种经济作物价格较高，但也要“看天吃饭”，偏偏这一带逢春季开花时容易遭冻害，造成群众的收入极不稳定，为了缩小川塬收入差异，提高川道群众收入，全镇进行了产业结构调整，大力发展养殖产业。2015年，集义镇政府工作人员走访扶贫对象征询意见，在了解群众意愿的基础上为贫困户进行产业扶持，从根本上解决收入问题；通过实行养殖示范户与贫困户自主自愿、双向选择“一帮一带”的方式，进行技术帮扶、能力帮扶、托管帮扶和助养代繁；抓点示范，规模带动，积极打造特色产业扶贫示范点，为想发展而缺技术的群众带来福利。

寺家庄的刘俊忠作为贫困户和同村的养蜂大户焦引平通过“一帮一带”结成大户带小户的对子。焦引平养蜂已经17年了，他的120箱蜂每年固定收入十万余元，地里的核桃花椒自然成了副收入。刘俊忠在2015年从焦引平那买了10箱蜂，焦引平又赠送了4箱，几年里，刘俊忠发展到了30箱，蜂蜜销售给他增收了一万五千元；近一年，他已经发展到58箱了。从蜜蜂的繁殖、养殖、摇蜜等技术到病虫害防治等注意事项，焦引平都传授给刘俊忠，装车赶花期也捎带着刘俊忠，卖蜂蜜也就一道帮着刘俊忠卖了。用刘俊忠的话说

就是“老焦把我从月娃带到会走、会跑了”。近几年来，集义凭借天然的森林资源，养蜂成了农民致富增收的新途径，截至目前，全镇通过“一帮一带”养蜂达到9000余箱。

随着扶贫攻坚战略的开展，政策的细化，产业扶持力度进一步加大，集义镇积极推广“企业＋基地＋贫困户”模式。采取小额扶贫贴息贷款和注入扶贫资金等方式，加大专业合作社、龙头企业、能人大户政策扶持力度，继续推广“合作社＋基地＋贫困户”“龙头企业＋基地＋贫困户”和入股分成、劳务用工、技能培训等扶贫新模式，扩大贫困户覆盖面，带动贫困户增收致富，目前有合作社24个，扶持带动贫困户300户左右。郭东村村民邓天保通过加入富农花椒种植专业合作社，获得了合作社提供的花椒种植所需的生产资料、技术培训指导、信息咨询服务、产品加工销售等服务，增加了花椒产量，改善了生活贫困状态；集义街阳坪村村民程金堂通过加入兴民干果专业合作社，获得合作社分红800元。另外，通过特色产业扶贫项目，集义镇贫困户共栽种油牡丹465余亩，种植红缨子高粱500余亩，每亩获得补助300元，并与企业签订收购协议。通过集中支持扶贫主导产业，做到资金使用精准，实现贫困群众持续增收。

随着产业扶贫扶持力度的进一步加大，集义镇积极探索“长短结合，种养互补”模式。“长”指提升花椒、核桃等传统产业，不断调整产业结构，引进适合集义镇自然条件的油用牡丹、红缨子高粱等新品种；“短”指发展当年可收益的产业，如木耳，羊、蜂、猪、鸡等种养殖业。全镇现有核桃3.22万亩，花椒2.8万亩。发展舍饲养羊户181户，羊子滚动发展达到31870只；发展蜜蜂养殖户336户13000箱；栽种油牡丹1500余亩；种植红缨子高粱800余亩。（其中贫困户现有核桃7556亩、花椒9786亩；养羊户278户11262只；蜜蜂养殖户113户4210箱；栽种油牡丹465余亩；种植红缨子高粱500余亩）；通过种植业和养殖业结合发展的模式，拓宽致富渠道。

第三节　多措并举　精准施策　建设美丽下里塬

英旺乡下里塬村地处309国道沿线，距县城31公里，全村共有下里塬一组、下里塬二组、椿树沟、圪岔沟四个村民小组。2016年并入英旺行政村。目前全村共130户463人，其中贫困户11户27人，耕地面积1960余亩。脱贫攻坚工作开展以来，在乡党委、政府的带领下，坚持“助力个体、共同富裕”的扶贫理念，在帮助贫困户发展产业改善生活条件的同时，努力推进全村基础设施建设和致富产业开发，不断在脱贫致富的道路上迈进。

第一，精准施策，助力贫困户脱贫摘帽。为使贫困户能早日实现脱贫，就必须有保障有稳定的产业收入来源，“授人以鱼，不如授人以渔”，通过乡镇包村干部、驻村工作队、包户干部及村干部的共同努力，对贫困户的不断入户走访了解，具体分析各户的致贫原因，发现全村的贫困户大多因患有不同程度疾病和年龄偏大缺乏劳力导致贫困，针对这种情况，经过各支帮扶力量共同讨论，考虑到帮助发展种植等需要劳力的产业不可行性，而发展投资小、见效快、用工少的养蜂产业较为适合，因此利用产业扶持资金，联系黄龙县的养蜂户为7户贫困户共调运中蜂234箱。虽然养的蜂有了，但怎么养好蜂的问题却摆在了贫困户面前，根据了解，贫困户董保金有长期养蜂的经验，能很好地作为产业发展的带头人，因此乡党委、政府决定聘请董保金为养蜂技术指导员，为全村的养蜂贫困户提供技术服务。另外，为进一步提高贫困户的养蜂技术，聘请延安市农业站的养蜂专家开展培训会，在理论培训的基础上还进行了养蜂现场指导，培训会覆盖了全乡各村的养蜂户。

在帮助贫困户发展适宜的产业保障收入来源的同时，帮扶队伍严格对照“两不愁、三保障”的标准，有效落实国家各项扶贫政策，积极改善贫困户生活条件。贫困户中有8户为危房危窑，经过详细勘察，其中6户需要进行维修处理，其余2户需要重建，对此，一一落实国家易地搬迁补助政策标准并积极动员贫困户自筹资金对各户住房进行维修重建，其中贫困户王占荣没有建房宅基地，村里重新申请规划宅基地也比较困难，经村委会研究，村旧队部东侧有闲置的空地，因此决定将新房就建在队部，当老两口入住后还可以帮忙维护队部。目前，8户的住房问题已全部解决。贫困户薛首银长期患有股骨头坏死，妻子患有智障，导致家中缺乏劳动力，借助医疗扶贫政策，帮助联系县医院完成股骨头置换手术，目前已康复出院，可以预见这个贫困家庭在各项政策的扶持下将逐渐走出贫困。

第二，整合资源，搭建共同致富平台。统筹各级部门扶持资金，对全村进行合理有效基础设施建设，为村民致富和提高精神文化生活水平搭建平台。利用彩票公益金及基础设施建设资金，目前已修建完成 2 个文化活动广场，3 座生产桥，巷道硬化 1500 米，砖砌围栏 600 米，1 个垃圾仓，后续将完成全村亮化工程。下里塬村长期以来，手机信号较弱，影响村民通信和手机上网，为此协调建设移动通信基站一座并实现 4G 上网（目前基站已投入使用）。下一步将实施全村屋顶处理工程及光伏项目，保证水、电、路、网等基础设施的完善，改善村民的生产生活条件，使他们致富更快。

第三，调整产业，发挥龙头带动作用。下里塬村长期以种植玉米为主，产业效益差，人均收入较低，但受农民普遍知识文化水平低和信息不通畅的限制，自主调整产业的难度较大，极需要发挥产业大户和龙头企业的带动作用。乡党委、政府积极引进龙头企业，陕西鲜至生态农业开发有限公司在下里塬村投资建设千亩火龙果种植脱贫示范基地，项目预算投资 2.2 亿，主要引进台湾大红第三代改良版（皇冠三号）红心火龙果品种进行繁育、栽培，同时兼顾旅游观光采摘和种苗培育研发，项目计划实施 2000 亩，分为两个阶段：第一阶段为观光试点阶段 100 亩，第二阶段为大规模繁育阶段 1900 亩。项目采用贷款资金和土地入股的模式，目前共入股土地 100 亩，后续将完成贷款入股，共涉及农户 180 户，其中贫困户 160 户。项目前期阶段为入股农户提供按入股比例分红，每亩土地保底分红每年 1000 元，并根据基地效益额外分红，保障了农户的最低收入，并雇佣农户在园区务工获得劳动收入，较原来玉米的种植极大地提高了每亩土地的收入。火龙果脱贫种植基地在后期扩大规模阶段将发挥龙头企业带动作用，实现农户自建大棚、自主种植管理，公司统一提供树苗、技术指导及统一收购，实现产销一条龙带动，避免了产业盲目发展和市场销售等一系列问题，科学平稳地实现产业结构调整，改变川道产业收益低和转型难度大的现状，发展高效农业，引导群众实现脱贫致富。

在各项扶贫政策的落实和各支帮扶力量的努力下，下里塬村的基础设施和村容村貌发生了巨大的变化，在精准扶持贫困户农户的同时，更注重全村的整体富裕程度，相信在政府的帮扶和村民自身的努力下，一个富裕、美丽的下里塬村将呈现在我们眼前。

第四节 鲁家村：绿色田园助力乡村振兴

习近平总书记提出的“产业兴旺、生态宜居、乡风文明、治理有效、生活富裕”20字方针给农村发展指明了方向。其中，“坚持人与自然和谐共生，就是要像对待生命一样对待生态环境，形成绿色发展方式和生活方式。”

浙江省鲁家村是安吉美丽乡村建设的一个典型，在“两山”理念和乡村振兴战略指导下，通过构建绿色田园发展路径，经过多年的发展蜕变，鲁家村从以前的“四无”落后村、空心村跃升为全国乡村振兴示范村，成为了一个生动鲜活的乡村振兴绿色典范。

第一，改善环境，始于足下。鲁家村以前的村庄环境并不乐观，2011年时还呈现着垃圾遍地的“脏、乱、差”面貌。鲁家村坚定路线，从整治村庄环境开始着手，面对村集体账户上只有6000元、背负贷款150万的窘境，村委会书记亲自垫付8.5万元给村里布点垃圾桶和垃圾箱，实行定点扔垃圾。为保证效果，村委还成立保洁队、监督对等维护保障措施，村庄面貌迅速得到改观。随后，鲁家村借助申报创建美丽乡村精品示范村的机会，党员干部带头干、一起干，修建了办公楼、篮球场，铺了水泥路，安装了自来水，发动村民拆除简易公厕，拆掉违建，甚至为每家每户修了围墙……昔日脏乱落后的鲁家村脱胎换骨。

2018年中共中央办公厅、国务院办公厅印发《农村人居环境整治三年行动方案》，可见良好的村庄环境是乡村振兴的第一步。鲁家村在经济条件艰难的情况下能努力攻克环境问题，不仅体现了强大的村民凝聚力，也体现了基层干部对乡村发展的长效眼光，这是乡村振兴顺利实施的关键因素。

第二，家庭农场为基础，综合田园顺利建。在人居环境整治基础上，鲁家村进一步整合资源，朝综合田园方向发展。2013年，中央一号文件首提发展家庭农场，这为鲁家村带来发展机遇。鲁家村通过聘请高端专业团队，规划设置18个家庭农场，根据区域功能划分，并以差异化为特色，分别以野山茶、特种野山羊、蔬菜果园、绿化苗木、药材等产业为主，由一条4.5公里的环村观光线和一列小火车将这18个家庭农场串连成一个大景区，使之成为一个整体。

大手笔的规划及美好的发展前景吸引了资本的关注。安吉浙北灵峰旅游公司与鲁家村共同成立乡土旅游公司，18 家农场的招商引资超过了 20 亿元。同时，鲁家村继续扩大视野，积极与周边三个行政村联盟，扩大“朋友圈”实施抱团发展，2017 年 7 月，以鲁家村为核心，辐射带动周边四个村庄，组团成为首批国家田园综合体试点项目之一——“田园鲁家”田园综合体。

将绿色发展理念融入乡村振兴战略的实施脉络里，从宏观角度看是农村可持续发展的有效手段，同时也是将农业、生态、旅游等农村资源有效利用的完美结合。

第三，机制创新抓机遇，模式更新求创新。在发展农场经济以前，鲁家村是传统的农业村，在依靠传统机制难见起色的背景下，鲁家村创新思维，另辟蹊径，以新机制、新模式、新主体带动新业态。2015 年 1 月，鲁家村股份经济合作社成立了“安吉乡土农业发展有限公司”，将美丽乡村建设相关补助资金全部转化为资本，村里持有乡土公司部分股份 其余股份与旅游经营公司合作获取收益，形成“公司 + 村 + 农场”的发展模式。具体分工是村统筹土地资源招引农场入驻，公司投资公共设施负责具体运营，农场自主建设不偏离总规划要求，三者在统一规划后由乡土公司统一经营，统一使用“鲁家村”品牌，最终实现了共建共营、共营共享、共享共赢的“三统三共”模式。如此，既壮大了旅游区整体实力，又实现了资源的有效整合。

鲁家村坚持市场主导、企业为主体的原则，通过市场化的机制让农场开发与之相适应的不同类型、不同层次、不同规模的乡村旅游产品，各个农场内休闲项目通过有机组合成若干条旅游线。旅游休闲项目融合乡村观光、游乐、休闲、运动、体验、度假、会议、养老、居住等多种功能，打造出特有的“田园综合休闲旅游”，各具特色的旅游项目带动了整个区域的发展。

鲁家村的创新模式是在农村、农场、农民高度融合之中实现农村振兴、农业提升、农民富裕，无形之中三农问题迎刃而解，同时这也是全面建成小康社会的基本要求。农村的建设按照社会主义新农村要求，着重体现乡土、乡愁、乡风，重点解决美丽乡村建设向经营转变这一艰难过程中可能遇到的系列问题。农场的建设把传统农业与现代、高效、生态、休闲农业相结合，突出田野风光塑造、科普教育、高端农产品和品牌的建立，重点迎合未来农业发展形势需求。农民的发展定位着重在培育新型农民，即职业农民、职业经理、农民企业家，收入远高于传统农民，综合技能领先于传统农民。

第四,三产联动增收益，农场融合促内生。孤立的农业种植不会提升土地的附加值，而发展创意农业，把田园变乐园，村庄变旅游景区，才能使土地的收益大幅提高。同样，孤立的加工生产也不会提升产品的附加值，而让生产劳动更具乐趣、让加工生产更具体验性，产品价值就会提升。在经营公司的联动下，鲁家村的生态观光农业园以发展养殖、种植园为最主要的经营项目，养殖和种植品种力求做到新、奇、特。在养殖品种中，采取限量养殖，引入市场销售情况较好、人人喜爱的特色品种，种植项目以引进速生、抗病丰产、好看、好吃或外观奇特的观赏奇瓜异果等农产品为主，游客不但可以品尝到各种山珍野味、珍奇水果和蔬菜，还能看到各种养殖动物甚至欣赏其表演，同时还能烧烤、垂钓、采果、制作栩栩如生的标本，农产品在各种休闲项目中就地消费，利润和效益是普通种养业的 5 至 10 倍。

鲁家村发展家庭农场的思路与中央加快推进农业供给侧结构性改革的主要方向完全契合。鲁家引入了中药农场、鲜花农场、蔬菜农场等项目，将一定领域的产业集中，改变了以往小农分散经营的格局，实现了多种类型新型农业的规模发展，从根本上提高农业发展的质量和效益。从近年鲁家村引进的项目来看，无一不是规模经营、高效高产的典范，项目发展至今，验证了推进农业供给侧结构性改革，方能适应未来农业发展市场需求变化。

鲁家村通过机制创新、模式创新实现了村集体经济和村民共同富裕的梦想。2018 年鲁家村村集体资产达到 2.55 亿元，村集体收入 400 万元，农民人均纯收入 3.88 万元，同时获得全国十佳小康村、全国乡村振兴示范村等荣誉，为全国乡村振兴实践提供了鲜活样板和典范。

第五节　昝家山村从贫穷到振兴的蜕变之路

2020 年 1 月 19 日，坐落在陕北黄河沿岸的宜川县壶口镇昝家山村较往常显得格外热闹。新年将至，村民们自发组成表演队，在阵阵鼓声和爽朗的陕北民歌中抒发着他们一年来的收获和感慨，滔滔的黄河水呼啸而过，像是欣慰的回应，也像是母亲般的叮嘱，更像是对这个村庄摆脱贫困、走向振兴的保驾护航。

一、黄土高坡，贫穷生根

昝家山行政村辖昝家山、上岭、兰家庄、姚家、石枣塬 5 个自然村，全村共 304 户 925 人，总耕地面积 8296 亩。该村地处氟大区，气候干旱，土地贫瘠，交通闭塞，自然环境恶劣，90% 的耕地已退耕，自然条件的约束使这个村子常年面临贫困问题。在村里常常流传着这么一条顺口溜："种地靠的是老天，吆着毛驴下沟滩；吃的全是含氟水，牙黑还是罗圈腿"，地全是沟滩地，天一旱就要吃西北风，吃的水导致很多村民不到 10 岁就一口黄牙，年纪稍大就罗圈，姑娘长得再俊俏一口黄牙就吓到了婆家。

扶贫攻坚之前，村里共有贫困户 44 户 143 人，村民收入主要靠退耕还林补贴和外出打工，生产生活条件非常艰苦，人均纯收入仅有 2000 元左右。除此之外，由于地理位置的偏僻和闭塞，这里的村民思想观念较为保守，外出务工人员少，自主性发展意识薄弱，突破长期的保守生产生活方式为当地的长期发展埋下重重隐患。

二、易地搬迁，勇拔穷根

2013 年 11 月，习近平到湖南湘西考察时首次作出了"实事求是、因地制宜、分类指导、精准扶贫"的重要指示。同年，昝家山村被确定为建档立卡贫困村。2014 年 4 月，在易地扶贫搬迁政策的引导下，昝家山村结合现实的自然条件困境，组织村民通过移民搬迁工程终于迈出了下山的步子，搬迁至距离壶口瀑布 6 公里处，住上了二层小楼房，从此昝家山村的命运开始转变……

搬迁后的昝家山村靠近壶口瀑布景区，如今随着旅游热度的持续增长和青兰高速的通车，客流量逐年增长至现在的每年 200 万人次。这无疑是昝家山实现变化的宝贵机遇。

调整产业结构，打造旅游专业村。对于昝家山村或者说很多村子来说，易地搬迁后要解决的棘手问题就是老百姓的收入来源问题，搬迁后的地方虽然交通好、具有旅游资源优势，但是耕地面积少，农业发展受限，因此要彻底摆脱贫困，必须调整产业结构，开辟新的发展方向。2014 年完成搬迁后，2015 年壶口镇党委因地制宜，精准施策，提出了“党建 + 旅游 + 扶贫”的思路，把昝家山村明确为旅游扶贫示范村，把旅游服务业作为全村优先发展产业，引导从经营餐饮、开办旅馆起步，不断向休闲度假村方向发展，昝家山村开始了轰轰烈烈的旅游专业村建设，通过打造景区农家乐、民宿等配套服务，大大增加了村民的第三产业收入。据统计，全村开业运营餐饮、住宿为一体农家乐 20 家，就业 35 人，平均每户每月可实现经济纯收入 1.5 万元；另有单独经营住宿 23 家，就业 23 人，月收均入 7000 元。

发挥特色产业，拓宽增收渠道。2014 年以前，由于地处偏僻，物流成本高，昝家山村的苹果、花椒等农产品很难获取收益。易地搬迁以后，随着旅游时代的到来，苹果、梨子等农产品的成熟季节与旅游旺季“不期而遇”，一些较为积极的村民尝试着在马路边摆起了农产品小摊，效果却出乎意料的好，很多游客对这些土特产赞不绝口，这是最早一次昝家山百姓感受到母亲河带来的恩惠。尝到了“甜头”的村民每到旅游旺季，每家的妇女老人都拿着自家的农特产去高速路旁、景点附近、农家乐民宿边叫卖，主动吸引游客，有些年纪大的果农为了招呼游客买自己的果子，切成块给游客尝。他们会学着年轻人打印微信二维码放到小摊旁，会主动邀请游客添加微信，说着“可以包邮给您”……黄河的水像时代的齿轮一样永不停息，也推着昝家山村的村民从闭关保守向主动争取，从闭塞落后向现代化一步步迈进。

挖掘黄河精神，创新文旅融合。壶口斗鼓是陕北地区传统民间艺术，也是源于气势磅礴的壶口瀑布旁，昝家山村充分利用这个文化资源，成立“壶口镇民间斗鼓协会”，对全村贫困户提供全开放式、优先的斗鼓演出机会，增加贫困户收入，同时又能丰富村民的文化生活。通过平时演出，个人年收入能够增加 3000~4000 元，同时，村里充分结合农家乐经营与传统文化表演，把斗鼓、陕北民歌、秧歌等传统文化表演融入农家大院，让游客可以感受到地地道道的陕北风情，还通过游客参与表演、拍照留念以及购买相关文化纪念品等拓宽旅游收入，达到文旅的有机结合。

能人带动，发挥辐射效应。为了带动群众发展旅游服务业，村支书兰天刚这个领头人开始拿实事引导大家："大家看不到现金，看不到眼前红利，都是很难动弹，没有积极性的，咱们要抢先机，先得到实实在在的好处让老百姓看看再说，别让咱们这块宝地都给了别人做生意，我们吃人家吃剩的馍渣渣。"通过和三委会班子成员商议，村里成立了黄瀑人家合作社，运用村集体的20间门面发展餐饮农家乐，第一年就小挣了16万元。村里的群众看到效果后，所有有门面的家户都被带动开起了农家乐。合作社发挥带头示范，加强对社员的行业培训，提升服务水平和质量，引领昝家山走出了一条以餐饮、住宿为主的旅游服务业发展之路。

目前，该村有27户群众在移民新村开设餐饮、住宿为一体的农家乐，平均月收入（毛收入）1.5万元；15户群众开办家庭旅馆，平均月收入5000元；30户群众将房屋租赁给能人大户，月收入3000元以上，通过发展旅游服务业，直接带动当地群众就业65人，

电商当道，创新销售渠道。随着互联网信息在农村地区的普及应用，昝家山村村民也积极追随潮流，利用景点游客人流量大的便利，吸收一批线上顾客，通过微信、抖音、快手等销售媒介，大大拓展农产品的销售渠道。据调研访问统计，昝家山村及附近临近村庄每年通过线上销售基本都能解决果园存量。

目前，昝家山村旅游服务业快速发展，前来住宿、就餐和购物的游客络绎不绝，旅游专业村形象正逐步树立。2018年全村旅游服务业综合收入突破1000万元，人均纯收入达1.2万元，较2017年增加39.5%，基本实现全面脱贫。

三、黄河沿岸，落地生花

脱贫之后，昝家山村的发展之路并未停止，在乡村振兴战略的指导下，昝家山村借助壶口瀑布景区得天独厚的旅游资源继续挖深做强，依靠农村集体经济发展使村子得到内在力量的再一次飞跃。

（一）用好集体经济，建立资产载体

昝家山村在发展旅游服务业的过程中，逐渐意识到要想继续做大做强旅游产业，提升内生动力，就必须要从村集体经济发展上下功夫，逐步形成发展合力，进而带动村民脱贫致富。依靠壶口瀑布的旅游资源，结合陕北民俗文化特点，昝家山村成立了“壶口黄瀑人家农家乐合作社”和“壶口古镇风情合作社”，用以聚集、承载全村集体经济资产，为资金、物资、土地、技术、劳动力等要素的整合打捆提供载体，吸收各类生产发展资金、扶持资金，确保资产像滚雪球一样不断壮大。

（二）积极宣传引导，实行折股量化

在村党支部的坚强领导下，全村党员干部对所有村民挨家挨户进行调研走访，深入交谈，在征得村民同意的基础上，经支委会研究决定，将全村所有集体资产集中到合作社，今后上级贫困扶持资金不再以任何形式分配，留作合作社的资本金，实行动态管理，把每人应分配的扶贫资金折股量化，做成股权向每个贫困群众配股，贫困群众享有股权和实际收益权。村党支部加强对折股量化和配股工作的领导和监督，确保分配方案公正公平，资金使用公开透明。

（三）整合集体资产，进行承包经营

在党支部宣传发动下，昝家山村以合作社为主体，整合村内集体固定资产，将村集体资产 20 间门面房以及 10000 余平方米的停车场以入股方式加入“壶口黄瀑人家农家乐合作社”并对外开放，充分利用互联网、广播电视、期刊等各种新闻媒介进行招商引资宣传，选取有实力的商户进行承包经营，收益纳入集体收入。同时，在村党支部的协调下，由驻村干部、食药监所干部、村干部、群众代表组成工作组，开展“诚信经营示范点”评比工作，促进各合作社、农家乐良性互动、有序竞争，有效盘活了村集体资产，繁荣了昝家山乡村旅游市场，有效推动村集体经济的发展壮大。

截至目前，昝家山村集体资产总额达 369.71 万元，集体土地总面积为 40590.75 亩，其中承包地为 33890.87 亩。

通过几年的突破、努力和创新，昝家山村早已改头换面，从县里最贫困的村跻身到各个村效仿学习的现货样板，2017 年申请退出贫困村行列，2018

年底基本实现全面脱贫，2019 年全村旅游服务业综合收入突破 1100 万元，梨果总产达 1000 万吨，人均纯收入达到 1.3 万元，较上年增加 10%，村集体经济收入 19.6 万元，在周边兄弟村看来，已经迈上了实现乡村振兴的康庄大道。

在黄土高坡的黄河沿岸，昝家山村人民在党的政策的鼓舞下，在时代的推进下，从那个贫瘠的小山坡一步步突破思想观念的束缚走出贫困，顺着乡村振兴的光亮一步步迈进着，这是母亲河的恩赐，是党和人民的恩赐，也是美好生活希望下人们生生不息的追求。

第六节 金融助力脱贫人口防返贫、远离贫

2020年是全面建成小康社会和“十三五”规划收官之年，也是全面脱贫的决胜年。中央农村工作会议围绕全面建成小康社会和打赢脱贫攻坚战，指出我国“精准脱贫成效显著”，同时强调要“巩固脱贫成果，防止返贫”。在全面脱贫与乡村振兴的关键衔接阶段，脱贫工作不容懈怠，防贫工作更需提高警惕，如何有效巩固脱贫成果、防止返贫，为乡村振兴打好基础，是目前面临的主要任务。

十八大以来，我国贫困人口从2012年的9899万降低至2018年的1660万，共减少8000多万，脱贫人口数量庞大，很多贫困程度深、扶贫难度大的地区完成脱贫摘帽。但同时需引起注意的是，脱贫并不意味着结束，脱贫成果的有效巩固是影响脱贫人口可持续发展、脱贫地区迈向乡村振兴的必要环节。金融作为贫困地区发展的主力军，现阶段更需大力发挥其支撑和调节作用，时刻关注脱贫群体，构建多维度、现代化、长效化的脱贫巩固金融体系。

如何有效巩固脱贫成果，核心是要在做好脱贫人口由于突发性事件造成的短暂性陷入贫困基础上，还要从内生发展着手，重点培养贫困地区的可持续发展路径，打通其自身造血通道，防止长期返，主要包括以下几方面：

一是科学有效的金融工具，帮助脱贫人口“防返贫”。按照“两不愁三保障”标准对脱贫人口的教育、医疗、卫生等方面拓展政策类保险支撑服务，从多维度巩固脱贫成果。医疗方面，有序引导农民积极参加商业保险，使其在农村基本医疗保险的基础之上，更有力克服癌症等重大疾病带来的灾难性打击，通过基本医疗保险与商业性保险的有机结合，减少农民因病致贫、因病返贫概率。教育方面，调整国家助学贷款的贷款上限标准，尤其对于深度贫困地区，将助学贷款额度与全国CPI指数相联动，减轻贫困人口子女上学产生的经济压力，降低因学返贫风险。

二是提升金融多元化的扶持渠道，让脱贫人口“远离贫”。加强金融与产业的内部机制对接，根据脱贫地区特色产业发展现状，量身打造针对性的金融产品。增强金融与脱贫地区集体经济组织联结，为农村集体经济组织提供充足资金，鼓励资金向其倾斜，继续落实支农再贷款、定向降准等政策，

增强政策性银行对贫困地区集体经济组织扶持力度；创新开发农村集体经济股权质押等创新产品，帮助提高贫困地区集体经济经营性收入，为脱贫人口的长效发展保驾护航；支持保险机构设计更多的农业类保险产品，推动担保机构有序降低对贫困地区集体经济组织的保险费率。积极推出更多的农业类期货期权产品，减少农产品价格波动对农业的打击，推进特色农业的高质量、可持续发展，巩固脱贫人口的生产发展成效。

三是积极提升农村贫困落后地区的金融观念，为脱贫工作夯实基础。农村贫困地区信息闭塞，当地居民金融观念淡薄，易受传销、高息理财骗局、P2P 理财、非法集资等行为的影响。近年来，农村贫困落后地区农民被骗事件屡屡发生，即使脱贫，短时间内仍难摆脱此类风险，因此，亟待培育农村贫困落后地区的金融意识，提高金融素养。农村金融基础设施薄弱，部分地方甚至没有银行网点，建议出台鼓励正规金融机构下沉至基层的优惠政策，防止非正规金融机构在农村贫困地区胡乱作为，可通过新闻媒体、行业协会、案例解说、走进基层等多样化形式，加强农村贫困地区金融知识的宣传教育，有序提升当地农民的金融意识，防止农村贫困地区不正金融之风横行，防止农民辛苦劳作的血汗钱被骗。

四是健全贫困地区的金融监管体系，为脱贫工作筑牢金融保障。充分利用大数据、区块链等新技术建立金融返贫保障网，对触底的脱贫人口通过保险兜底、银行扶贫贷款发放支撑等方式进行及时救助，防止其再次掉入贫困陷阱，构建“银行 + 保险”的双重保障体系；建立金融体系脱贫监测平台，对扶贫资金的来源、流向以及具体信息进行实时监测，促进扶贫资金在阳光下运行，达到透明化、公平化；加大金融扶贫资金流向的审计检查，防止惠农扶贫资金被挪用、被贪污，促使扶贫资金能够真正流入农民口袋；完善脱贫地区金融信用体系，营造良好的金融生态环境，使金融对脱贫成效的巩固更稳定、对脱贫人口的发展引导得更健康、长远。

第七节 产业助力，远贫困、迈振兴

2020年是全面脱贫的收官之年，同时也是乡村振兴大力推进的起步阶段，如何在按时完成脱贫任务、有效巩固脱贫成果基础上，稳定推进乡村振兴战略是每一个即将脱贫或刚脱贫地区面临的关键问题。中央农村工作会议中指出“要坚决打赢脱贫攻坚战，不获全胜决不收兵”，再一次强调全面脱贫的坚定任务，可见贫困地区脱贫是乡村全面启动乡村振兴的基础，也是我国进入新一轮发展战略的新起点。

广东省英德市及时抓住这个关键节点，以产业发展为推手，以高效、高质为目标，进一步夯实脱贫成果“厚度”，为乡村振兴打下坚实基础。

一是特色种养，多重增效。“产业兴旺”是乡村振兴战略的核心内容之一，对于贫困地区而言，如何在现有基础上进一步挖掘产业发展潜力是至关重要的。英德市借助本身特有的自然优势和地域优势，大力发展特色产业、旅游产业及三产融合产业等，通过公司、合作社、龙头企业等合作带动模式，使当地脱贫成效显著，同时也为乡村振兴寻找到适宜的内生发展动力。

英德市充分利用当地具有的红茶、名优水果等特色产业，积极推广“公司+合作社+基地+农户”等发展模式，打造农产品种植基地、养殖基地，推动村集体增收，贫困户脱贫。比如西牛镇韭菜基地是西牛镇政府引进的“一镇一业，一村一品”项目，将韭菜主种植区建设成以韭菜为特色产业“韭菜产业种植基地+蔬菜交易中心+农副产品加工+农业观光旅游”为一体的“美丽田园综合体”。又如“锦潭小镇”立足区位和资源优势，大力发展富民兴村产业，通过开发锦潭特色的谷底冷水渔业和茶果蔬菜农业，形成立体循环农场，达到生态、农业与经济的多重发展。

无论是农业产业化的深度探索发展，还是横向融合发展；无论是内部绿色理念下的可持续发展，还是外部合作社、家庭农场等新型经营主体多重带动发展，农业产业化对于脱贫攻坚的力量毋庸置疑，今后在乡村振兴道路上也注定越走越稳。

二是旅游帮扶，多彩振兴。随着农村结构的不断演变，开发旅游资源也逐渐成为农村可持续发展的主要道路，成为农村脱贫并走向振兴的“主力军”。英德市将旅游开发与扶贫工作紧密结合，通过引导贫困户以土地入股旅游景区、在景区务工就业等方式，增加贫困户和村民的经济收益。如徐其修公司通过引导贫困户将个人的资源、资产、扶贫资金等入股到公司，参与分红，实现农村资源变资产、资金变股金、贫困户变股东的资产收益“三变”模式。公司吸纳镇内有劳动力贫困户以购买股权方式入股该公司，每年收益分红不低于10%。股金合作期满后本金返还各村（居）合作社作为扶贫基金。同时，公司将贫困户的“闲置”农村住房改建为悠闲旅游“民宿”，获利后按贫困户20%公司80%比例分成；对贫困户及其他农户零散的土地进行整合和整理，由公司集中连片、规模化经营，增加农业生产效益，收益按收入的比例分红。此外，贫困户将资金、土地和闲置农房等入股公司，结合乡村振兴美丽乡村建设，目前白米庄村东岭等30户贫困户参与民宿客栈等建设，实现身份转变，变成实实在在的公司“股东”，切实增加了收入。

可以看出，农村随着整个社会结构的变迁和消费需求的升级，在职能和功能上也走向多维化，旅游产业的创新和实践为其现阶段的脱贫“雪中送炭”，并且为今后的振兴“锦上添花”。

三是就业转移，人才“倍”出。人才是脱贫攻坚的重要决定因素，也是推进乡村振兴的主要内容。英德市利用碧桂园集团帮扶英德的契机，积极与碧桂园合作开展贫困户种养技术、就业技能等培训，提升当地农民的专业种养技术；九龙镇政府与英德市荣达实业有限公司嘉德鞋业金造分厂积极推动扶贫车间建设，把金造分厂打造成产业扶贫的平台，打造“1+N”扶贫车间就业模式，让当地贫困户在家门口就可以实现就业脱贫，解决当地劳动力的就近就业问题。这种把工厂开进村的做法，实实在在激发了贫困人口的内生动力，真正做到了从“输血”扶贫转为“造血”脱贫。随着农村剩余劳动力的转移，农村人才不仅体现在农业纵深发展上，更多农民通过接受培训，解放了“双手”，有机会寻求更多的工作机会，在满足基本生活水平基础上也挖掘属于自身更多的价值。乡村振兴需要这样多样化的人才涌现，这为多层次多结构的乡村发展定牢基调。

四是金融创新，衔接振兴。金融作为贫困地区发展的主动力，在脱贫攻坚与乡村振兴衔接阶段更需大力发挥其支撑和调节作用，英德市借力扶贫小额贷款政策，创新“公司＋基地＋合作社＋贫困户’扶贫贷款经营新模式，利用公司生产基地，积极引导贫困户以行政村为单位成立种养专业合作社，由贫困户社员统一申请合作银行的小额贷款，以合作社为主体集中资金承包公司生产经营权，由公司集中管理并提供就业岗位、技术支持。合作期间，公司以保底利润向贫困户收购农产品，每年可获取 7% 至 10% 的收益。该金融扶贫模式对脱贫质量不高不稳的贫困户进一步优化脱贫质量有重要作用，并且能进一步巩固脱贫成果，为下一步乡村振兴奠定基础。

五是推进消费，走向市场。乡村要实现振兴，必须要实现城乡要素的双向流通，而消费水平的提升是打通城乡要素的有效渠道，也是农村可持续发展能力的重要体现。英德市加强本地特色产品的品牌建设和宣传，推动本地产品加快融入全国大市场。通过建立公众号开展“线上”宣传和建立英德市线下消费扶贫展馆、举办第十五届茶业经济年会暨 2019 年英德红茶文化节等活动开展“线下”宣传相结合的方式，展示、销售英德本地农特产品，提升产品知名度。同时，广泛利用京东、淘宝、电商产业园等各类平台推进“互联网 + 消费”模式，提升销售渠道的信息化水平。

如果说脱贫攻坚是农村过去发展的一个完整句号，那么乡村振兴就是农村未来发展的新段落，然而如何能顺利地承上启下，重点就是要在目前衔接的关键时期做好脱贫攻坚与乡村振兴的“双向思维”，用乡村振兴的目标引导脱贫攻坚政策延续，用脱贫攻坚的“底线”夯实乡村振兴战略的稳定性，达到两者的“无缝对接”。

第五章 中国贫困问题的前瞻性研究

第一节　2020 年后我国城市贫困与治理的相关问题

直至 20 世纪 90 年代初期，我国的贫困问题一向被看作一种农村现象。随着城市化进程的不断推进，城市贫困问题也逐渐凸现出来。与农村贫困相比，由于城市结构多样，城市贫困问题较为复杂，相当一部分城市贫困人口保障水平低，处境艰难。2020 年是我国全面消除绝对贫困的重要节点，但是扶贫任务并没有结束，城市贫困人口脱贫问题将成为社会需要关注的新主题之一。

一、城市贫困的内涵、标准和测度

城市贫困一直是全球性的问题。随着城市结构的不断多样化，城市发展的不断进步演化，城市贫困的内涵和范围也在不断地变化。近年来，中国城市化进程不断推进，使“富裕中的贫困”更加凸显，在城市发展的新时期，中国城市也面临新的贫困类型，需要新的标准和测度方法。

（一）城市贫困的内涵

贫困，从内容上来讲主要分为绝对贫困和相对贫困，绝对贫困主要是指物质方面比较匮乏从而影响基本生活的一种状态。而相对贫困，是指在一个社会或者群体中，收入水平相比整体水平来讲处于弱势地位的状态。城市发展过程中绝对贫困问题基本解决，但是面临的更多的问题是相对贫困，即为“富裕中的贫困”。随着社会结构的转型以及城市化的推进，城市中出现很多失业人口、低收入人群、社会闲散边缘人群、以及种族中、移民中的贫困人口等。同时，很多学者也表示城市中的老年群体以及文化程度较低的年轻群体等都是构成城市贫困的主要因子。

（二）城市贫困的衡量标准

由于城市贫困出现得较晚，同时城市贫困的成因较为复杂，内容涵盖较多，与农村相比较而言，城市贫困的标准比较难统一。目前在中国城市贫困没有明确的标准，国家主要按照“城市最低生活保障线”作为衡量城市贫困人口的主要标准。城市最低生活保障线主要是指人均收入低于当地规定的最低生活标准的群体。按照《城市居民最低生活保障条例》中的规定，中国城市贫困人口主要包含三部分群体，即失业人口、下岗人员以及收入低于最低生活保障线的在业人员。按照低保标准，2016 年，我国城市低保人口的规模大体上是 2000 多万。

（三）测度方法

由于城市贫困标准的不统一，因此对其的测度也没有确定方法，根据国际目前对城市贫困及低收入人口的确定，主要有几种方法。

1. 城市绝对贫困标准的测度

国际上对城市绝对贫困标准测度的常用方法主要有恩格尔系数法和国际贫困标准。一是恩格尔系数法。它是衡量一个国家或地区生活水平高低的综合指标，由德国统计学家恩格尔（Engel）提出，后来国际上常以恩格尔系数超过 59% 作为判断贫困的一条标准。二是国际贫困标准，也称绝对值法。目前国际贫困标准是每天 1.25 美元。该标准应用比较广泛，但它忽略了特定国家在不同时期的价格变动，而且它采用购买力平价汇率衡量贫困，导致对当地生活成本质量的有偏估计。

2. 城市相对贫困标准的测度

国际上测算相对贫困比较主流的方法是国际贫困线标准，主要按照一个地区中的中等收入家庭月收入的 50%—60% 来测算。在中国由于地区间的经济发展差距较大，因此贫困人口的认定是按照不同地区进行差异化认定，主要采取绝对值法和恩格尔系数测算法测算城市贫困线标准。

二、城市贫困的主要成因

城市贫困的形成是随着城市结构的不断调整、城市群体的不断变化而逐渐发生演变的，因此形成城市贫困的原因也是动态、具有实时性的。随着中国改革开放下城市化进程的不断推进、经济社会的不断提升、人民生活需求的不断提高，出现在城市中的致贫因素也越来越多样化。

（一）宏观层面的原因

1. 制度与政策影响

从近二十年来，经济体制改革推进、国有企业改制、医疗和社会保障制度不完善、城市拆迁、农民失地等多种因素，造成我国出现大量的新型城市贫困人口。根据数据统计，2016 年中国 2016 年基尼系数为 0.465，在世界各国排名中处于第 30 位，与全球平均水平相比高出警戒线 0.4。从结构来看，除了农村城市差距之外，城市内部也存在一定的贫富差距，而且随着城市的发展，这种差距逐渐在拉大，较高的城市生活成本等也使得城市贫民的生活境遇低下。城市“三无”人员及大部分残疾人无收入来源，全凭领取最低保障金度日，随着城市生活成本的提高，当城市最低生活保障标准较低且不敷支出时这些人将无法摆脱贫困。城镇离退休人员的养老金已由社会统筹发放，但一些城市养老金数额不高，再加上物价上涨等因素，一些生活状况一般的家庭在遇到疾病、不可抗因素的影响时，也会逐渐沦入贫困家庭的行列。目前非公有制单位已成为吸纳劳动力的重要渠道，但是许多非公有制用工单位没有必要的劳动保障措施，

2. 就业的动态性因素

从时间维度看，城市贫困人口除了长期以来依靠低保政策的群体外，还有因为突发原因造成的短暂性贫困群体。而对于这部分群体，就业是造成其致贫的客观原因。随着城市发展迅速，工作的更新速度快，因此对于劳动者素质的要求不断提升。对于处在贫困边缘的家庭而言，本身文化素质、社会地位、社会资源等方面的能力相对较低，因此面对高竞争的环境，贫困人口获取工作的难度和拥有工作的稳定性就大大降低，长期持续下去会降低其寻求工作的动机，继而会由短暂性贫困转为长久性贫困。因此就业问题是决定他们是否贫困的关键因素。

3. 医疗负担的影响

疾病和贫困向来联系紧密，而且互相影响形成恶性循环。长期贫困必然会造成营养不良产生疾病，而治疗疾病需要的高额费用又会进一步加剧贫困境遇。根据 2002 年的“全国百城万户低保抽查”数据，在低保家庭中，患慢性病或者大病的人的比例占到 64.9%，可见在低保家庭中，疾病是主要致贫因素，因此看病产生的家庭负担也是他们无法摆脱贫困的核心问题。

（二）微观层面的原因

除了宏观因素之外，城市贫困群体本身的自我发展能力低下、甚至“运气”等不可抗因素，也是造成他们长期无法摆脱贫困或者很快落入贫困境地

的不可忽视的因素。

1. 疾病与健康水平因素

健康水平是劳动力素质的重要方面。疾病等健康原因是造成城市家庭陷入贫困的最主要因素。据上海市民政局在 2007 年对 1400 多个贫困家庭的调查中发现，因病致贫的比例最高，达到 90.68%，因残致贫的比例也有 10.75%；贫困家庭的大病重病患者的医疗费支出较多，人均医疗费月支出 529.92 元，占每月人均总支出的 47.2%。另一方面，城市低收入人群生活在社会底层，由于生活条件有限，再加上城市生活成本偏高，以及营养健康知识缺乏和身心压力大等，他们的营养和健康条件较差，容易成为疾病等健康问题侵蚀的对象。

2. 受教育水平、知识和技能因素

教育水平低，知识和技能的储备欠缺是造成城市人口陷入贫困的另一关键因素。随着城市化的不断深入推进，城市间、城市内部的经济差距在不断拉大，造成不同地区和不同社会层面的群体之间差距不断扩大。城市贫困人群属于社会中的脆弱群体，受教育水平普遍较低，因此在城市中的竞争力较小，寻求工作的范围和机会也较小。由于知识和技能上的欠缺，他们对社会和工作的适应能力较低，只能从事一些相对简单、依靠体力的工作，生活环境较为艰苦、单位劳动报酬较低，工作岗位的替代性较大，陷入贫困境遇的概率也较大。

3. 家庭和个人的社会资本因素

除了外在的物质条件，城市贫困人口在内在方面往往也比较缺乏，比如社会参与度以及信息接受的程度，等等。从投入角度来看，劳动力城市贫困人口由于经济生活压力较大，因此用在基本生活的劳动和时间投入成本就较高，从而用于社会关系中的精力就微乎其微，严重影响其正常的城市社会关系。同时，随着城市共享机制的逐渐成熟，城市贫困人口由于较低的文化水平和较少的信息资源，因此较难与周围形成良性平等的互惠互利关系，在此机制中也逐渐被边缘化。

4. 突发事件等不可抗力因素

城市贫困人口不仅在经济条件上处于落后状态，造成他们无法摆脱贫困的往往还有应对特殊事件的能力上。自然灾害、疾病、事故等突发事件足以让他们落入贫困的深渊。破坏力较大的突发事件往往具有不可预见性和不确定性，对处于贫困边缘的低收入人群或者刚脱离贫困的人群而言，是“致命”的打击。

5. 志气精神等内在因素

首先从城市贫困人口心理来看，由于城市整体的快速发展对部分城市贫困人口的拉动较小，城市内部群体经济水平差距较大，相对贫困突出，造成其对自身经济现状的不满，这种“社会排斥”感受会进一步对其脱贫形成阻力。其次，由于城市发展较快，人才资源集中，竞争力较大，贫困人口往往缺乏对于自身现状改变的信心，自我摆脱贫困的意识不强，积极性不够，造成脱贫的内生动力不足；最后，长期以来形成的习惯造成他们对自身生活条件的要求不高，而贫困的内容不仅仅是经济方面的，还包括生活基本水平、住房、饮食、医疗、教育以及精神状态等多个维度，较低的要求必然降低了整体生活水平的标准。

三、国内外城市贫困治理的主要途径

城市贫困治理是世界各国共同面临的问题。一些发达国家在城市贫困治理中有一些成功的做法和经验，对中国在城乡融合发展进程中解决城市贫困问题有一定的借鉴作用，而发达国家在城市贫困中遇到的问题也值得我们关注、警惕和防范。

城市贫困不仅仅是中国的问题，也是世界各国面临的普遍性问题，对此各国政府也采取了相应的缓解城市贫困的措施。综合各国经验，解决措施主要集中在提升就业和社会福利两方面。

一是健全社会福利。社会福利是影响社会成员生活和精神水平的最基础保障，也是一个国家整体国民生活水平的最直接体现。

北欧的社会福利制度比较完善，比如瑞典是实行社会福利最早的国家。瑞典的社会福利是广泛性的，涵盖群体大，内容也比较全面，包括健康卫生、家庭和儿童、工伤保护、失业保险等，基本涵盖了居民生活的所有内容。并且补贴额度也比较大，比如从 2002 年起，瑞典政府规定孩子出生或领养以后父母可以获得 480 天带薪产假，并且为了保障无业者的父母，政府为其补贴每天 60 克朗的保障。政府对于超过 90 天的失业者可以为其补贴每天 240 克朗作为基本保障。

美国的社会福利也是在不断改革中一步步完善起来的，最主要的改革是福利对象群体的转换，从单纯的接受式群体转变为积极参与的群体。从之前被动式的补贴转变为相对独立的长效式培训，美国许多州设置了工作福利制计划，旨在补贴的同时通过教育培训进一步提升人们自身的能力，从而能长期获得经济独立。这与中国实施的教育扶贫模式具有相似的目的。1988 年，美国通过的《家庭援助法案》中设立了一项重要条款，即开展“工作机会与基本技能”的计划，目的在于为穷人提供教育、职业培训和就业安置。

在中国，社会福利随着改革开放的推进也逐步完善和进步，由最初的与身份相匹配的社会福利待遇逐步转化成补缺型的社会福利社会化模式，社会福利不直接介入个人和家庭，而是通过市场对不能维持基本生活的居民进行补充性的保障。随着经济社会的不断进步，人们对生活水平需求的提升，之前的补缺性社会福利又逐步改善为适度普惠型的社会福利模式。

二是扩大和提升就业。从造成城市贫困的成因来看，失业是主要因素之一，失业率的高低也会直接影响城市贫困人口的数量和规模。因此扩大就业是很多国家针对城市贫困所做的首要决策。斯泰克（Stack，1978）在研究中提出，在任何经济发展阶段，政府实施一系列提升就业机会的措施，一定程度下可以促进资源均等化，减小社会群体之间的差距，从而缓解城市贫困。

近年来，许多国家都采取各种扩大就业的措施。美国在面对金融危机带来的持续影响时主要采取经济刺激的措施来缓解失业。通过减税等一系列措施刺激消费，从而拉动就业。同时针对贫富差距、收入不均等结构性问题，美国政府签署就业培训计划等项目来帮助弱势群体提升就业能力。日本政府针对女性群体就业问题在 2015 年出台了《女性活跃促进法》，进一步提升女性在政府和企业中的人员比例，促进女性在社会活动中的积极性，从而带动整个国民消费。欧洲政府主要通过干预和经济刺激来缓解就业问题。欧盟根据不同地区、不同行业、不同群体来提供多样性的就业机会，旨在缓解社会结构失衡带来的城市贫困问题。

三是发展地方经济。一个地区的整体经济是影响当地人民生活基本水平的最主要因素，因此也可以说是影响贫困的最直接因素，因为贫困人口往往面临的是最基本的生活问题。因此世界许多国家为了缓解贫困，解决区域间的平衡问题，采取了一系列措施大力发展地方经济。德国在平衡区域间发展方面制定了一系列法律法规，如《联邦区域规划法》（1965 年），《区域经济政策的基本原则》（1967 年）以及《联邦区域规划纲要》（1975 年），等等，充分给予地方政府自我发挥的权限，地方政策实施都由各州来负责，联邦在经济上给予 50% 的资助。

发达国家的城市贫困治理也不是全无问题。随着老龄化问题的突出，老年人退休保障水平低已经成为发达国家城市贫困治理需要面对的一大问题。如日本近年来领取养老金的人数逐渐增加，缴纳养老保险的人数逐渐减少，开始领取年金的年龄不断推后，金额也在降低，因此老年人生活面临较大压力，是城市脱贫较难解决的问题。韩国的情况也是如此，不少退休老年人需要再度进入劳动力市场寻找工作，以满足退休后生活所需。此外，高昂的房价房租和城市生活成本也使得发达国家城市贫困人口无法承担。

四是提升最低生活保障标准。最低生活保障制度是社会保障的一种，主要是政府对收入水平低于当地最低生活标准的群体进行基本生活扶持的一种举措，也是治理城市贫困的直接举措。最低生活保障主要采取居民自主申请的方式进行补助，主要针对收入低于当地平均收入水平的群体，包括无生活来源等弱势群体，也包括在职或下岗人员，与失业保险相比范围较广，能覆盖没有能力得到工作的群体，因此更能涉及更多的城市贫困人口。近年来，随着经济水平的不断上升各地都纷纷上调了最低生活保障标准，2016 年上海由 790 元 / 人 / 月上调为 880 元 / 人 / 月，北京市由 2011 年的 480 元 / 人 / 月上调为 2016 年的 880 元 / 人 / 月。

四、对我国城乡融合背景下城市贫困治理的几点建议

城乡融合促进了资源的流动和共享，但对城市而言，也导入了新的农村人口、使城市产生新的问题。据统计，中国 2017 年城乡居民人均收入倍差为 2.71，其中基础设施与公共服务的城乡差距仍然较大。因此，城乡融合对于城市的发展无形中形成较大压力，城市贫困也会随之浮出水面，成为城乡融合后面临的新问题。针对城市贫困的主要特点及形成原因，新时期我国城市贫困治理应该把以下几方面当成着力点。

（一）进一步确定城市贫困人口标准

我国的贫困线一直是以绝对贫困为标准，虽然其水平一直在增长（现行标准是以 2010 年不变价格计算的每人每年 2300 元），但贫困标准一直是理论界争论的焦点，贫困标准也影响着全球对我国的减贫成就的认同。随着我国社会经济的不断发展，城市贫困问题的不断出现，应该着手于城市贫困的

概念界定以及制定城市贫困线的新标准，我国减贫重点工作的转化应从全面、多维、动态的角度出发，科学制定和预测城市贫困人口，制定相对贫困标准，开展新一轮城市扶贫减贫工作。除了以收入为基本衡量标准外，还应该考虑医疗、教育、社会保障等因素综合衡量城市贫困人口。

（二）内外结合，强化职能与提升城市贫困人口能力并重

要对症下药，内外并重。在宏观层面，要强化城市政府的反贫困职能，增强对城市贫困治理的支持力度。城市政府部门在贫困治理上的职责应更细更明确，要强调任务的分配和部门之间的协调和沟通，从劳动就业、生活保障、医疗保障、教育、住房等方面各负其责、将扶贫内容细化、具体化。在微观层面，要提升城市贫困人口的文化程度和技能，创造更多的就业岗位，增强其应对贫困的能力和抵御风险的能力。

（三）进一步完善社会保障制度

进一步扩大城市需要保障的居民和群体范围，将下岗、退休、失业以及农民工等城市贫困群体纳入保障范围。提升最低生活保障与养老、医疗等社会保障之间的融合度，从物质层面到精神层面综合提升城市贫困人口的生活水平。同时，进一步关注城市贫困群体的子女教育问题，比如农民工子女教育问题等，提升城市贫困人口脱贫的长效性，避免造成返贫或代际贫困问题。

（四）营造社会氛围，建立合作互信的共享机制

城市贫困治理需要合作与互信的社会氛围，需要有效的渠道填补和打通城市内部之间存在的断层和“鸿沟”，形成城市贫困群体与其他主体的合作共享机制。通过合作共享机制，促进城市内部的共识和知识、技能、信息、服务等方面的共享，提升贫困人口发展能力。

（冯丹萌，农业农村部农村经济研究中心；陈洁，农业农村部农村经济研究中心）

第二节　新型城镇化与乡村振兴的空间协调性分析①

新型城镇化和乡村振兴战略是未来较长时间段里我国城市和农村发展的重大战略和方向。我国目前正处在城镇化“30%—70%”快速提升阶段和工业化、城市化的“双中期”快速发展期，[1]也是乡村振兴的启动关键期。2020年，我国将全面建成小康社会，这为新型城镇化和乡村振兴战略融合发展提出了更高的要求。然而随着我国区域差异化发展的不断凸显，城乡融合程度也因地域、经济、社会等因素出现参差不齐的态势。因此，客观评价我国推进新型城镇化与乡村振兴发展战略进展及科学测度两者之间的融合程度和区域差异，对未来协调推进中国整体新型城镇化与乡村振兴战略具有重大的历史和现实意义。

一、关于新型城镇化与乡村振兴协调发展的相关研究

随着整体区域的经济、社会、信息水平的发展，城乡活动的交融度不断提高，城乡边界的非清晰化使得二者在各自发展中受到互相的影响越发显著，二者在融合协调推进中也面临着更为复杂的要素互动。McGeeTC 等学者提出重叠的城市和农村活动产生了一个动态的非正规区域，构建城乡关系协调发展的 Desakota 模型。[2]国内学者大多以具体地区为例进行研究比较，田万慧（2018）以甘肃省 12 个地级市数据为例，得出新型城镇化与农业现代化的耦合协调水平在不断提高，各状态层的发展水平整体上呈现上升趋势，但存在不协调性。[3]涂丽和乐章（2018）运用中国家庭追踪调查（CFPS）2014 年的数据，研究分析城镇化与乡村振兴的内在联结，研究发现乡村发展的东西差异明显。城镇化对乡村发展水平的整体效应为正向的，并且非农化、人口迁移等城镇化因素对乡村发展具有不同的影响效果。[4]蔡进等（2018）以重庆市为例，提出重庆新型城镇化与乡村振兴之间存在正向相关关系，并且处于高水平下的低协调和低水平下的高协调两种层次。[5]马力阳和罗其友（2017）通过测算得出 2000 年以来我国城镇化和农村发展耦合协调度显著提升，东西部差异呈现逐步缩小态势，据此提出城乡要素耦合、功能耦合和结构耦合三

① 农业农村部软科学，“十四五”协调推进新型城镇化与乡村振兴战略研究，项目号：03200-221100071. 教育部哲学社会科学研究重大课题攻关项目：贫困治理效果评估机制研究，项目号：16JZD025.

种机制。[6] 钱丽、陈忠卫和肖仁桥（2012）构建“区域工业化、城镇化与农业现代化”耦合协调度评价模型和指标体系，进而探索1996—2010年中国省际“三化”耦合协调度的时空变化差异，并检验耦合协调度的影响因素。[7] 赵艳（2017）着重分析农村土地流转、城乡收入差异和新型城镇化之间的协调耦合关系，得出新型城镇化对缩小城乡收入差距和农村土地流转存在单向因果关系，城乡收入差距的缩小对农村土地流转存在单向因果关系.然而农地流转对新型城镇化以及城乡收入差距的改善作用不明显。[8] 程叶青，邓吉祥（2012）城市非农产业效益、城市就业与投资对乡村具有较强的作用；农村的居民生活水平、农业效益与城市子系统的关联性较强。[9] 丁敬磊，刘光远，赵美平（2016）通过测算山东菏泽市2000—2011年期间农地流转，劳动力转移及城镇化三者之间的耦合协调度，提出此期间该市正处于过度调和与失调衰退并行期，且劳动力转移进程缓慢是制约其城乡统筹发展耦合协调度提升的主要瓶颈。[10]

可以看出，新型城镇化与乡村发展在内在要素上确实具有较高的耦合性，而且协调性随着时间得到一定程度改进，但是较多地区仍然存在不同层次的不协调问题。而且随着乡村振兴战略的启动，农村发展面临更高的要求和任务，产业、人才、生态、社会保障等多方面发展需求为乡村发展与新型城镇化的协同发展带来新的结构和内容调整，因此研究近年来新型城镇化与乡村发展的内部协调性发展变化及区域差异具有较高的迫切度。

二、我国新型城镇化与乡村振兴战略协调发展的现状及问题分析

（一）发展现状及进展

随着我国城乡结构的变迁和打磨，新型城镇化与乡村振兴看似两条平行甚至对立的路不断交融，协调发展的格局初步建立。

1. 新型城镇化水平“质”的凸显，协调关系折线形推进

当前，我国的城镇化水平已达到一个新的历史高度，并逐渐呈现出大规模的城镇化向高质量的新型城镇化转移、农村发展的优势逐渐显现、城乡关系趋于理性的发展态势。

第一，城镇化改革不断深化，宏观政策明确提出高质量发展要求　2013年中央经济工作会议首次提出“要围绕提高城镇化质量，因势利导，趋利避

害，积极引导城镇化健康发展”，以2014年《国家新型城镇化规划（2014—2020年）》所提出的“全面提高城镇化的发展质量”和《国务院关于进一步推进户籍制度改革的意见》的出台为标志，我国城镇化开始进入以“人的城镇化”为核心、以提升城镇化质量为主要目标的新阶段。近年来，新型城镇建设也持续有重大政策推进，主要集中在继续大力推进城市户籍制度门槛降低以及继续深化农村产权制度改革，包括农村土地承包经营权、集体土地所有权改革等方面。十九大报告及相关会议也接连提出着力提高新型城镇化质量，走绿色、集约、高效、低碳、智能的新型城镇化高质量发展道路。

第二，户籍人口城镇化率的快速提高与城镇化率增速的逐渐放缓。城镇化高质量发展阶段的显著特征主要表现为户籍人口城镇化率的快速提高与城镇化率增速的逐渐放缓。[11]一方面，高质量发展提高了户籍人口城镇化率，加快了以农民工市民化为核心的城镇化步伐。2012年，常住人口与户籍人口两种口径下的城镇化率之间存在着高达17.1%的差距，在进入高质量发展阶段之后这一差距逐渐缩小，2017年差距已降至16.2%。[12]另一方面，城镇化率也开始呈现增速减缓的趋势。2012—2018年，已经处于生长周期理论的中线的中国城镇化率水平从52.57%增加到59.58%，[13]年平均提升1.17%。但这种增速已低于2001—2011年的发展水平，显示出速度放缓的态势。

第三，城镇化发展逐渐重视公共服务供给、住房制度改革、基础设施建设等方面并取得了初步成效 公共服务是城镇化的基本保障，就业方面，主要是在数量上提供充足的就业岗位以达到“稳就业”的目标和质量上改善就业结构以适应产业升级的需要；[14]教育方面，实现普惠性幼儿园建设、义务教育学校标准化、高等教育普及化，并逐步推进基本公共教育均等化；医疗方面，逐渐完善和健全公共卫生服务体系和医疗保障体系，使医疗资源的分配更加均衡，基本公共医疗服务覆盖更多的“老、少、边、穷”地区；社会保障方面，公平、可持续、覆盖面更广的社会保障制度逐渐确立，社会兜底能力进一步加强。

2. 农村发展的优势和重要性逐渐显现，协调关系趋于理性

尽管现代化导致乡村衰落，但乡村作为一种生活形态和生产形态不会消失。现代化的转型并不能舍弃乡村，而必须与一个人口不断减少，资源不断外流的乡村社会共处。[15]

第一，农村地区的农业发展依然具有非常重要的作用。很多研究表明，

农村的农业和非农活动具有协同作用。农业已经成为其他领域中间投入的重要供应者，农村非农领域雇用人员的增加与农业增长密切相关。此外，依赖于特色农业和农村电子商务的发展，不再是单一的一种生产和就业形式，而是在城市化发展中不断与其他产业相互影响、相互嵌入和相互融合。农业与第二、第三产业的关系，本质上是农业与工业的关系、农村与城市的关系，乡村和城市不再是以往此消彼长的关系。

第二，美丽乡村建设和休闲经济的崛起表明，城乡共生发展是建设现代化经济的必经之路。习近平总书记在十九大报告中首次提出现代化经济体系重要概念，明确指出乡村振兴战略在建设现代化经济体系中的重要作用。随着人们生活水平的不断提高，乡村社会的发展逐渐由基本的物质层面的要求升级为更高层次的多维度生活需求，随着美丽乡村建设、乡村振兴的不断推进，农村逐渐凸显在乡村旅游、休闲文化、健康养老等产业领域的优势和乡愁文化中不可或缺的地位。另一方面，随着乡村建设项目的不断推动，一定程度可以促进城市资源涌入乡村，优化存量资源配置，促进城乡要素流动，从而有利于区域平衡发展，因此随着市场经济对区域发展的有效驱动，城乡发展关系趋于理性。

第三，城乡空间融合与资源共享有利于推动社会的发展创新。基于农村发展的优势和重要性，消除城乡对立是社会发展的需要，[16]城乡融合是社会发展的必然。马克思曾指出，“城市和乡村的对立的消灭不仅是可能的。它已经成为工业生产本身的直接必需，同样它也已经成为农业生产和公共卫生事业的必需”。回顾我国城乡发展的曲折历程，理性把脉当下城乡发展的关系与问题，城乡融合发展已成为未来基本趋势。

（二）当前的主要矛盾和问题

在我国新型城镇化与乡村振兴战略协同发展的过程中，由于缺乏完善的城乡协调机制，以及社会保障、户籍制度等的政策限制，新型城镇化与乡村振兴协调发展之间仍有一些制度性的不可调和矛盾。

1. 城乡要素双向流动通道难以打破，流动渠道不通畅

长期的二元格局所造成的发展惯性，对城乡之间各要素自由流动以及公共资源的合理配置埋下“隐患”。在土地资源利用方面，随着人口迁移，部分城市扩张遇到严格的空间及用地指标限制，而部分城市的土地则出现大规

模的闲置或低效利用情况。同时农村也遇到耕地流转效率低、难度大等问题，农民收入增长困难。在劳动力资源利用方面，我国农村青壮年、优质劳动力不断流向城市，“乡—城”的劳动力单向流动模式，造成农村空心化、老龄化严重，生产效率难以提高，[17]农村人才资源面临“只出不进”的窘境。在资本投入方面，我国农村正规金融资本流失，资金短缺问题突出，催生出的非正规金融机构隐含着较大风险，阻碍了农村资本要素市场的健康发展，造成农村发展受限，城乡发展不均衡。公共服务体系方面，教育和医疗等方面的公共服务无法实现城乡均等化的问题也较为严重。如从传统的教师流动实施来看，政府部门虽然制定了向农村倾斜的各种政策，并实施诸如支教、定期轮岗、培训学习等流动模式，但其实施的效果远未达到人们的预期，城市医疗卫生发展明显优于农村，差距较大。

2. 城乡基本公共服务不均衡矛盾仍然突出

城乡不平衡最核心因素在于基本公共服务不平衡。一是城乡资源的分配布局不均衡问题，如随着新型城镇化的推动，乡村人口的大量流动使得一些乡村学校被撤并，教育资源在部分地区落下空白，学生上学难、成本高、辍学率上升等现象出现；二是城乡资源能力提供不匹配问题。尤其在医疗资源方面，乡村医疗卫生体系仍不健全，很多农民面临看病难、看病贵的问题，因病返贫问题成为全面脱贫接力乡村振兴的一个重要关口。

3. 城乡空间分布与规模结构仍现失衡状态

城乡空间结构的不完善一方面体现在城镇化空间分布上的失衡。2018 年，东部沿海发达地区城镇化率接近或大于 70%，而中西部地区城镇化水平相对比较低，像河南、四川这些人口大省刚过 50%，广西、云南、贵州等西南地区都不足 50%。[18]另一方面，城乡空间结构的不完善还体现在规模结构上的失衡。由于资源的不合理配置导致我国人口过度集中于超级城市和特大城市。据统计，我国 10 个超大城市的人口总数超过 8000 万；200 万人以上的特大城市（含超大城市）有 40 个。同时，我国 1.9 万个建制镇建成区平均人口仅 7000 多人，相当多的镇不足 5000 人。[19]

三、新型城镇化与乡村振兴战略协调发展的空间协调度测算与分析

为了进一步测度近年来新型城镇化与乡村振兴协调发展的程度和变化，

剖析不同地区在推进过程中的成效和趋势，本课题通过构建耦合协调模型对我国 31 个省份新型城镇化与乡村振兴协调程度进行测算。

（一）指标体系的构建

根据《国务院关于深入推进新型城镇化建设的若干意见》《2019 年新型城镇化建设重点任务》以及《乡村振兴战略规划（2018–2022 年）》具体内容，结合全面建成小康社会指标体系，制定新型城镇化与乡村振兴协调发展指标体系。

表 5-1　新型城镇化与乡村振兴协调发展指标体系

	维度	指标解释	指标性质
新型城镇化发展水平	城镇化效率	总人口（年末）（万人）	正
		城镇化率比重（%）	正
	经济发展水平	城市人均可支配收入（元）	正
		城市人均可消费支出（元）	正
	生活条件	用水普及率（%）	正
		燃气普及率（%）	正
	生态环境质量	建成区绿化覆盖率（%）	正
		污水处理率（%）	正
		生活垃圾处 理 率（%）	正
	社会保障能力	年末参加失业保险人数（万人）	正
乡村振兴发展水平	经济产业发展	乡村人口比重（%）	负
		农村居民人均可支配收入（元）	正
		农林牧渔业总产值（万元）	正
		农村固定资产投资（亿元）	正
	医疗卫生条件	设卫生室的村数占行政村数比重（%）	正
		平均每千农村人口村卫生室人员（人）	正
	文化生活水平	教育文化娱乐现金支出（元）	正
	生态环境	森林覆盖率（%）	正
		农用化肥使用量（万吨）	负
	生活保障	农村居民最低生活保障人数（人）	正
		农村最低生活保障支出（元）	正

从表 5–1 看出，指标体系分为新型城镇化发展水平和乡村振兴发展水平两大维度。其中新型城镇化发展水平包括城镇化效率、经济发展水平、生活条件、生态环境质量、社会保障能力 5 个一级指标和 10 个二级指标；乡村振兴发展水平包括经济产业发展、医疗卫生条件、文化生活水平、生态环境、生活保障 5 个一级指标和 11 个二级指标。

（二）耦合协调模型

耦合度是描述系统发展过程中序参量之间协同作用的强弱程度的指标，[20] 用以度量各子系统之间的协同作用。协调度是度量系统之间以及系统内部各要素之间和谐一致程度的指标，是动态衡量指标。本误题以乡村振兴和新型城镇化为研究对象，主要分析近年来两者在经济、产业、医疗卫生、生态环境以及社会保障等方面之间的耦合协调度。

对研究指标进行无量纲化处理：

$$X_{ij} = \left(X_{ij} - X_{i\min}\right) / \left(X_{i\max} - X_{i\min}\right) \qquad (1)$$

$$X_{ij} = \left(X_{i\max} - X_{ij}\right) / \left(X_{i\max} - X_{i\min}\right) \qquad (2)$$

式中，X_{ij} 为第 i 年第 j 项指标原始值；$X_{i\max}$ 和 $X_{i\min}$ 分别为相应指标的最大值和最小值，其中公式（1）运用于正向指标，公式（2）运用于负向指标。

发展水平为：$U_i = \sum_{j=1}^{n} Y_j X_{ij}; \sum_{j=1}^{n} Y_j = 1$，

U_i 为子系统的综合序参量；耦合度为：

$$c = 2\sqrt{\left(U_1 \times U_2\right) / \left(U_1 + U_2\right)}$$

耦合协调度为：$D = \sqrt{(C \times T)}$

调和指数 T 为：$T = aU1 + bU2$

其中，D 为协调度，C 为耦合度，T 为综合协调度，均小于 1 大于 0，a 和 b 为待定参数。在测乡村振兴和新型城镇化耦合协调度时，设定二者同样重要。在协调度的计算中，a、b 取值为 0.5。耦合协调的判别标准及类型如表 2 所示。

表 5–2 耦合协调的判别标准及类型

耦合度值	耦合类型	协调度值	协调类型
$0 < C \leqslant 0.3$	低水平耦合	$0 < D \leqslant 0.3$	低度协调
$0.3 < C \leqslant 0.5$	颉颃阶段	$0.3 < D \leqslant 0.5$	中度协调
$0.5 < C \leqslant 0.8$	磨合阶段	$0.5 < D \leqslant 0.8$	高度协调
$0.8 < C < 1$	高水平耦合	$0.8 < D \leqslant 1$	极度协调
C=1	良性耦合共振		

本课题选择了 2014 年、2016 年和 2018 年新型城镇化与乡村振兴相关的经济、产业、社会保障、生态等方面的数据进行实证分析，数据来源为中国统计年鉴、中国城市统计年鉴和中国农村统计年鉴。

（三）测算与结果分析

1. 全国新型城镇化水平时空特征及演进

从整体新型城镇化水平评价结果显示（表 5–3，表 5–4，表 5–5），2014 年到 2018 年全国总体城镇化水平呈稳步上身态势，其中大多数地区的新型城镇化指数处于 0.1—0.5 之间，呈橄榄型分布，整体新型城镇化水平不高，但是从整体情况来看，全国新型城镇化水平仍然不高。

表 5–3 2014 年全国新型城镇化指数表

地区	新型城镇化指数	地区	新型城镇化指数
全 国	0.6689	河 南	0.1224
北 京	0.543	湖 北	0.1526
天 津	0.282	湖 南	0.1841
河 北	0.1635	广 东	0.3482
山 西	0.1291	广 西	0.1349
内蒙古	0.2185	海 南	0.1637
辽 宁	0.2314	重 庆	0.1926
吉 林	0.1278	四 川	0.1507
黑龙江	0.1026	贵 州	0.074
上 海	0.5215	云 南	0.1197
江 苏	0.3379	西 藏	0.0544

续表

地区	新型城镇化指数	地区	新型城镇化指数
浙 江	0.4027	陕 西	0.1606
安 徽	0.161	甘 肃	0.0785
福 建	0.2726	青 海	0.0878
江 西	0.1498	宁 夏	0.1235
山 东	0.2462	新 疆	0.1395

数据来源：2014 年中国统计年鉴、中国城市统计年鉴和中国农村统计年鉴。

表 5-4　2016 年全国新型城镇化指数表

地区	新型城镇化指数	地区	新型城镇化指数
全 国	0.682	河 南	0.111
北 京	0.5306	湖 北	0.1667
天 津	0.3052	湖 南	0.1906
河 北	0.1647	广 东	0.3555
山 西	0.1262	广 西	0.1337
内蒙古	0.2118	海 南	0.1539
辽 宁	0.2161	重 庆	0.1961
吉 林	0.1055	四 川	0.1544
黑龙江	0.0816	贵 州	0.0984
上 海	0.5398	云 南	0.1183
江 苏	0.3367	西 藏	0.0374
浙 江	0.4012	陕 西	0.1508
安 徽	0.1663	甘 肃	0.1043
福 建	0.2692	青 海	0.112
江 西	0.1517	宁 夏	0.1436
山 东	0.2464	新 疆	0.158

数据来源：2016 年中国统计年鉴、中国城市统计年鉴和中国农村统计年鉴。

表 5-5　2018 年全国新型城镇化指数表

地区	新型城镇化指数	地区	新型城镇化指数
全 国	0.6723	河 南	0.1287

续表

北 京	0.5364	湖 北	0.2176
天 津	0.3314	湖 南	0.19
河 北	0.2188	广 东	0.3569
山 西	0.1544	广 西	0.1912
内蒙古	0.2387	海 南	0.2002
辽 宁	0.2215	重 庆	0.2406
吉 林	0.1255	四 川	0.1799
黑龙江	0.0584	贵 州	0.0805
上 海	0.5377	云 南	0.1383
江 苏	0.3757	西 藏	0.0684
浙 江	0.4324	陕 西	0.1744
安 徽	0.2151	甘 肃	0.123
福 建	0.3144	青 海	0.1207
江 西	0.2114	宁 夏	0.1731
山 东	0.292	新 疆	0.2065

数据来源：2018 年中国统计年鉴、中国城市统计年鉴和中国农村统计年鉴。

从新型城镇化的区域布局结果来看，2014 年到 2018 年各地间城镇化水平存在一定差异。基于 GIS 平台，利用自然断裂点法（Natural Breaks）将各省农村发展水平划分为低（0.00—0.11）、中（0.11—0.29）、高（0.29—0.54）三个等级（见图 5-1—图 5-3）。

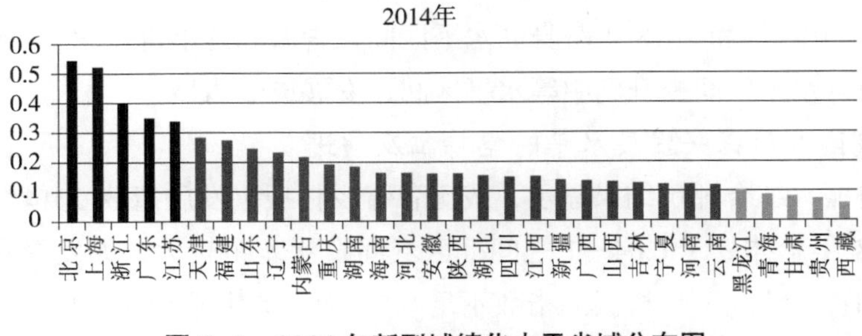

图 5-1　2014 年新型城镇化水平省域分布图

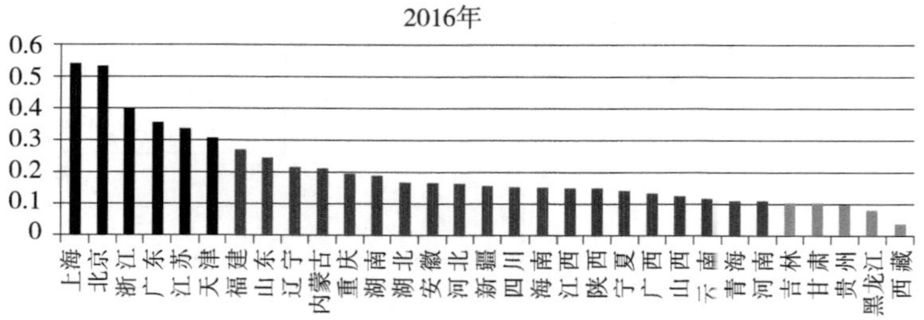

图 5-2　2016 年新型城镇化水平省域分布图

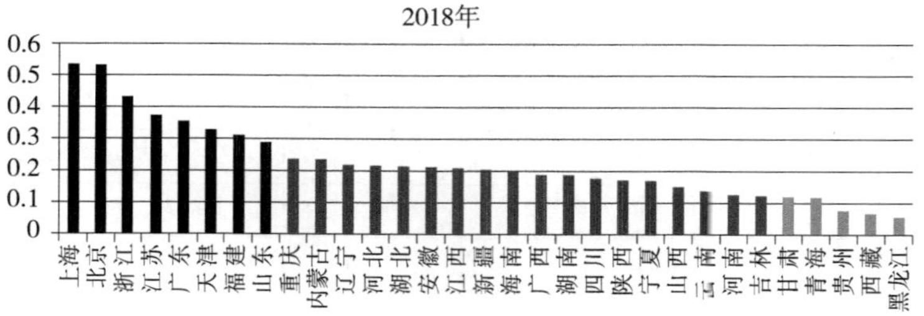

图 5-3　2018 年新型城镇化水平省域分布图

可以看出，大多数地区的城镇化水平均处在中等发展水平阶段，只有少数地区处在高等水平和低等水平，其中处于新型城镇化水平较高的地区主要有北京、上海等经济发展水平较高的地区，而处于新型城镇化水平较低的地区主要有西藏、黑龙江、新疆、贵州等经济条件受限的地区。从 2014 年到 2016 年看，处于高等发展水平的地区数量不断增加，处于低等发展水平的地区数量减少，说明新型城镇化的地区分布结构在不断优化，其中天津、山东和福建于 2016 年和 2018 年跻身高水平区间，青海和甘肃也在 2016 年和 2018 年相继由低水平区间提升到中等水平区间，发展成效明显。

2. 我国乡村振兴发展水平时空特征及演进

乡村振兴综合评价结果显示，我国各省乡村振兴发展指数 2014 年、2016 年、2018 年总体处于 0.04—1 之间，区域间发展差距较大，如发展水平较低的宁夏和青海两地，乡村振兴指数不足 0.5，而发展水平较高的如山东、北京等地，乡村振兴指数三年均高于 1（见表 5-6—表 5-8）。

表 5-6　2014 年全国乡村振兴指数表

地区	新型城镇化指数	地区	新型城镇化指数
全 国	0.9111	河 南	0.1142
北 京	0.0886	湖 北	0.0982
天 津	0.069	湖 南	0.1097
河 北	0.1027	广 东	0.1035
山 西	0.071	广 西	0.0983
内蒙古	0.0778	海 南	0.0673
辽 宁	0.0861	重 庆	0.0676
吉 林	0.0809	四 川	0.1013
黑龙江	0.0925	贵 州	0.0781
上 海	0.0954	云 南	0.0967
江 苏	0.1032	西 藏	0.0544
浙 江	0.1102	陕 西	0.0822
安 徽	0.0882	甘 肃	0.059
福 建	0.0981	青 海	0.0479
江 西	0.0945	宁 夏	0.043
山 东	0.126	新 疆	0.0554

数据来源：2014 年中国统计年鉴、中国城市统计年鉴和中国农村统计年鉴。

表 5-7　2016 年全国乡村振兴指数表

地区	新型城镇化指数	地区	新型城镇化指数
全 国	0.8332	河 南	0.1011
北 京	0.1784	湖 北	0.0901
天 津	0.1066	湖 南	0.1028
河 北	0.0848	广 东	0.0882
山 西	0.0644	广 西	0.0924
内蒙古	0.0677	海 南	0.0636
辽 宁	0.0756	重 庆	0.0646
吉 林	0.0688	四 川	0.091
黑龙江	0.082	贵 州	0.0775
上 海	0.1152	云 南	0.0917

续表

地区	新型城镇化指数	地区	新型城镇化指数
江 苏	0.0841	西 藏	0.0464
浙 江	0.0958	陕 西	0.0763
安 徽	0.0801	甘 肃	0.057
福 建	0.0867	青 海	0.0354
江 西	0.0854	宁 夏	0.0402
山 东	0.1071	新 疆	0.047

数据来源：2016 年中国统计年鉴、中国城市统计年鉴和中国农村统计年鉴。

表 5–8　2018 年全国乡村振兴指数表

地区	新型城镇化指数	地区	新型城镇化指数
全 国	0.8223	河 南	0.1046
北 京	0.189	湖 北	0.0935
天 津	0.1238	湖 南	0.1002
河 北	0.0863	广 东	0.0913
山 西	0.0663	广 西	0.0954
内蒙古	0.0757	海 南	0.0681
辽 宁	0.0754	重 庆	0.0723
吉 林	0.0715	四 川	0.0987
黑龙江	0.0847	贵 州	0.0809
上 海	0.0953	云 南	0.0956
江 苏	0.0841	西 藏	0.0636
浙 江	0.0991	陕 西	0.0775
安 徽	0.0881	甘 肃	0.0614
福 建	0.0858	青 海	0.0394
江 西	0.0938	宁 夏	0.0466
山 东	0.1048	新 疆	0.0604

数据来源：2018 年中国统计年鉴、中国城市统计年鉴和中国农村统计年鉴。

从乡村振兴指数的区域布局结果来看，2014 年到 2018 年各地间城镇化水平存在一定差异。基于 GIS 平台，利用自然断裂点法（Natural Breaks）将各省农村发展水平划分为低等（0.00—0.07）、中等（0.07—0.10）、高水平（0.10—0.19）三个等级，来反映全国农村发展水平时空格局及演进（见图 5-4—图 5-6）。

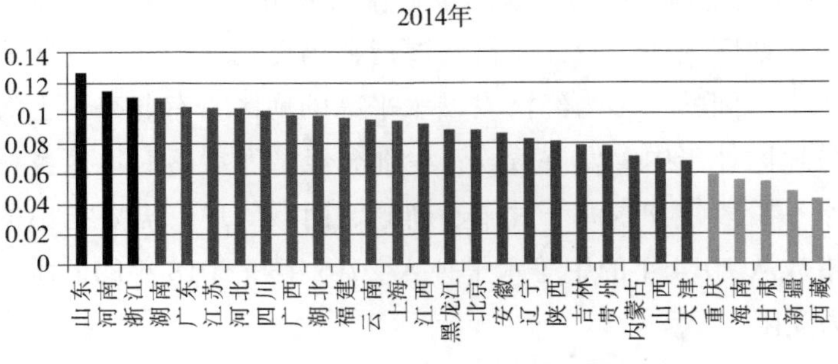

图 5-4　2014 年乡村振兴发展水平省域分布图

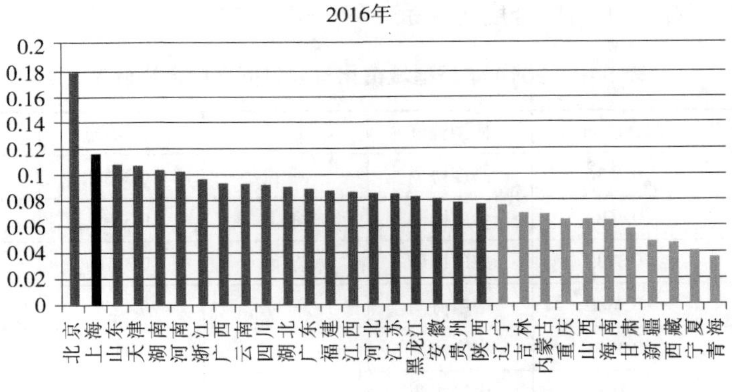

图 5-5　2016 年乡村振兴发展水平省域分布图

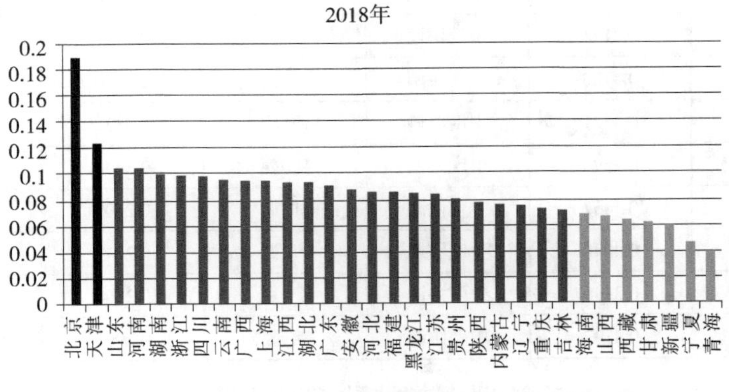

图 5-6　2018 年乡村振兴发展水平省域分布图

根据乡村振兴发展空间布局来看，可以看出2014年以来中国乡村发展指数总体不高，其中处于低水平阶段的地区数量在2016年增加到11个之多，随后在2018年趋于减少态势，说明乡村振兴战略的实施对乡村发展起到一定推动作用。从地区结构来看，乡村发展指数仍受到地区经济的影响，处于乡村振兴高水平区间的大多为经济发展水平高的地区，有北京、上海、浙江等地；大多数地区处于中等发展阶段；少部分经济发展落后地区乡村振兴指数也处在低水平阶段，如青海、甘肃、新疆、西藏等地；需要指出的是，海南乡村发展指数从2014年的中等水平掉入2016年和2018年的低水平区间，乡村发展潜力受限。

3. 新型城镇化与乡村振兴协调发展时空特征分析

根据耦合协调模型测算，得到2014年、2016年和2018年全国各地新型城镇化与乡村振兴协调耦合度（见表5-9—表5-11）。

表5-9　2014年新型城镇化与乡村振兴耦合协调度

地区	耦合协调度	协调程度	地区	耦合协调度	协调程度
全 国	0.8836	高度协调	河 南	0.3438	中度协调
北 京	0.4683	中度协调	湖 北	0.3499	中度协调
天 津	0.3735	中度协调	湖 南	0.3770	中度协调
河 北	0.3600	中度协调	广 东	0.4357	中度协调
山 西	0.3094	中度协调	广 西	0.3393	中度协调
内蒙古	0.3611	中度协调	海 南	0.3240	中度协调
辽 宁	0.3757	中度协调	重 庆	0.3378	中度协调
吉 林	0.3189	中度协调	四 川	0.3515	中度协调
黑龙江	0.3121	中度协调	贵 州	0.2757	低度协调
上 海	0.4723	中度协调	云 南	0.3280	中度协调
江 苏	0.4321	中度协调	西 藏	0.2332	低度协调
浙 江	0.4590	中度协调	陕 西	0.3390	中度协调
安 徽	0.3452	中度协调	甘 肃	0.2609	低度协调
福 建	0.4044	中度协调	青 海	0.2547	低度协调
江 西	0.3449	中度协调	宁 夏	0.2700	低度协调
山 东	0.4197	中度协调	新 疆	0.2965	低度协调

数据来源：2014年中国统计年鉴、中国城市统计年鉴和中国农村统计年鉴。

表 5-10　2016 年新型城镇化与乡村振兴耦合协调度

地区	耦合协调度	协调程度	地区	耦合协调度	协调程度
全 国	0.8682	高度协调	河 南	0.3255	中度协调
北 京	0.5547	高度协调	湖 北	0.3501	中度协调
天 津	0.4247	中度协调	湖 南	0.3741	中度协调
河 北	0.3438	中度协调	广 东	0.4208	中度协调
山 西	0.3003	中度协调	广 西	0.3334	中度协调
内蒙古	0.3460	中度协调	海 南	0.3145	中度协调
辽 宁	0.3575	中度协调	重 庆	0.3355	中度协调
吉 林	0.2919	低度协调	四 川	0.3443	中度协调
黑龙江	0.2860	低度协调	贵 州	0.2955	低度协调
上 海	0.4994	中度协调	云 南	0.3227	中度协调
江 苏	0.4102	中度协调	西 藏	0.2041	低度协调
浙 江	0.4428	中度协调	陕 西	0.3275	中度协调
安 徽	0.3397	中度协调	甘 肃	0.2777	低度协调
福 建	0.3909	中度协调	青 海	0.2509	低度协调
江 西	0.3374	中度协调	宁 夏	0.2756	低度协调
山 东	0.4030	中度协调	新 疆	0.2936	低度协调

数据来源：2016 年中国统计年鉴、中国城市统计年鉴和中国农村统计年鉴。

表 5-11　2018 年新型城镇化与乡村振兴耦合协调度

地区	耦合协调度	协调程度	地区	耦合协调度	协调程度
全 国	0.8623	极度协调	河 南	0.3406	中度协调
北 京	0.5643	高度协调	湖 北	0.3777	中度协调
天 津	0.4501	中度协调	湖 南	0.3715	中度协调
河 北	0.3707	中度协调	广 东	0.4249	中度协调
山 西	0.3181	中度协调	广 西	0.3675	中度协调
内蒙古	0.3666	中度协调	海 南	0.3417	中度协调
辽 宁	0.3595	中度协调	重 庆	0.3632	中度协调
吉 林	0.3078	中度协调	四 川	0.3650	中度协调
黑龙江	0.2652	低度协调	贵 州	0.2841	低度协调
上 海	0.4758	中度协调	云 南	0.3391	中度协调
江 苏	0.4216	中度协调	西 藏	0.2568	低度协调
浙 江	0.4550	中度协调	陕 西	0.3410	中度协调

续表

安 徽	0.3710	中度协调	甘 肃	0.2948	低度协调
福 建	0.4053	中度协调	青 海	0.2626	低度协调
江 西	0.3753	中度协调	宁 夏	0.2997	低度协调
山 东	0.4183	中度协调	新 疆	0.3342	中度协调

数据来源：2018 年中国统计年鉴、中国城市统计年鉴和中国农村统计年鉴。

从新型城镇化与乡村振兴协调耦合度的区域布局结果来看，2014 年到 2018 年各地间协调程度整体不高。基于 GIS 平台，利用自然断裂点法（Natural Breaks）将各省农村发展水平划分为低（0.00—0.30）、中（0.30—0.50）、高（0.50—0.60）三个等级，来反映全国新型城镇化与乡村振兴协调程度的时空格局及演进（见图 5-7—图 5-9）。

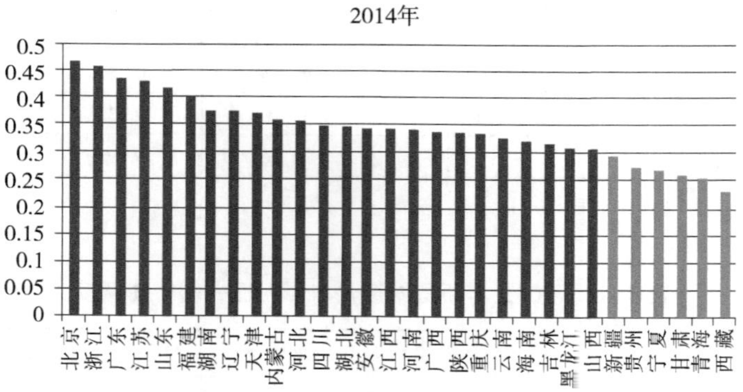

图 5-7　2014 年新型城镇化与乡村振兴耦合协调空间分布图

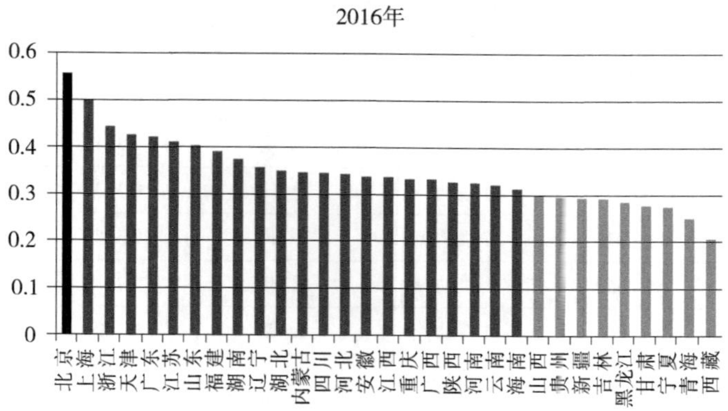

图 5-8　2016 年新型城镇化与乡村振兴耦合协调空间分布图

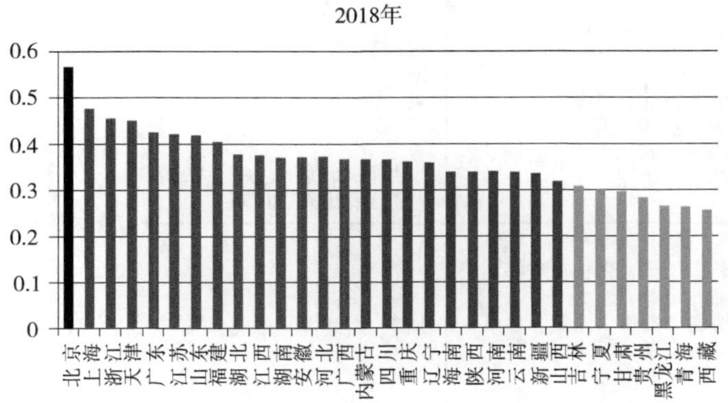

图 5-9　2018 年新型城镇化与乡村振兴耦合协调空间分布图

（1）从 2014 年、2016 年和 2018 年新型城镇化与乡村振兴发展之间处于中度协调状态。可以看出，从 2014 年以来新型城镇化战略的推进，城乡发展的融合度不断增强，乡村振兴发展和新型城镇化整体呈现相互促进、协调推进的态势。从协调程度来看，2014 年、2016 年和 2018 年大多数省份在新型城镇化与乡村发展相协调推进中处于中度协调关系，到 2016 年和 2018 年时，北京成为首个进入高度协调行列的地区；同时，从低度协调的地区数量来看，2018 年与 2014 年相比，总体处于稳定减少趋势，表明各地区在处理新型城镇化与乡村振兴关系中，处在平稳推进阶段。

（2）从各地新型城镇化与乡村振兴两者发展情况来看，2014 年、2016 年和 2018 年乡村振兴发展指数普遍低于新型城镇化发展指数，如宁夏、新疆和青海等地 2014 年、2016 年和 2018 年的新型城镇化与乡村振兴发展指数差距均很大。这表明城乡之间由于要素、人才、信息等条件的不完全互通导致乡村发展仍受一定条件的制约，尤其在整体经济发展水平较低的地区，受限因素多，城乡要素流通滞后，新型城镇化与乡村振兴之间的协调程度有待进一步加强。

（3）根据协调度的低层次和高层次进行划分，其中低层次协调度为低城镇化水平与低农村发展水平下的协调与不协调，高层次协调度为高城镇化水平与高农村发展水平下的协调与不协调。我们分别以 2018 年 31 个地区的新型城镇化发展指数与乡村振兴发展指数平均值（0.2275，0.0862）为标准，结合协调耦合度测算结果，将各地协调度分为四个象限（如图 5-10）。

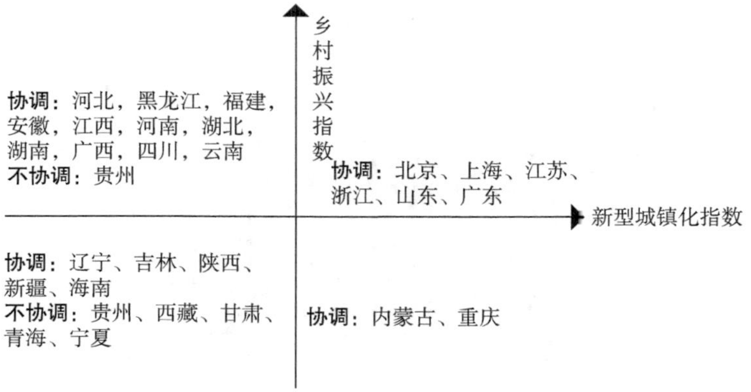

图 5-10　各地乡村振兴与新型城镇化协调度象限图

从分布结果来看主要呈现几大特点：

第一，处于高度协调的地区共有北京、上海、江苏、浙江、山东、广东6个省市，说明这些地区在推进乡村振兴与新型城镇化过程中效果突出。第二，大多数地区都处在低层次协调的区间内，共有20个省份。其中只有内蒙古和重庆两地的新型城镇化水平高于平均值，其余地区均低于平均值，说明我国大多数地区新型城镇化水平发展相对滞后，对乡村发展的带动力不显著，此时的协调只能称为“假性协调”，大多数地区协调机制效应并未凸显。第三，全国呈现不协调的地区新型城镇化水平均低于平均线，共有5个省份处于不协调状况，分别为贵州、西藏、甘肃、青海、宁夏均为西部地区。

四、未来进一步推动区域间新型城镇化与乡村振兴协调发展的建议

从2014年以来我国各地新型城镇化与乡村振兴协调耦合度测算结果来看，我国西部欠发达地区协调发展程度普遍偏低，尤其是青海、甘肃等贫困人口比例多，贫困程度深的地区。“十四五”期间要以防贫为主的新贫困治理为重点，[20]推进全面脱贫与乡村振兴有效衔接，促进其与新型城镇化观念、规划、政策的对接和适应。

一是继续政策和资金优先倾斜，稳固脱贫成果。充分结合脱贫攻坚成果巩固工作，利用脱贫攻坚对口帮扶有效机制，继续加强发达地区对深度贫困地区、少数民族边境地区以及脱贫发展空间较小的地区在资金、项目、就业

和人才等方面的帮扶，进一步巩固脱贫成果，防止返贫，保障脱贫攻坚与乡村振兴的顺利过渡，稳固其与新型城镇化协调发展的基础。要聚焦相对贫困，完善城乡协同发展中的相对贫困扶持机制。以相对贫困地区、城市相对贫困人口、乡村相对贫困人口等为研究对象，制定精准性的相对贫困的长效机制。充分发挥城市社区力量，对城市短暂性失业人口、外来农民工等群体进行精准识别和动态监测，完善相对贫困在城乡融合中的帮扶机制。

二是建立城乡融合的跨区域带动机制。由于部分地区城市和乡村整体经济发展条件落后，如青海、宁夏、甘肃等地，为了打破低层次协调发展困境，"十四五"期间应积极推动跨区域城乡协调发展，打破行政界线，通过一对一帮扶形式，建立发达地区＋脱贫地区、强县＋弱乡、强村＋弱村等结对机制，以乡村振兴与新型城镇化的产业融合、文化融合、人才融合等为主要内容，通过产业项目结对、技术支撑，人才扶持进行利益联结，探索跨区域间统一规划、统一管理、合作共建、利益共享的合作新机制。

三是充分发挥城乡融合发展试验区的先行先试作用。"十四五"期间，要加快对11个城乡融合发展实验区的创新发展，深化农村宅基地制度改革试点、农村各类资产抵押担保融资等先行先试，结合自身实际发展情况，探索针对性、原创性、差异化的改革路径和方式，在新型城镇化与乡村振兴协调发展进程中有所突破，充分发挥城乡融合发展试验区带头示范作用，通过总结做法、推广经验，释放试验区的引领示范带动效应，形成一批可复制可推广的典型经验和体制机制改革措施。

（冯丹萌 农业农村部农村经济研究中心；张琦，北京师范大学中国扶贫研究院；项程程，农业农村部规划设计研究院）

参考文献

[1] 李佐军. 新型城镇化新在哪里？［J］. 中国经济报告，2013，000（002）：72-76.

[2] McGee T C. Urbanisai or Kotadesasi ? Evolving patterns of urbanization in Asia [A]. In: Costa F J.Urbanization in Asia: Spatial Dimensions and Policy Issues [M]. Honolulu: University of Hawaii Press，1989：93-108

[3] 田万慧. 新型城镇化与农业现代化的耦合协调 \\r——基于甘肃省 12 个地级市的区域差

异分析［J］. 绵阳师范学院学报，038（004）：38–46.
［4］涂丽，乐章. 城镇化与中国乡村振兴：基于乡村建设理论视角的实证分析［J］. 农业经济问题，000（011）：78–91.
［5］蔡进，廖和平，禹洋春，et al. 重庆市城镇化与农村发展水平时空分异及协调性研究［J］. 世界地理研究，027（1）：72–82.
［6］马力阳，罗其友. 我国城镇化与农村发展耦合协调时空特征及机制［J］. 地域研究与开发，2017（06）：47–51+94.
［7］钱丽，陈忠卫，肖仁桥. 中国区域工业化、城镇化与农业现代化耦合协调度及其影响因素研究［J］. 经济问题探索，2012（11）：10–17.
［8］赵艳. 农村土地流转、城乡收入差异和新型城镇化耦合协调性发展研究［J］. 世界农业，2017（12）：144–149.
［9］程叶青，邓吉祥. 吉林省中部粮食主产区城乡系统耦合的关联分析［J］. 经济地理，2012（01）：128–132+147.
［10］丁敬磊，刘光远，赵美平. 农地流转，劳动力转移及城镇化耦合协调度研究——基于城乡统筹发展的视角［J］. 中国农业资源与区划，2016，37（002）：37–44.
［11］金花. 我国城镇化发展的阶段性特征与主要矛盾［J］. 经济纵横，2011（11）：16–19.
［12］《2018 年国民经济和社会发展统计公报》，国家统计局，http：//www.stats.gov.cn/tjsj/zxfb/201902/t20190228_1651265.html.
［13］王晓丽. 中国人口城镇化质量研究［D］. 南开大学.
［14］方秀娟. 中国城市化地区差异与就业结构比较分析［J］. 经济与管理，2006（03）：22–25.
［15］王涤，顾宝昌. 从人口学的视角看中国 " 三农 " 问题——试论中国农村人口数量变化与社会经济发展的交互影响［J］. 人口学刊，2006（6）：3–12.
［16］张小军. 城乡社区发展的三种融合模式［J］. 社会科学，1987（11）：31–34.
［17］WANG Wen–long. 城市生产要素下乡带动乡村振兴的实现机制研究——基于湖州休闲养老产业典型案例分析［J］. 经济体制改革，2019，000（001）：82–87.
［18］六省份城镇化率突破 70% 沿海发达地区加快二次城镇化，新浪财经，https：//finance.sina.com.cn/roll/2020–03–25/doc–iimxyqwa2986628.shtml ？ cre=tianyi&mod=pcpager_focus&loc=15&r=9&rfunc=100&tj=none&tr=9.
［19］魏人民. 新型城镇化建设应解决七个失衡问题［J］. 经济纵横，2013，000（009）：12–15.
［20］李小云，苑军军，于乐荣. 论 2020 后农村减贫战略与政策：从“扶贫”向“防贫”的转变［J］. 农业经济问题，2020.
［21］孙平军，修春亮. 脆弱性视角的矿业城市人地耦合系统的耦合度评价——以阜新市为例［J］. 地域研究与开发，2010，29（6）.

后 记

从开始学习研究绿色减贫到现在已经有近8年，在这7年多的时间里，我国经历了轰轰烈烈的脱贫攻坚战。在全面脱贫任务即将完成的关键年，作为一名扶贫研究者，我感触良多，总觉得要做些什么，一来是对近些年关于扶贫脱贫研究的一个总结，二来也是对自己在研究过程中的一个纪念，这也是出版这本《绿色减贫的理论与实践》的初衷。

绿色减贫理念是在全球绿色发展总基调下确定的，是符合中国乃至全球发展规律的，也是现阶段平衡我国贫困问题和生态保护的最有效途径，习近平总书记的“绿水青山就是金山银山”理论充分证明了这点。近年来，在对绿色减贫不断地研究和调研过程中，我也深深体会到扶贫工作的艰辛，也感受到绿色减贫理念在贫困地区不断得到认可。从最初贫困农户包括基层干部对绿色减贫理念不熟悉到现在能主动创新探索出百花争艳的绿色减贫发展模式，如依靠自然生态发展景观旅游，依靠生态与农业结合发展休闲农业模式，依靠生态与文化资源结合发展特色乡村旅游模式，依靠生态与教育、养老、餐饮等因素发展自然科学教育项目、生态养老项目以及生态养生餐饮项目，等等，他们为贫困地区探索出多样化的绿色减贫新途径。因此，此书收录了调研过程中形成的大量贫困地区绿色减贫的经典案例，旨在为读者呈现“绿水青山”到“金山银山”的真实映射，让读者从理论层面的绿色减贫跳出来，更接地气地看待老百姓、基层干部是如何做的。

感谢北京师范大学中国扶贫研究院院长张琦教授，他也是我的导师，感谢他一直以来对我的耐心指导和帮助，并带领我走了扶贫研究的道路，也对我的绿色减贫研究给予了莫大的精神指引。

感谢农业农村部农村经济研究中心金文成主任、陈良彪副主任、陈洁副主任、张照新研究员、廖洪乐研究员、金书秦研究员等对我的支持和帮助，每当思维碰壁时，从他们那里我得到了新的灵感，受益匪浅。

感谢北京师范大学经济与资源管理研究院万君副教授、孔梅博士、张涛博士、张天翼博士生等对我的帮助，调研中我们一起讨论思考，受其启发，让我对某些问题的思考更加成熟、完整。

由于书稿的整理，完成时间仓促，某些在调研中的资料及笔者的观点，难免挂一漏万，恳请各位批评指正。

农业农村部农村经济研究中心 冯丹萌

2020 年 8 月 17 日